CORPS UNIVERSEL

DE DROIT CIVIL

FRANÇAIS.

𝕮𝖊𝖙 𝖔𝖚𝖛𝖗𝖆𝖌𝖊 𝖘𝖊 𝖙𝖗𝖔𝖚𝖛𝖊 :

A ANGERS, CHEZ LAGIER, LIBRAIRE,
PORTE SAINT-MICHEL.

ANGERS. IMPRIMERIE DE ERNEST LE SOURD.

CORPS UNIVERSEL

DE

DROIT CIVIL

FRANÇAIS.

PAR F. L. DELEURIE,

AVOCAT A LA COUR ROYALE D'ANGERS, ANCIEN BATONNIER DE L'ORDRE,

DOCTEUR ÈS-LETTRES,

EX-PROFESSEUR DE LÉGISLATION A RENNES,

ET D'HISTOIRE A L'ÉCOLE SPÉCIALE MILITAIRE DE LIANCOURT.

TOME SECOND.

Etat des Personnes. — Dernière partie.

ANGERS.

FOURNAY-GAGNOT, LIBRAIRE-ÉDITEUR.

PARIS.

CHEZ VIDECOQ, LIBRAIRE,

PLACE SAINTE GENEVIÈVE, N° 6.

M. DCCC. XXX.

CORPS UNIVERSEL
DE DROIT CIVIL
FRANÇAIS.

CODE CIVIL.

DIVORCE ET SÉPARATION DE CORPS.

1622. La loi du 8 mai 1816 (*a*) abolit le divorce, convertit les demandes et instances en divorce pour cause déterminée, en demandes et instances en séparation de corps, et annulle tous actes faits pour parvenir au divorce par consentement mutuel. Néanmoins, il est indispensable de s'occuper ici de cette partie de la législation, non comme document purement spéculatif, mais plutôt à cause de la longue influence qu'elle a eué et conservera sur l'état des personnes. En vigueur pendant près de vingt-quatre ans, elle aura souvent besoin d'être étudiée, pour régler les droits qu'elle aura créés, détruits ou modifiés. C'est par cette raison que nous allons en traiter comme si elle restait encore subsistante. Seulement il faudra se souvenir que, quoique citée en termes positifs, ce n'est plus, en quelque sorte, qu'une législation intermédiaire, une jurisprudence accidentelle, dont l'empire se trouve restreint à un espace de temps déterminé.

1623. Au reste il demeure incontestable que des règles touchant le divorce plusieurs peuvent s'appliquer, d'autres s'appliquent nécessairement à la séparation de corps, et presque toutes fournissent des moyens de décider par identité ou analogie, ainsi que nous allons en offrir bientôt de nombreux exemples. Similitude dans les causes, dans les exceptions, dans les mesures provisoires, dans le mode de preuve, dans les effets quant aux biens, dans les résultats sur le sort des enfans et l'exercice de l'autorité paternelle. C'est un grave motif de plus pour ne point retrancher d'un corps de droit ces monumens qui ne sont pas uniquement historiques, et sans lesquels ne serait plus complette la tâche que nous nous sommes imposée, puisqu'elle embrasse même les règles dont l'autorité, d'abord souveraine, a fini par s'évanouir.

1624. Une étrangère, divorcée conformément aux lois de son pays, ne peut, quoique ces mêmes lois autorisent un nouveau mariage, se remarier en France avec un Français (*a*).

1625. On peut définir le divorce : la séparation légitime du mari et de la femme, opérée dans l'intention de rompre à jamais le mariage. *Divortium vel à diversitate mentium dictum est, vel quia in diversas partes eunt qui distrahunt matrimonium.*

1626. La question du divorce doit être examinée dans les rapports des époux entre eux, dans leurs rapports avec leurs enfans, dans leurs rapports avec la société.

(*a*) Paris, 3o août 1824 : *J. P. t.* 70, *p.* 525.

—

1627. En admettant le divorce, il fallait, comme pour la séparation de corps, éviter deux excès également opposés : celui d'en restreindre tellement les causes, que le recours fût fermé à des époux pour qui cependant le joug serait absolument insupportable ; et celui de les étendre au point de favoriser la légéreté, l'inconstance, de fausses délicatesses, et une sensibilité déréglée.

1628. Le mari peut demander le divorce pour cause d'adultère de sa femme (*a*). La femme adultère rompt le contrat, elle qui trouble, par un sang étranger, celui qu'elle doit transmettre à ses enfans ; elle qui altère, dans son principe, cette affection mutuelle qui doit unir les frères ; elle qui comprime, jusques dans le cœur de son mari, cet abandon au sentiment de la nature, qui est le plus doux charme de la paternité. On ne peut, sans frémir, penser à l'union forcée de deux époux, dont l'un porte le crime en son âme, l'autre le désespoir et le ressentiment du plus vif des outrages, c'est-à-dire de deux époux qui renferment en eux-mêmes le principe de tous les désordres et de tous les crimes.

(*a*) Art. 229 c. c.

1629. Le mari qui a souffert que sa femme vécût éloignée de lui, et qui n'a pas veillé sur sa conduite, n'est pas écouté favorablement dans une demande en divorce pour cause d'adultère (*a*).

1630. La femme peut demander le divorce pour cause d'adultère de son mari, lorsqu'il a tenu sa concubine dans la maison commune (*b*). L'adultère brise le lien, mais ses effets sont bien différens chez l'un ou l'autre époux. C'est par ce motif que celui du mari ne donne lieu au divorce que lorsqu'il est accompagné d'un caractère particulier de mépris par l'établissement de la concubine dans la maison commune, outrage si sensible, surtout aux femmes vertueuses : *Si ad contemptum suî, vel domûs suœ, ipsâ inspiciente, quod maximè castas exasperat, coetum inierit. Si, inspiciente uxore, cum aliis corrumpatur.*

1631. La concubine est censée avoir résidé dans la maison commune, quoique la femme ait quitté le domicile marital (*c*).

1632. Malgré que la concubine ne soit pas établie à demeure dans la maison conjugale, sa fréquente introduction peut, à raison des cir-

(*a*) Paris, 6 avril 1811 : *J. P. t.* 50, *p.* 155. — (*b*) Art. 230 c. c. — (*c*) Cas. 21 déc. 1818, 27 janv. 1819, 9 mai 1821, 17 août 1825 ; Poitiers, Douai, 2 prair. an XII, 24 juil. 1812 : *J. C. C. t.* 2, *p.* 555 ; *J. P. t.* 34, *p.* 546 ; *t.* 54, *p.* 569. 573 ; *t.* 69, *p.* 529 ; *t.* 74, *p.* 144.

constances qui l'accompagnent, équivaloir à l'injure grave (a), qui (1636) devient une cause de divorce ou de séparation.

1633. Pour autoriser un divorce à cause d'adultère, il n'est pas besoin de preuves positives du fait même (b).

1634. Il suffit de présomptions opérant conviction morale (c).

1635. Quoique l'article 338 C. P. n'admette contre le complice d'adultère, d'autres preuves que le flagrant délit et des pièces écrites, néanmoins, à l'égard de la femme, tout autre moyen de conviction est reçu (d).

1636. Les époux peuvent réciproquement demander le divorce pour excès, sévices ou injures graves, de l'un d'eux envers l'autre (e). Il serait superflu de faire observer qu'il ne s'agit pas de simples mouvemens de vivacité, de quelques paroles dures, échappées dans des instans d'humeur ou de mécontentement, de quelques refus, même déplacés, de la part d'un des époux, mais de véritables excès, de mauvais traitemens personnels, de sévices dans la rigoureuse acception du mot *sævitia*, cruauté, et d'injures portant un grand caractère

(a) Bordeaux, 19 mai 1828 : *J. G.* 1828, 2ᵉ *part. p.* 155. — (b) Bordeaux, Riom, Aix, 27 fév. 1807, 9 nov. 1810, 10 fév. 1813 : *Sir. et Den.* 1807, *déc. div. p.* 163 ; *J. C. C. t.* 18, *p.* 134 ; *t.* 21, *p.* 139. — (c) *Id.* — (d) Paris, 24 fév. 1815 : *J. P. t.* 42, *p.* 190. — (e) Art. 231 c. c.

de gravité. Ces derniers mots n'ont peut-être
pas assez de précision. Mais d'abord l'expression
d'injures graves, rapprochée de celle d'excès et
sévices, indique qu'elles sont au moral ce que
les autres sont au physique : les premières sont,
si l'on peut ainsi parler, la violence des corps;
les secondes, la violence des sentimens. Ensuite
la nature de l'action intentée, son importance
morale et civile, la sévérité même de la loi
dans son accueil au divorce, avertissent assez
du véritable sens attaché à ces expressions.

1637. Si les faits, sans être excessivement
graves, établissent un système constant de
vexation et de mépris, ils peuvent autoriser
le divorce (a).

1638. Les injures ne perdent pas de leur
gravité pour avoir été proférées après que les
époux se sont séparés de fait (b).

1639. L'époux qui a provoqué de mauvais
traitemens, ne peut être reçu à s'en plaindre (c).

1640. L'époux demandeur en divorce ne
peut puiser ses preuves d'injures graves dans
des lettres écrites par l'autre époux (d).

1641. La communication du mal vénérien

(a) Paris, 7 août 1810 : *J. P. t.* 29, *p.* 55. — (b) Nismes,
26 déc. 1811 : *J. C. C. t.* 19, *p.* 146. — (c) Metz, 7 mai 1807 :
J. C. C. t. 8, *p.* 466. — (d) Metz, ... pluv. an xii : *J. C. C.
t.* 1, *p.* 273.

n'est pas, essentiellement et en soi, une cause de divorce (*a*).

1642. Il faut qu'elle soit volontaire, et accompagnée de circonstances aggravante s(*b*).

1643. Quand la défense judiciaire d'un époux contient des inculpations graves contre l'autre, ce dernier ne peut en argumenter pour motiver son divorce (*c*).

1644. Le mari qui, par exception contre sa femme demanderesse, l'accuse d'adultère sans le prouver, commet une injure suffisante pour autoriser le divorce (*d*).

1645. La diffamation d'un époux envers l'autre, au cours des plaidoiries, est une injure grave, de nature à justifier seule la demande (*e*).

1646. La condamnation de l'un des époux à une peine infamante, est pour l'autre époux une cause de divorce (*f*). Forcer à vivre avec un infamé serait renouveler le supplice d'un corps vivant attaché à un cadavre. Celui qui tombe dans une peine infamante, a lui-même changé la nature de l'association, puisqu'au lieu de cette chaîne honorable que les époux

(*a*) Cas. 16 fév. 1808 : *Den.* 1808, *p.* 137. — (*b*) Lyon, 4 avril 1818 : *J. P. t.* 54, *p.* 105. — (*c*) Turin, 15 germ. an XIII : *J. C. C. t.* 7, *p.* 270. — (*d*) Paris, 14 déc. 1810, 15 juin 1812 : *J. P. t.* 29, *p.* 413; *t.* 34, *p.* 118. — (*e*) Gênes, 19 août 1811 : *J. P. t.* 37, *p.* 109. — (*f*) Art. 232 c. c.

doivent porter ensemble, il ne laisse plus à partager avec lui que la chaîne honteuse d'un criminel.

1647. Si la condamnation est par contumace, il n'y a lieu à divorce qu'après que le jugement est devenu irréformable par la prescription (*a*).

1648. En réduisant à trois les causes dé-terminées de divorce, on restitue au mariage la portion de dignité que lui avait enlevée la loi de 1792, qui ajoutait à ces causes l'adul-tère des deux époux, leur abandon réciproque pendant deux ans, leur absence pendant cinq, la démence, la folie et la fureur. De ces causes, les unes violaient le pacte du mariage dans son essence, comme la mutuelle accusation d'adultère. Les autres, comme l'absence et l'abandon, prêtaient, par le vague de leur désignation, à toutes les supercheries, à toutes les combinaisons de la fraude et de la dépra-vation; ou bien elles jetaient d'avance le trou-ble et l'amertume dans le cœur de tous ceux que leur état et leurs affaires engageaient dans des courses lointaines; et tandis que les droits des absens ont constamment inspiré aux lois une sollicitude paternelle, ici, dans la propriété la plus sacrée de l'homme, la propriété de sa famille, une loi téméraire les compromettait sans pudeur. Enfin, en déliant le nœud con-

(*a*) Cas. 17 juin 1813 : *J. P. t.* 37. *p.* 255.

jugal pour la folie et la démence, on outrageait les sentimens que les hommes les plus étrangers entre eux éprouvent, la bienveillance et la pitié. Le mariage, cet état dont la condition et le charme sont dans l'étroite communauté des biens et des maux, des plaisirs et des peines, on osait le rompre devant le malheur involontaire. Son devoir, sa douceur et sa force sont dans l'allégeance des calamités qui, pour toute autre situation de la vie, ne seraient ni supportables ni pardonnées; et cette loi cruelle punissait les revers qu'on ne s'est point attirés! Sans doute l'époux dont l'esprit s'aliène n'est plus, sous le rapport d'une de ses facultés les plus essentielles, le même être que celui avec qui l'union avait été formée. Mais dans cette altération il n'y a rien de son fait ni de sa volonté; et l'on ne peut pas dire de lui qu'il a rompu le contrat, quand il garde sa foi. Pourquoi donc celle de son associé serait-elle dégagée? Et où serait la sublimité des devoirs du mariage, où serait sa dignité, si, borné à une simple association de plaisirs, il n'était pas bien plus encore une assistance généreuse que deux faibles créatures se prêtent contre tous les maux de l'humanité, et un mutuel entre-support dans la carrière douloureuse de la vie? L'abandon semble un motif plus spécieux; mais ce mot présente une idée complexe : d'abord celle du délaissement qui est un fait, puis celle du délaissement qui est une intention. Or, si le fait peut être aisément constaté, il en est autrement de l'intention, qui souvent est contraire, et presque toujours équivoque. De cette ambiguité peuvent naître des prétextes trop faciles pour franchir les engagemens du mariage. Les exemples n'en sont pas rares, et peut-être leur multiplicité nous annonce-t-elle assez quelle fut l'intention du législateur. Dans le temps de nos tempêtes politiques, il voulut qu'il restât une planche secourable aux débris des familles enveloppées dans le naufrage. Mais le calme survenu depuis, a permis d'oublier cette ressource, et de la repousser comme funeste.

1649. Les trois causes précédentes sont appelées determinées, parce qu'elles consistent en faits dont la preuve doit être administrée aux tribunaux, qui prononcent ensuite dans leur sagesse.

1650. La quatrième cause, celle du consentement mutuel, n'est pas susceptible d'une preuve de cette nature. Mais on s'en formerait une bien fausse idée, et l'on calomnierait d'une étrange façon les vues du législateur, si l'on pensait qu'il a voulu que le contrat de mariage fût détruit par le seul consentement des époux. Ce n'est que quand il est exprimé de la manière prescrite par la loi, sous les conditions et après les épreuves qu'elle détermine, que le consentement mutuel et persévérant des époux prouve que la vie commune leur est insupportable, et qu'il existe, par rapport à eux, une cause péremptoire de divorce (a). Ainsi les conditions et les formes imposées doivent garantir l'existence d'une cause péremptoire. Le consentement dont il est question ne consiste pas dans l'expression d'une volonté passagère, il doit être le résultat d'une position insupportable. Les épreuves garantissent la constance de cette volonté, la présence des pères en garantit la nécessité, les sacrifices auxquels les époux sont forcés donnent enfin de nouveaux gages de l'existence d'une cause absolue de divorce. Parmi les causes déterminées il en est quelques-unes d'une telle gravité, qui peuvent entraîner de si funestes conséquences pour l'époux défendeur (comme, par exemple, des attentats à la vie), que des êtres doués d'une excessive délicatesse préféreraient les tourmens les plus cruels, au malheur de faire éclater ces causes par des plaintes judiciaires. Ne convenait-il pas, pour la sûreté des époux, pour l'honneur des familles, toujours compromis, quoi qu'on puisse dire, dans ces fatales occasions, pour l'intérêt même de toute la société, de ne pas forcer à une publicité non moins amère pour l'innocent que pour le coupable? L'honnêteté publique n'empêcherait-elle pas une femme de traîner à l'échafaud son mari? Faudrait-il,

(a) Art. 233 c. c.

toujours et nécessairement, pour terminer le supplice d'un mari infortuné, le contraindre à exposer au grand jour des torts qui l'ont blessé cruellement dans ses plus douces affections, et dont la divulgation le vouera encore à la malignité publique? L'injustice est sans doute ici du côté du vulgaire; mais se trouve-t-il beaucoup d'hommes assez courageux pour la braver? Est-on maître de détruire tout-à-coup ce préjugé? Et ne faut-il pas aussi ménager un peu l'empire de cette opinion, quelquefois partiale, mais qui peut, sur beaucoup de points, atteindre et flétrir, quand elle est bien dirigée, des vices qui échappent aux poursuites des lois?

1651. Quelques personnes ont paru préférer le divorce pour incompatibilité d'humeur au divorce par consentement mutuel. Une réflexion bien simple suffira pour les ramener à l'autre système. Si l'allégation d'incompatibilité d'humeur avait été permise à un seul des époux, on se serait exposé au reproche fondé d'attacher la dissolution d'un contrat formé par le consentement de deux personnes, au seul repentir de l'un des deux contractans; et, sous ce point de vue, la cause d'incompatibilité était susceptible des plus fortes objections. Si au contraire on veut supposer que, pour être admise, l'allégation d'incompatibilité eût dû être proposée par les deux époux, il est clair que cette cause rentrerait dans celle du consentement mutuel.

1652. La véritable incompatibilité est le plus grand des obstacles dans la société conjugale. En lui laissant les apparences matérielles, elle lui enlève son principal lien, celui des sentimens et des affections. Deux époux qui doivent s'appartenir l'un à l'autre tout entiers, demeurent étrangers ou ennemis par leurs penchans, par leurs habitudes, par toutes les facultés de leur âme. S'il est vrai qu'il n'y a pas de mariage sans consentement, comment pourrait-on dire qu'il existe une société conjugale là où ce consentement est repoussé par une aversion invincible? Mais pour que l'incompatibilité ait tous ces caractères, il faut qu'elle soit constante, profonde, et surtout mutuelle. Que pourraient en effet sur l'intégrité du contrat les répugnances et les contradictions qui s'élèvent d'un seul côté, lorsque de l'autre l'accord est maintenu par la patience, la douceur et cet esprit de support et d'indulgence que chacun doit aux défauts de ses semblables? Il suit de là que l'incompatibilité entre les époux ne saurait être démontrée que par l'aveu qu'ils en font l'un et l'autre, et lorsqu'après s'être réciproquement éprouvés avec persévérance, ils sentent que le fardeau d'une vie commune leur est insupportable. C'est ce qu'on n'observa pas assez lors de la rédaction de la loi de 1792. D'abord on omit d'exiger que l'incompatibilité fût mutuelle; et ensuite, par une conséquence nécessaire de cette omission, on fut entraîné jusqu'à dire qu'il suffisait que l'incompatibilité fût, non pas prouvée, mais alléguée par l'une des parties. C'est alors que nous avons vu travestir en incompatibilité de caractère les moindres dégoûts, les chagrins les plus légers, les simples contrariétés, et jusqu'aux fantaisies de l'inconstance. Ce fut comme une source intarissable où toutes les passions vinrent s'abreuver, et qui inonda de scandales la société. Le Code préserve désormais nos mœurs d'une telle méprise. L'incompatibilité n'y est pas placée parmi les causes qui peuvent faire prononcer le divorce sur la poursuite d'un seul époux.

1653. On a dit que les vœux du législateur seraient presque toujours trompés, et que le coupable d'excès envers l'autre époux refuserait son consentement. Ce refus est possible, mais invraisemblable. Une femme convaincue d'adultère ne se trouverait-elle pas trop heureuse que, par un excès d'indulgence, l'époux consentît à cacher sa faiblesse? Le conjoint coupable d'un attentat n'aurait-il pas le même intérêt? Leur conscience n'est-elle pas leur premier juge? Et les proches parens, intéressés aussi à dissimuler les torts de famille, n'auraient-ils pas une foule de moyens pour vaincre les résistances injustes? Enfin si le coupable persistait dans ses refus insensés, l'autre époux serait toujours libre de former sa demande pour cause déterminée. Il aurait satisfait à tout ce qu'exigeait de lui son exquise délicatesse : il pourvoirait ensuite à sa sûreté, en recourant à l'autorité des tribunaux.

1654. D'autres personnes, admettant d'ailleurs la cause de divorce par consentement mutuel, désiraient qu'elle ne fût pas écoutée quand il existerait des enfans du mariage. Mais cette exception eût été une grande inconséquence. On a introduit des formes et prescrit des conditions telles, que leur observation rigoureuse ne permet pas même le plus léger doute sur l'existence d'une cause péremptoire de divorce. Pourquoi donc aurait-on fermé la voie du consentement mutuel lorsque les époux ont des enfans ? Cette circonstance ne change en aucune façon leur position respective, et les motifs donnés pour justifier la mesure ne s'appliquent pas moins directement au cas où il existe des enfans. Quel intérêt plus pressant peuvent-ils avoir que de sauver d'un éclat fâcheux le nom qu'ils doivent porter dans le monde, pour ne pas y entrer sous de tristes auspices ? D'ailleurs l'existence des enfans fournit elle-même un nouveau préservatif contre l'abus, puisque les époux se trouvent dépouillés de la moitié de leurs propriétés, qui de droit est acquise aux enfans.

DIVORCE POUR CAUSE DÉTERMINÉE.

—

Formes du Divorce pour cause déterminée.

1655. Quelle que soit la nature des faits ou des délits qui donnent lieu à la demande en divorce pour cause déterminée, cette demande ne peut être formée qu'au tribunal de l'arrondissement dans lequel les époux ont leur domicile (*a*) : application de la règle générale en matière personnelle, et qui, par la force même des choses, s'étend à la séparation de corps.

1656. En cette matière, la femme est valablement assignée au domicile de son mari, même lorsque la résidence particulière est connue et avouée de lui (*b*).

1657. Pour actionner en divorce, la femme n'a pas besoin de se faire autoriser par le juge (*c*). On verra qu'il en est autrement pour la demande en séparation.

1658. Si quelques-uns des faits allégués par l'époux demandeur, donnent lieu à une poursuite criminelle de la part du ministère public, l'action en divorce reste suspendue jusqu'après l'arrêt de la cour d'assises (*d*). Ceci résulte de la maxime que le criminel suspend le civil. Si

(*a*) Art. 234 c. c. — (*b*) Aix, 7 mai 1809 : *J. C. C. t.* 14, *p.* 14. — (*c*) Poitiers et Cas. 2 prair. an XII et 25 germ. an XIII : *J. C. C. t.* 2 et 4, *p.* 555 et 418. — (*p*) Art. 235 c. c.

l'accusé est convaincu et condamné, le demandeur n'a plus rien à prouver. Il fait prononcer le divorce pour cause de condamnation à une peine infamante (1646. 1838. 1839). Si au contraire l'accusé est acquitté sur l'instruction criminelle, le demandeur n'est pas déchu pour cela; mais la preuve lui reste à faire.

1659. L'action peut alors être reprise (*a*) au civil. Voir l'art. 3 du Code d'instruction criminelle.

1660. Sans qu'il soit permis d'inférer de l'arrêt aucune fin de non-recevoir ou exception préjudicielle contre l'époux demandeur (*b*). Les sévices ou mauvais traitemens peuvent être assez graves pour rendre la vie malheureuse et insupportable, même pour l'exposer à des dangers pressans et réels, sans que l'auteur se soit rendu assassin. C'est l'intention ou la préméditation qui caractérise l'assassinat.

1661. Le jugement de l'instance en divorce n'est pas suspendu par la poursuite criminelle contre un témoin accusé de faux témoignage (*c*).

1662. La marche de l'instruction d'une demande en divorce ne doit pas être confondue avec la marche de l'instruction d'une affaire ordinaire. En général, l'accès des tribunaux ne peut être trop facile, ni la procédure trop ra-

______

(*a*) Art. 235 c. c. — (*b*) *Id.* — (*c*) Cas. 22 nov. 1815 : *J. P.* 1. 45, *p.* 93.

pide. Il n'en est pas de même en matière de divorce. Une sage lenteur doit donner aux passions le temps de se refroidir. Le divorce n'est tolérable qu'autant qu'il est forcé, et la société gémit de l'admettre lors même qu'il devient nécessaire. Chaque pas dans l'instruction doit donc être un grand objet de méditation pour le demandeur, et pour le juge un nouveau moyen de pénétrer les motifs secrets, les véritables motifs d'une demande de cette nature, et de s'assurer que du moins ces motifs sont réels et légitimes.

1663. Toute demande en divorce détaille les faits (a). C'est surtout dans ce premier instant qu'il convient de faire sentir toute la gravité et toutes les conséquences de l'action.

1664. Même en matière d'adultère, il faut, pour détailler régulièrement les faits, relater toutes les circonstances, et citer avec précision le lieu, le jour et l'heure (b).

1665. Une demande en divorce pour sévices et injures graves ne peut être accueillie lorsque le demandeur ne précise ni les époques, ni les circonstances (c).

1666. Le demandeur peut-il faire usage d'autres moyens que ceux employés dans la

(a) Art. 236 c. c. — (b) Paris, 18 fév. 1806 : J. C. C. t. 6. p. 411. — (c) Limoges, 2 juil. 1810 : J. P. t. 29, p. 413.

requête introductive d'instance?— Jugé diversement (a).

1667. La demande est remise au président
du tribunal (b).

1668. Ou au juge qui en fait les fonctions (c).

1669. Ce juge, ainsi saisi à raison de l'absence du président, ne doit pas se dessaisir
quand celui-ci est de retour (d).

1670. La demande est accompagnée des pièces
à l'appui, s'il y en a (e).

1671. Il n'est pas nécessaire que toutes les
pièces qui tendent à établir les causes du divorce, accompagnent la demande : le demandeur peut en produire ultérieurement (f).

1672. La remise de la demande et des pièces
se fait par l'époux demandeur en personne (g).

1673. A moins qu'il n'en soit empêché par
maladie (h). C'est une exception de force ma-
jeure.

1674. Auquel cas, le magistrat se transporte
au domicile du demandeur (i).

1675. Pour y recevoir sa demande (j).

1676. Sur sa réquisition (k) préalable.

1677. Et sur le certificat de deux docteurs en
médecine ou en chirurgie (l).

(a) Riom, Paris, 18 niv. an XII, 7 août 1810 : J. C. C. t. 1,
p. 337 ; J. P. t. 29, p. 55. — (b) Art. 236 c. c. — (c) Id. —
(d) Besançon, 16 août 1811 : J. C. C. t. 17, p. 589. — (e) Art.
236 c. c. — (f) Brux. 12 frim. an XIV : J. C. C. t. 6, p. 114. —
(g) Art. 236 c. c. — (h) Id. — (i) Id. — (j) Id. — (k) Id. — (l) Id.

1678. Ou de deux officiers de santé (*a*).

1679. Le juge paraphe la demande et les pièces (*b*), *ne varientur*.

1680. Après avoir entendu le demandeur (*c*). Voilà le motif principal de son transport (1674).

1681. Après aussi lui avoir fait les observations qu'il croit convenables (*d*) sur la nature de son action et les suites qu'elle entraînera.

1682. Il dresse procès-verbal de la remise du tout en ses mains (*e*).

1683. Ce procès – verbal est signé par le juge (*f*).

1684. Et par le demandeur (*g*).

1685. A moins que celui-ci ne sache ou ne puisse signer (*h*).

1686. Auquel cas, il en est fait mention (*i*), pour tenir lieu de la formalité, et constater la cause qui empêche de l'accomplir.

1687. Le juge ordonne, au bas de son procès-verbal, que les parties comparaîtront en personne devant lui, au jour et à l'heure qu'il indique (*j*).

1688. Et qu'à cet effet, copie de son ordonnance sera par lui adressée à la partie contre laquelle le divorce est demandé (*k*).

(*a*) Art. 236 c. c. — (*b*) Art. 237. — (*c*) *Id.* — (*d*) *Id.* — (*e*) *Id.* — (*f*) *Id.* — (*g*) *Id.* — (*h*) *Id.* — (*i*) *Id.* — (*j*) Art. 238. — (*k*) *Id.*

1689. Cette copie n'a pas besoin d'être remise avec toutes les formalités ordinaires des exploits (*a*).

1690. Au jour indiqué, le juge fait aux deux époux, s'ils se présentent, ou au demandeur, s'il est seul comparant, les représentations qu'il croit propres à opérer un rapprochement (*b*). Cette première audition des époux a lieu à huis clos. Ce n'est qu'à la dernière extrémité qu'on donne de l'éclat à la demande. Le Code de procédure exige une formalité analogue pour la demande en séparation.

1691. Il n'y a point de procès-verbal à dresser, si les représentations du juge opèrent le rapprochement des époux. Cependant il est nécessaire qu'il y ait un acte quelconque qui constate la réconciliation, et assure la fin de non-recevoir contre le demandeur qui voudrait par la suite renouveler son action sur les mêmes faits.

1692. Si le juge ne peut parvenir à opérer un rapprochement, il en dresse procès-verbal (*c*).

1693. Il ordonne la communication de la demande et des pièces au ministère public (*d*), partie nécessaire et jointe dans de semblables procès.

1694. Et le référé du tout au tribunal (*c*).

1695. Dans les trois jours qui suivent, le tri-

(*a*) Cas. 25 germ. an XIII : *J. C. C. t.* 4, *p.* 418. — (*b*) Art. 259 c. c. — (*c*) *Id.* — (*d*) *Id.* — (*e*) *Id.*

bunal accorde ou suspend la permission de citer (*a*).

1696. Sur le rapport du président ou du juge qui en fait les fonctions (*b*).

1697. Et sur les conclusions du ministère public (*c*).

1698. La suspension ne peut excéder le terme de vingt jours (*d*). Il ne faut pas, sans absolue nécessité, prolonger une cause de scandale.

1699. Le délai de la suspension expiré, on ne peut citer sans une nouvelle permission (*e*).

1700. Le terme de trois jours (1695) peut se compter, non du jour de la signification du procès-verbal (1692), mais de celui où les pièces remises au procureur du roi et le référé fait au tribunal ont permis au ministère public et aux juges d'en prendre connaissance (*f*).

1701. Les actes préliminaires à la citation peuvent se faire à l'hôtel du juge (*g*).

1702. Le demandeur fait citer le défendeur à comparaître en personne (*h*), et non par ministère d'avoué. Mais un mandataire peut être admis (1717—1721).

1703. A l'audience à huis clos (*i*), vu la na-

(*a*) Art. 240 c. c. — (*b*) *Id.* — (*c*) *Id.* — (*d*) *Id.* — (*e*) Besançon, 16 août 1811 : *J. C. C. t.* 17, *p.* 389. — (*f*) Nismes, 21 mai 1806 : *J. C. C. t.* 7, *p.* 368. — (*g*) Besançon, 16 août 1811 : *J. C. C. t.* 17, *p.* 389. — (*h*) Art. 241 c. c. — (*i*) *Id.*

ture de l'affaire et les détails dont elle est ordinairement entourée.

1704. Dans le délai de la loi (*a*) : celui de huitaine franche.

1705. Cette citation a lieu en vertu de la permission du tribunal (*b*) entier, et non du président seul.

1706. Dans la forme ordinaire (*c*) des ajournemens, expliquée au Code de procédure.

1707. Le demandeur fait donner copie de la demande en divorce (*d*).

1708. Et des pièces produites à l'appui (*e*).

1709. En tête de la citation (*f*), comme il est d'usage dans tous les exploits introductifs d'instance.

1710. Il est à remarquer que les délais (1702 —1709) ne sont pas déterminés par le texte du Code civil. Sur quoi, voyez l'arrêt de la cour de Nismes (*g*) du 21 mai 1806.

1711. A l'échéance du délai, le demandeur en personne expose les motifs de sa demande (*h*), antérieurs ou postérieurs à icelle, pourvu qu'ils soient pertinens et de nature à l'appuyer (1756).

1712. Ou il les fait exposer (*i*) par le conseil qui l'accompagne (1714).

1713. Soit que le défendeur comparaisse ou non (*j*), parce que quiconque actionne ne peut

(*a*) Art. 241 c. c. — (*b*) *Id.* — (*c*) *Id.* — (*d*) *Id.* — (*e*) *Id.* — (*f*) *Id.* — (*g*) J. C. C. t. 7, p. 368. — (*h*) Art. 242 c. c. — (*i*) *Id.* — (*j*) *Id.*

obtenir jugement, même par défaut, qu'après avoir fait vérifier la justice de ses conclusions.

1714. Le demandeur est assisté d'un conseil, s'il le juge à propos (*a*).

1715. Il représente les pièces qui appuient sa demande (*b*).

1716. Il nomme les témoins qu'il se propose de faire entendre (*c*).

1717. Si le défendeur comparaît en personne ou par un fondé de pouvoir, il peut proposer ses observations (*d*).

1718. Ou les faire proposer (*e*) par ce mandataire.

1719. Tant sur les motifs de la demande (*f*), en réponse à l'exposé du demandeur (1711).

1720. Que sur les pièces produites par le demandeur (*g*) à l'appui (1715).

1721. Et sur les témoins par lui nommés (*h*) dans les mêmes vues (1716).

1722. Le défendeur nomme, de son côté, les témoins qu'il se propose de faire entendre (*i*), pour édifier la preuve contraire.

1723. Sur ces témoins le demandeur fait réciproquement ses observations (*j*) ou reproches (1772—1774).

1724. Chaque partie n'a pas la faculté de se faire assister de plusieurs conseils, tant qu'il ne

(*a*) Art. 242 c. c. — (*b*) *Id.* — (*c*) *Id.* — (*d*) Art. 243. — (*e*) *Id.* — (*f*) *Id.* — (*g*) *Id.* — (*h*) *Id.* — (*i*) *Id.* — (*j*) *Id.*

s'agit que d'explications : ce n'est point alors le cas de la règle (1789) ci-après (*a*).

1725. Il est dressé procès-verbal des comparutions, dires et observations des parties (*b*).

1726. Ainsi que des aveux que l'une ou l'autre peut faire (*c*), parce que ce sont des élémens de preuve (1732. 1733).

1727. Lecture de ce procès-verbal est donnée auxdites parties (*d*).

1728. Elles sont requises de le signer (*e*).

1729. Il est fait mention expresse de leur signature (*f*).

1730. Ou de leur déclaration de ne pouvoir signer (*g*).

1731. Ou de ne le vouloir (*h*). On sent que la conséquence du refus est toute autre que celle de l'impossibilité.

1732. Les aveux faits par les époux (1726) doivent être pris en considération comme élémens de preuve (*i*).

1733. Quand ces aveux peuvent contribuer à constater les causes alléguées par la partie qui réclame le divorce, il n'est pas nécessaire que ces causes soient pleinement constatées par tout autre moyen que ces aveux (*j*).

(*a*) Rouen, 17 mars 1808 : *Sir.* 1808, *déc. div.* p. 134. — (*b*) Art. 244 c. c. — (*c*) *Id.* — (*d*) *Id.* — (*e*) *Id.* — (*f*) *Id.* — (*g*) *Id.* — (*h*) *Id.* — (*i*) Cas. 11 frim. an XIV : *Den.* 1806, p. 76. — (*j*) *Id.*

1734. Le tribunal renvoie les parties à l'audience publique (*a*).

1735. Il en fixe le jour et l'heure (*b*).

1736. Il ordonne la communication de la procédure au ministère public (*c*).

1737. Il commet un rapporteur (*d*).

1738. Dans le cas où le défendeur n'a pas comparu, le demandeur est tenu de lui faire signifier l'ordonnance du tribunal (*e*), pour qu'il en acquière une connaissanc légale.

1739. Dans le délai qu'elle a déterminé (*f*).

1740. Au jour et à l'heure indiqués, le tribunal statue d'abord sur les fins de non-recevoir, s'il en a été proposé (*g*). La justice dans tous les temps accueillit avec faveur cette espèce d'exception contre les demandes qu'elle ne peut entendre qu'à regret.

1741. Sur le rapport du juge commis (*h*).

1742. Le ministère public entendu (*i*).

1743. En cas que les fins de non-recevoir soient trouvées concluantes, la demande en divorce est rejetée (*j*).

1744. Dans le cas contraire, ou s'il n'a pas été proposé de fins de non-recevoir, la demande en divorce est admise (*k*) par jugement distinct, même quand le défendeur n'aurait pas proposé de fin de non-recevoir.

(*a*) Art. 245 c. c. — (*b*) Id. — (*c*) Id. — (*d*) Id. — (*e*) Id. — (*f*) Id. — (*g*) Art. 246. — (*h*) Id. — (*i*) Id. — (*j*) Id. — (*k*) Id.

1745. Immédiatement après l'admission de la demande en divorce, le tribunal statue au fond (*a*), si la matière y est disposée (1748 — 1750).

1746. Sur le rapport du juge commis (*b*) par le jugement de renvoi (1734—1737).

1747. Le ministère public entendu (*c*).

1748. Il fait droit à la demande, si elle lui paraît en état d'être jugée (*d*) sans enquête et sur les seules pièces produites.

1749. Sinon, il admet le demandeur à la preuve des faits pertinens par lui allégués (*e*).

1750. Et le défendeur à la preuve contraire (*f*), laquelle est de droit.

1751. Quand le jugement d'admission a été confirmé sur l'appel, sans que le défendeur ait relevé les nullités des actes préalables, la cour, ultérieurement saisie de l'appel du jugement du fond, ne peut d'office prononcer sur ces nullités, dès lors couvertes (*g*).

1752. On ne peut par un seul et même jugement admettre la demande en divorce et la preuve des faits articulés (*h*).

1753. En déclarant les faits pertinens, le tribunal peut, pour les opérations ultérieures, continuer la cause à une autre audience (*i*).

(*a*) Art. 247 c. c. — (*b*) *Id.* — (*c*) *Id.* — (*d*) *Id.* — (*e*) *Id.* — (*f*) *Id.* — (*g*) Cas. 29 juin 1812 : *J. P. t.* 36, *p.* 134. — (*h*) Pau, 27 mars 1815 : *J. P. t.* 56, *p.* 474. — (*i*) Liége, 29 juil. 1812 : *J. P. t.* 38, *p.* 400.

1754. Aux juges est laissé le soin de détailler, comme bon leur semble, les faits dont ils
ordonnent la preuve (*a*).

1755. Leur disposition à cet égard ne peut
offrir un moyen de cassation (*b*).

1756. On peut admettre, à l'appui de la
demande en divorce, des faits postérieurs à
icelle (*c*).

1757. Suivant le texte et l'esprit de la loi, le
tribunal ne peut connaître du fond qu'après
avoir, par un premier jugement, statué sur les
fins de non-recevoir et admis la demande (*d*).

1758. Il ne peut par un premier jugement la
déclarer non recevable, attendu que les faits
allégués ne sont pas pertinens (*e*).

1759. On peut appeler du jugement d'admission de la demande en divorce, avant le jugement définitif (*f*).

1760. Ce jugement d'admission n'est pas susceptible d'opposition de la part du défendeur
défaillant (*g*).

1761. Sur l'appel isolé du jugement d'admission, la cour ne peut connaître du fond (*h*).

(*a*) Cas. 2 mars 1808 : *Sir.* 1808, *p.* 202. — (*b*) *Id.* — (*c*) Cas.
26 mai 1807 : *Sir. et Den.* 1807, *p.* 484. — (*d*) Cas. 18 frim.
an xiv ; Angers, 6 mai 1808 : *J. C. C. t.* 6, *p.* 273 ; *J. S, P. t.* 2,
p. 518. — (*e*) Cas. 18 frim. an xiv : *J. C. C. t.* 6, *p.* 273. —
(*f*) Cas. 30 juil. 1806 : *Den.* 1806. *p.* 710. — (*g*) Paris, 21 juil.
1809 : *J. P. t.* 24, *p.* 566. — (*h*) Cas. 30 juil. 1806 : *Den.* 1806,
p. 710.

1762. La pertinence des faits constitue le fond (*a*).

1763. A chaque acte de la cause les parties peuvent proposer leurs moyens respectifs (*b*) : ce sont autant de plaidoiries.

1764. Ou les faire proposer (*c*) par leur conseil.

1765. D'abord sur les fins de non-recevoir (*d*) dont il sera bientôt parlé (1918—1934.

1766. Ensuite sur le fond (*e*) même de la demande.

1767. Après le rapport du juge (*f*) commis (1737. 1741. 1746).

1768. Et avant que le ministère public ait pris la parole (*g*) ; car c'est une règle de procédure qu'on ne peut être entendu après lui, quand il n'est que partie jointe, et non principale.

1769. Mais en aucun cas le conseil du demandeur n'est admis, si le demandeur n'est pas comparant en personne (*h*). Le défendeur est traité plus favorablement (1717).

1770. Aussitôt après la prononciation du jugement qui ordonne les enquêtes, le greffier du tribunal donne lecture de la partie du procès-verbal qui contient la nomination déjà faite des témoins que les parties se proposent de faire entendre (*i*).

(*a*) Cas. 5o juil. 18o6 : *Den.* 18o6, *p.* 7 1o. — (*b*) Art. 248 c. c. — (*c*) *Id.* — (*d*) *Id.* — (*e*) *Id.* — (*f*) *Id.* — (*g*) *Id.* — (*h*) *Id.* — (*i*) Art. 249 c. c.

1771. Elles sont averties par le président,
qu'elles peuvent encore en désigner d'autres,
mais qu'après ce moment elles n'y seront plus
reçues (*a*).

1772. Les parties proposent de suite leurs
reproches respectifs contre les témoins qu'elles
veulent écarter (*b*).

1773. Le tribunal statue sur ces reproches (*c*).

1774. Après avoir entendu le ministère public (*d*).

1775. Il n'est pas tenu d'y statuer de suite (*e*).

1776. Il n'est astreint pour cela à aucune
forme particulière (*f*).

1777. Les parens des parties ne sont pas reprochables du chef de la parenté (*g*). On va en
déduire la raison (1779).

1778. A l'exception de leurs enfans et descendans (*h*). Cette règle et la précédente s'appliquent aux séparations de corps (2132).

1779. Les domestiques des époux ne sont pas
reprochables en raison de cette qualité (*i*). Ces
personnes sont témoins nécessaires : sans elles, il
serait souvent impossible d'obtenir la preuve des
faits qui se passent dans l'intérieur de la maison.

1780. En général, les principes sur les témoins

____

(*a*) Art. 249 c. c. — (*b*) Art. 250. — (*c*) *Id.* — (*d*) *Id.* —
(*e*) Nismes, 21 mai 1806 : *J. C. C. t.* 7, *p.* 568. — (*f*) *Id.* —
(*g*) Art. 251 c. c. — (*h*) *Id.* — (*i*) *Id.*

reprochables ne s'appliquent point aux demandes en divorce ou séparation de corps (*a*).

1781. Mais le tribunal a tel égard que de
raison aux dépositions des parens et des domestiques (*b*), attendu qu'ils ne sont pas toujours
exempts de partialité.

1782. Tout jugement qui admet une preuve
testimoniale, dénomme les témoins qui seront
entendus (*c*).

1783. Il détermine le jour et l'heure auxquels
les parties devront les présenter (*d*).

1784. Le défendeur au divorce, qui n'a pas
fait assigner ses témoins pour le jour indiqué,
n'est pas déchu de la faculté de faire enquête (*e*).

1785. Les dépositions des témoins sont reçues
par le tribunal (*f*) entier, jamais par commissaire délégué.

1786. Séant à huis clos (*g*), autant parce
qu'il s'agit d'enquête qu'à cause de la nature
spéciale de ces sortes d'affaires.

1787. En présence du ministère public (*h*).

1788. Des parties (*i*).

1789. Et de leurs conseils ou amis, jusqu'au
nombre de trois de chaque côté (*j*).

(*a*) Cas. 8 juil. 1813 : *J. C. C.* t. 22, *p.* 320. — (*b*) Art. 251
c. c. — (*c*) Art. 252. — (*d*) *Id.* — (*e*) Paris, Bordeaux, 6 mai
1811, 27 juil. 1814 : *J. P.* t. 30, *p.* 55 ; *t.* 45, *p.* 230. — (*f*) Art.
253 c. c. — (*g*) *Id.* — (*h*) *Id.* — (*i*) *Id.* — (*j*) *Id.*

1790. Les témoins doivent être entendus séparément (*a*) : c'est une règle générale de procédure.

1791. A peine de nullité (*b*).

1792. Les parties peuvent faire aux témoins telles observations et interpellations qu'elles jugent à propos (*c*).

1793. Par elles-mêmes (*d*).

1794. Ou par leurs conseils (*e*), maintenant au nombre de trois (1789), tandis que, pour les préliminaires, il n'en était admis qu'un (1712. 1714. 1717. 1718. 1724).

1795. Sans pouvoir néanmoins interrompre les témoins dans le cours de leurs dépositions (*f*).

1796. Chaque déposition est rédigée par écrit (*g*), comme en toute enquête judiciaire.

1797. Ainsi que les dires et observations auxquels elle a donné lieu (*h*).

1798. Le procès-verbal d'enquête est lu aux témoins (*i*).

1799. Et aux parties (*j*).

1800. A peine de nullité (*k*).

1801. Les uns et les autres sont requis de le signer (*l*).

1802. Il est fait mention de leur signature (*m*).

(*a*) Nancy, 15 avril 1813 : J. P. t. 57, p. 541. — (*b*) Id. — (*c*) Art. 254 c. c. — (*d*) Id. — (*e*) Id. — (*f*) Id. — (*g*) Art. 255. — (*h*) Id. — (*i*) Id. — (*j*) Id. — (*k*) Nancy, 15 avril 1813 : J. P. t. 57, p. 541. — (*l*) Art. 255 c. c. — (*m*) Id.

1803. Ou de leur déclaration qu'ils ne peuvent signer (*a*).

1804. Ou qu'ils ne le veulent (*b*).

1805. Le défaut de signature du juge et du greffier après chaque déposition, n'entraîne pas nullité (*c*).

1806. Il n'est pas besoin que tous les témoins désignés soient entendus (*d*).

1807. Ni que la non-comparution des absens soit constatée par le procès-verbal d'enquête (*e*).

1808. Les enquêtes en matière de divorce ne sont pas soumises aux règles générales non rappelées dans le Code civil (*f*).

1809. Ainsi on peut, en matière de divorce, recommencer une enquête nulle (*g*), contrairement au prescrit du Code de procédure: ce qui n'a pas lieu quand il s'agit de séparation.

1810. Après la clôture des deux enquêtes, ou de celle du demandeur, si le défendeur n'a pas produit de témoins, le tribunal renvoie les parties à l'audience publique (*h*), dans la même forme qu'à la suite des premières comparutions (1734, etc.)

1811. Il en indique le jour et l'heure (*i*).

1812. Il ordonne la communication de la procédure au ministère public (*j*).

(*a*) Art. 255 c. c. — (*b*) *Id.* — (*c*) Nancy, 15 avril 1815 : *J. P. t.* 37, *p.* 341. — (*d*) Cas. 22 nov. 1815 : *J. P. t.* 45, *p.* 95. — (*e*) *Id.* — (*f*) Cas. 3 mai 1809 : *Den.* 1809, *p.* 176. — (*g*) Cas. 28 déc. 1807 : *J. P. t.* 20, *p.* 241. — (*h*) Art. 256 c. c. — (*i*) *Id.* — (*j*) *Id.*

1813. Il commet un rapporteur (*a*).

1814. Cette ordonnance est signifiée au défendeur (*b*), même non défaillant (1738).

1815. A la requête du demandeur (*c*).

1816. Dans le délai qu'elle a déterminé (*d*).

1817. Au jour fixé pour le jugement définitif, le rapport est fait par le juge commis (*e*).

1818. Les parties peuvent ensuite faire telles observations qu'elles jugent utiles à leur cause (*f*).

1819. Par elles-mêmes (*g*).

1820. Ou par l'organe de leurs conseils (*h*), comme lors de l'audition des témoins (1793. 1794).

1821. Après quoi, le ministère public donne ses conclusions (*i*).

1822. Le jugement définitif est prononcé publiquement (*j*).

1823. Mais les plaidoiries peuvent avoir lieu à huis clos (*k*), par application de l'art. 87 du Code de procédure civile.

1824. Lorsque ce jugement admet le divorce, le demandeur est autorisé à se retirer devant l'officier de l'état civil, pour le faire prononcer (*l*).

(*a*) Art. 256 c. c. — (*b*) *Id.* — (*c*) *Id.* — (*d*) *Id.* — (*e*) Art. 257. — (*f*) *Id.* — (*g*) *Id.* — (*h*) *Id.* — (*i*) *Id.* — (*j*) Art. 258. — (*k*) Cas. 15 déc. 1808 : *J. P. t.* 23, *p.* 246. — (*l*) Art. 258 c. c.

1825. Telle a été la crainte d'une décision trop légèrement prononcée , que lorsque la demande en divorce a été formée pour cause d'excès, de sévices ou d'injures graves, les juges peuvent ne pas admettre immédiatement le divorce (*a*).

1826. Encore que cette demande soit bien établie (*b*).

1827. Dans ce cas , avant de faire droit , ils autorisent la femme à quitter la compagnie de son mari (*c*).

1828. Sans être tenue de le recevoir, si elle ne le juge à propos (*d*). On a pour but de s'assurer encore plus de la persévérante volonté de l'époux demandeur , et de l'impossibilité de conserver de sa part aucune espérance de retour. Cependant (2133) la règle ne s'applique point aux demandes en séparation de corps.

1829. Les juges , dans ce même cas , condamnent le mari à payer à la femme une pension alimentaire (*e*), pour tenir lieu de ce que ne fournit plus la maison conjugale.

1830. Ils la proportionnent aux facultés du mari (*f*).

1831. A moins que la femme n'ait des revenus suffisans pour fournir à ses besoins (*g*).

(*a*) Art. 259 c. c. — (*b*) *Id.* — (*c*) *Id.* — (*d*) *Id.* — (*e*) *Id.* — (*f*) *Id.* — (*g*) *Id.*

1832. Après une année d'épreuve, si les parties ne se sont pas réunies, l'époux demandeur peut faire citer l'autre époux à comparaître au tribunal (*a*).

1833. Dans les délais de la loi (*b*), c'est-à-dire à huitaine franche.

1834. Pour y entendre prononcer le jugement définitif (*c*).

1835. Ce jugement, pour lors admet le divorce (*d*), sans nouvelle épreuve, si les causes s'en trouvent justes et bien vérifiées.

1836. Quand les premiers juges ont admis directement le divorce, la cour d'appel ne peut accorder (1825—1828. 1832) le sursis (*e*).

1837. Si l'action en divorce n'est pas suffisamment établie, il n'y a pas lieu à l'année d'épreuve (*f*).

1838. Lorsque le divorce est demandé par la raison qu'un des époux est condamné à une peine infamante, les seules formalités à observer consistent à présenter au tribunal de première instance une expédition en bonne forme, du jugement de condamnation (*g*).

1839. Avec un certificat de la cour d'assises, portant que ce même jugement n'est plus susceptible d'être réformé par aucune voie légale (*h*).

(*a*) Art. 260 c. c. — (*b*) *Id.* — (*c*) *Id.* — (*d*) *Id.* — (*e*) Besançon, ... an XIII : *J. C. C. t.* 4, *p.* 219. — (*f*) Nismes, 8 juil. 1807 : *J. P. t.* 20, *p.* 204. — (*g*) Art. 261 c. c. — (*h*) *Id.*

1840. En cas d'appel du jugement d'admission ou du jugement définitif, rendu par le tribunal de première instance en matière de divorce, la cause est instruite et jugée par la cour royale comme affaire urgente (*a*).

1841. La cour qui confirme le jugement d'admission, n'est pas tenue de statuer sans délai sur le fond (*b*).

1842. On ne peut, en matière de divorce, appeler d'aucun jugement préparatoire (*c*).

1843. Le jugement qui (1825 — 1835) ordonne l'année d'épreuve, est-il simplement préparatoire? — Jugé diversement (*d*).

1844. L'appel (1840) n'est recevable qu'autant qu'il a été interjeté dans les trois mois (*e*).

1845. A compter du jour de la signification du jugement (*f*).

1846. Rendu contradictoirement (*g*).

1847. Ou par défaut (*h*).

1848. L'appel est suspensif (*i*).

1849. La soumission aux jugemens rendus sur la procédure en divorce, et les actes judiciaires qui en sont la suite, n'empêchent pas d'en appeler (*j*).

(*a*) Art. 262 c. c. — (*b*) Cas. 10 mai 1809 : *Den.* 1809, *p.* 216. — (*c*) Angers, 5 mai 1808 : *J. S. P. t.* 2 , *p.* 315. — (*d*) Trèves, Paris , 11 juil. 1806 , 20 mars 1810 : *J. C. C. t.* 7 , *p.* 373 ; *J. P. t.* 27 , *p.* 152. — (*c*) Art. 263 c. c. — (*f*) *Id.* — (*g*) *Id.* — (*h*) *Id.* — (*i*) Agen , 20 janv. 1807 : *J. C. C. t.* 10 , *p.* 304. — (*j*) Nismes , 21 mai 1806 : *J. C. C. t.* 7 , *p.* 568.

1850. La cour d'appel saisie de la demande en divorce, peut faire procéder à une enquête par-devant elle (a).

1851. La partie qui n'a pas réclamé contre l'audition des témoins sur des faits non compris dans l'arrêt d'appointement, n'est pas recevable à s'en plaindre (b).

1852. Le délai pour se pourvoir à la cour de cassation contre un jugement en dernier ressort, est aussi de trois mois (c).

1853. A compter de la signification (d).

1854. Le pourvoi est suspensif (e).

1855. Le demandeur en divorce peut se désister d'une procédure à laquelle le défendeur reproche des irrégularités, pour en faire une nouvelle plus régulière (f).

1856. L'époux qui s'est désisté d'une première demande en divorce, dans la vue d'anéantir une procédure vicieuse, mais avec réserve de ses droits quant au fond de l'action, peut former une nouvelle demande et articuler de nouveaux faits (g).

1857. En vertu de tout jugement rendu en dernier ressort ou passé en force de chose jugée, qui autorise le divorce, l'époux qui l'a obtenu

(a) Cas. 26 mai 1807 : *Sir. et Den.* 1807, p. 484. — (b) *Id.* — (c) Art. 263 c. c. — (d) *Id.* — (e) *Id.* — (f) Cas. 10 mai 1809 : *Den.* 1809, p. 216. — (g) Paris, 18 mars 1811 : *J. P. t* 29, p. 459.

est obligé de se présenter devant l'officier de l'état civil, pour faire prononcer le divorce (*a*).

1858. Dans le délai de deux mois (*b*). Si, au cours de l'instruction, on ne peut trop ralentir la marche de la procédure, on ne peut trop accélérer l'instant qui doit terminer pour toujours une affaire de cette nature, lorsque toutes les épreuves sont faites, les démonstrations acquises, et le jugement prononcé.

1859. L'autre partie dûment appelée (*c*), pour reconnaître ou contester, si elle le juge convenable, l'existence de la chose jugée.

1860. Les deux mois ne commencent à courir, à l'égard des jugemens de première instance, qu'après l'expiration du délai d'appel (*d*).

1861. A l'égard des arrêts rendus par défaut en cause d'appel, qu'après l'expiration du délai d'opposition (*e*).

1862. Et à l'égard des jugemens contradictoires en dernier ressort, qu'après l'expiration du délai du pourvoi en cassation (*f*).

1863. Les jugemens par défaut en matière de divorce (1847. 1861) sont-ils susceptibles d'opposition? — Jugé diversement (*g*).

1864. L'époux demandeur qui a laissé passer

(*a*) Art. 264 c. c. — (*b*) *Id.* — (*c*) *Id.* — (*d*) Art. 265. — (*e*) *Id.* — (*f*) *Id.* — (*g*) Aix, Toulouse, Nismes, 7 mars 1809, 26 juin 1811, 24 janv. 1812 : *J. C. C. t.* 14, *p.* 14 ; *t.* 17, *p.* 320 ; *t.* 19, *p.* 316.

le délai de deux mois ci-dessus (1858) déterminé, sans appeler l'autre époux devant l'officier de l'état civil, est déchu du bénéfice du
jugement qu'il avait obtenu (*a*). On présume
qu'il a pardonné.

1865. Il ne peut reprendre son action en
divorce (*b*).

1866. Sinon pour cause nouvelle (*c*).

1867. Auquel cas, il peut néanmoins faire
valoir les anciennes causes (*d*) : principe qui va
se reproduire (1926—1930).

1868. Le divorce dérive de l'arrêt même qui
en prononce l'admission (*e*).

1869. Si l'une des parties décède après cet
arrêt, mais avant la prononciation par l'officier
civil, c'est l'arrêt qui doit faire la règle des parties (*f*).

1870. La requête civile est admissible en matière de divorce (*g*).

(*a*) Art. 266 c. c. — (*b*) *Id.* — (*c*) *Id.* — (*d*) *Id.* — (*e*) Brux.
26 avril 1806 : *J. C. C. t.* 6, *p.* 417. — (*f*) *Id.* — (*g*) Paris,
9 juil. 1814 : *J. P. t.* 40, *p.* 43.

MESURES PROVISOIRES

AUXQUELLES PEUT DONNER LIEU LA DEMANDE EN DIVORCE POUR CAUSE DÉTERMINÉE.

—

1871. L'ADMINISTRATION provisoire des enfans reste au mari (a).

1872. Demandeur ou défendeur en divorce (b), attendu qu'il a pour lui son titre, et qu'il est le chef de la famille.

1873. Le tribunal peut cependant en ordonner autrement (c).

1874. Sur la demande soit de la mère (d).

1875. Soit de la famille (e).

1876. Ou du ministère public (f).

1877. Pour le plus grand avantage des enfans (g) : c'est la seule règle indiquée aux magistrats, même pour le cas de simple séparation de corps (2134) ; car, dans ce choc funeste, les enfans sont peut-être les seuls qui n'aient rien à se reprocher.

1878. L'instance en divorce ne suspend pas les obligations du mariage (h).

1879. Cependant la femme peut quitter le domicile du mari pendant la poursuite (i).

(a) Art. 267 c. c. — (b) Id. — (c) Id. — (d) Id. — (e) Id. — (f) Id. — (g) Id. — (h) Paris, 2 oct. 1812 : J. P. t. 55, p. 25. — (i) Art. 268 c. c.

1880. Qu'elle soit demanderesse ou défende-resse (*a*). Il n'est pas possible de la forcer à par-tager le domicile du mari dans le cours d'une telle action. Il est juste que cette femme, ex-cédée par les mauvais traitemens qui la forcent à sa demande, ou insultée par celle dont elle est l'objet, puisse quitter la maison commune. Le ressentiment de part ou d'autre peut rendre dangereuse la cohabitation. Tout cela s'appli-que à la demande en séparation de corps.

1881. La femme ne peut, pendant la pour-suite, être autorisée à vivre séparément dans le domicile marital (*b*).

1882. Si la femme quitte le domicile du mari, elle peut demander une pension alimen-taire (*c*), par le motif déjà déduit (1829), lequel s'applique à la séparation de corps (2135).

1883. Cette pension est proportionnée aux facultés du mari (*d*), et sous la modification dont on a parlé et parlera (1831. 1889. 1890. 1955).

1884. Le tribunal indique la maison dans laquelle la femme est tenue de résider (*e*).

1885. Le lieu de la résidence indiquée à la femme ne peut être assigné hors du ressort du tribunal (*f*).

(*a*) Art. 268 c. c. — (*b*) Colmar, 26 fév. 1808 : *J. P. t.* 24, p. 174. — (*c*) Art. 268 c. c. — (*d*) *Id.* — (*e*) *Id.* — (*f*) Paris, 4 déc. 1810 : *J. P. t.* 29, p. 108.

1886. En prononçant sur cette demande, on ne peut condamner le mari aux dépens (*a*).

1887. Le tribunal fixe, s'il y a lieu, la provision alimentaire que le mari est obligé de payer à la femme (*b*).

1888. Il y a lieu à provision alimentaire, malgré la procuration du mari qui autorise la femme à toucher ce dont elle a besoin (*c*).

1889. Cette provision doit se déterminer d'après les biens personnels de la femme (*d*).

1890. La femme actionnée en divorce est recevable et fondée à demander une provision à son mari, dans le cours de l'action, quand même ils auraient l'un et l'autre à peu près les mêmes ressources (*e*).

1891. Dans certaines occasions, le tribunal accorde en outre à la femme une somme pour la mettre à portée de fournir aux frais du procès.

1892. Quoique le divorce soit demandé par les deux époux séparément, le mari n'en est pas moins obligé de fournir à sa femme une provision alimentaire (*f*).

1893. Il ne peut la refuser sous prétexte que

(*a*) Paris, 4 déc. 1810 : *J. P. t.* 29, *p.* 108. — (*b*) Art. 268 c. c. — (*c*) Paris, 5 juil. 1810 : *J. P. t.* 27, *p.* 348. — (*d*) *Id.* — (*e*) Paris, 19 frim. an xiv : *Den.* 1806, *sup. p.* 174. — (*f*) Bruxelles, ... : *J. C. C. t.* 2, *p.* 134.

la femme ne réside pas chez son père, lorsque le juge lui a indiqué une autre demeure (*a*).

1894. Il doit, pour en obtenir la réduction, faire constater l'état de sa fortune (*b*).

1895. Une demande en provision peut se former même en cause d'appel (*c*).

1896. La femme est tenue de justifier de sa résidence dans la maison indiquée, toutes les fois qu'elle en est requise (*d*).

1897. A défaut de cette justification, le mari peut refuser la pension alimentaire (*e*).

1898. Il peut également, si la femme est demanderesse en divorce, la faire déclarer non recevable à continuer ses poursuites (*f*) seulement.

1899. Mais non pas dans son action même (*g*).

1900. L'abandon momentané de la résidence indiquée à la femme n'opère pas toujours fin de non-recevoir (*h*), surtout quand il ne s'agit que de séparation de corps (2138).

1901. Du moins la fin de non-recevoir n'est pas d'une telle rigueur, que les juges doivent absolument la prononcer sur la réquisition du

---

(*a*) Bruxelles, ... : *J. C. C. t.* 2. *p.* 134. — (*b*) *Id.* — (*c*) Cas. 14 juil. 1806 : *J. C. C. t.* 7, *p.* 332. — (*d*) Art. 269 c. c. — (*e*) *Id.* — (*f*) *Id.* — (*g*) Cas. 16 janv. 1816 : *J. P. t.* 46, *p.* 198. — (*h*) Paris, 10 juil. 1810 : *J. P. t.* 27, *p.* 576.

mari, sans apprécier les motifs d'excuse de la femme (*a*).

1902. L'abandon de la résidence indiquée, mais seulement après le jugement qui a admis la séparation, ne rend pas la femme non recevable à défendre sur l'appel interjeté par le mari (*b*).

1903. La femme commune en biens peut requérir l'apposition des scellés sur les effets mobiliers de la communauté (*c*).

1904. Pour la conservation de ses droits (*d*), comme en matière de séparation de corps (2137).

1905. En tout état de cause (*e*).

1906. A partir de l'ordonnance (1687) de comparution (*f*).

1907. Qu'elle soit demanderesse ou défenderesse en divorce (*g*).

1908. Ces scellés ne sont levés qu'en faisant inventaire avec prisée (*h*).

1909. Et à charge par le mari de représenter les choses inventoriées (*i*).

1910. Ou de répondre de leur valeur comme gardien judiciaire (*j*).

1911. D'après cette responsabilité du mari, celui-ci ne peut, sans le consentement de la

(*a*) Cas. 16 janv. 1816 : *J. P. t.* 46, *p.* 198. — (*b*) Gênes, 19 août 1811 : *J. P. t.* 37, *p.* 109. — (*c*) Art. 270 c. c. — (*d*) *Id.* — (*e*) *Id.* — (*f*) *Id.* — (*g*) *Id.* — (*h*) *Id.* — (*i*) *Id.* — (*j*) *Id.*

femme , ou sans motifs juridiquement constatés , vendre les choses inventoriées (*a*).

1912. La femme demanderesse en divorce ne
peut, sous prétexte que son mari est insolvable,
prendre d'autres sûretés que celles (1903—1910)
indiquées ci-dessus (*b*).

1913. En conséquence le mari ne peut être
contraint à donner caution (*c*).

1914. Est déclarée nulle toute obligation
contractée par le mari à la charge de la communauté (*d*).

1915. Toute aliénation par lui faite des immeubles qui en dépendent (*e*).

1916. Postérieurement à la date de l'ordonnance (1687) de comparution (*f*).

1917. S'il est prouvé d'ailleurs que l'aliénation ait été faite ou l'obligation contractée
en fraude des droits de la femme (*g*).

(*a*) Brux. 11 août 1808 : *Sir.* 1809, *déc. div. p.* 47. — (*b*) Brux.
Colmar, 6 août 1806, 26 fév. 1808 : *J. C. C. t.* 7. 11 ; *p.* 454.
453. — (*c*) *Id.* — (*d*) Art. 271 c. c. — (*e*) *Id.* — (*f*) *Id.* —
(*g*) *Id.*

FINS DE NON-RECEVOIR

CONTRE L'ACTION EN DIVORCE POUR CAUSE DÉTERMINÉE.

—

1918. L'action en divorce est éteinte par la réconciliation des époux (*a*).

1919. Survenue soit depuis les faits qui ont pu autoriser cette action (*b*).

1920. Soit depuis la demande en divorce (*c*).

1921. La réconciliation ne peut s'induire du fait seul de la cohabitation (*d*).

1922. Le mari est encore recevable à poursuivre son divorce pour cause d'adultère, lorsqu'ayant découvert les désordres de sa femme, il a néanmoins continué de vivre avec elle (*e*).

1923. Quand les juges ont induit la réconciliation d'un ensemble de circonstances, leur décision n'est pas susceptible de censure par la cour de cassation (*f*).

1924. La femme qui, après avoir quitté la maison conjugale, a sommé son mari de l'y recevoir, peut ultérieurement demander le divorce pour des faits antérieurs (*g*).

(*a*) Art. 272 c. c. — (*b*) *Id.* — (*c*) *Id.* — (*d*) Cas. 4 avril 1808 ; Gênes, 19 août 1811 : *Sir.* 1808, *p.* 237 ; *J. P. t.* 37, *p.* 109. — (*e*) Bordeaux, 9 fruct. an XII : *J. C. C. t.* 3, *p.* 22. — (*f*) Cas. 4 avril et 25 mai 1808 : *Sir.* 1808, *p.* 237. 412. — (*g*) Turin, 14 fév. 1810 : *Den.* 1810, *sup. p.* 164.

1925. Les juges ne peuvent, sous prétexte du défaut de gravité, écarter la preuve du fait que le mari a tenu sa concubine dans la maison commune (*a*).

1926. Dans l'un et l'autre cas de réconciliation (1918—1920), le demandeur est déclaré non recevable dans son action (*b*).

1927. Il peut néanmoins en intenter une nouvelle pour cause survenue depuis la réconciliation (*c*).

1928. Alors il peut faire usage des anciennes causes pour appuyer sa nouvelle demande (*d*). De nouveaux torts occasionnent de nouvelles plaintes. Ces griefs effacent tout l'effet de la réconciliation, comme elle a elle-même effacé les premiers griefs ; et l'époux maltraité, d'autant plus intéressant qu'il a montré plus d'indulgence, rentre alors dans tous ses droits. On sent, et c'est d'ailleurs le résultat d'une jurisprudence universelle, que tout cela (1918 — 1928) s'applique à l'action en séparation de corps.

1929. Pour autoriser l'époux demandeur à se prévaloir des faits antérieurs à la réconciliation, il n'est pas nécessaire que les faits postérieurs à cette réconciliation, en les supposant isolés, soient assez graves pour justifier la demande (*e*).

(*a*) Cas. 17 août 1825 : *J. P. t.* 74, *p.* 144. — (*b*) Art. 275 c. c. — (*c*) *Id.* — (*d*) *Id.* — (*e*) Cas. 2 mars 1808 : *Sir.* 1808, *p.* 202.

1930. Ni que les anciens faits aient donné lieu à une demande judiciaire (*a*).

1931. Si le demandeur en divorce nie qu'il y ait eu réconciliation, le défendeur en fait preuve (*b*).

1932. Soit par écrit (*c*).

1933. Soit par témoins (*d*).

1934. Dans la forme prescrite (1655—1870) plus haut (*e*).

(*a*) Cas. 8 juil. 1813 : *J. P. t.* 42 , *p.* 62. — (*b*) Art. 274 c. c. — (*c*) *Id.* — (*d*) *Id.* — (*e*) *Id.*

—

1935. On a dû craindre la légéreté et l'inconstance, les travers passagers, les effets d'un simple dégoût, l'influence d'une passion étrangère. Toutes les dispositions suivantes sont faites pour prévenir et calmer ces craintes.

1936. Le consentement mutuel des époux n'est point admis, si le mari a moins de vingt-cinq ans (*a*).

1937. Ou si la femme est mineure de vingt-un ans (*b*). Jusques là, on peut supposer que le consentement est une suite de la frivolité de l'âge.

1938. Le consentement mutuel n'est admis qu'après deux ans de mariage (*c*). Il faut laisser aux époux le temps de se connaître et de s'éprouver.

1939. Le consentement mutuel ne peut plus être admis après vingt ans de mariage (*d*). Une longue et paisible cohabitation atteste la compatibilité de caractère. La loi semble dire aux époux : Ne rejetez pas le joug auquel vous êtes accoutumés ; il ne vous est pas insupportable, puisque vous y fûtes assortis si long-temps.

1940. Le consentement mutuel ne peut plus

______

(*a*) Art. 275 c. c. — (*b*) Id. — (*c*) Art. 276. — (*d*) Art. 277.

être admis lorsque la femme a quarante-cinq ans (*a*).

1941. Dans aucun cas, le consentement mutuel des époux ne suffit, s'il n'est autorisé par leurs père et mère (*b*).

1942. Ou par leurs autres ascendans vivans (*c*).

1943. Suivant les règles prescrites (1103. 1104) au titre du mariage (*d*).

1944. Lorsque deux familles, dont les intérêts sont presque toujours opposés, se réunissent pour attester la nécessité d'un divorce, il est bien difficile que cette mesure ne soit pas en effet indispensable. La loi semble alors tenir aux époux ce langage : Quand vous vous êtes unis, vos pères sont intervenus pour me garantir que vous consentiez à l'union ; faites-les comparaître encore, afin qu'ils m'attestent que leur garantie fut une méprise, et qu'ils se sont trompés comme vous, en souscrivant à ce grand acte de famille.

1945. En cas de dissentiment, l'autorisation du père ne suffit pas (*e*). Il n'en est point ici comme pour le mariage (1100), parce que le cas présent ne réclame pas même faveur.

1946. Les époux déterminés à opérer le divorce par consentement mutuel, sont tenus de faire préalablement inventaire et estimation de

(*a*) Art. 277 c. c. — (*b*) Art. 278. — (*c*) *Id.* — (*d*) *Id.* — (*e*) Cas. 3 oct. 1810 : *Den.* 1810. *p.* 481.

tous leurs biens meubles et immeubles (*a*). On verra bientôt (2098.—2100) qu'à l'égard de la moitié de ces biens les époux ne peuvent plus disposer ni hypothéquer (1957—1962).

1947. Cette règle s'observe lors même que les époux ont déjà partagé leur communauté mobilière, et que leurs immeubles se trouvent indivis avec des tiers (*b*).

1948. Ils sont également tenus de régler leurs droits respectifs (*c*), sans que la femme ait besoin d'être autorisée.

1949. Il leur est néanmoins libre de transiger sur ces droits (*d*).

1950. Ils sont pareillement tenus de constater par écrit leur convention sur les trois points qui suivent (*e*).

1951. 1° A qui les enfans nés de leur union seront confiés (*f*).

1952. Soit pendant le temps des épreuves (*g*).

1953. Soit après le divorce prononcé (*h*).

1954. 2° Dans quelle maison la femme devra se retirer et résider pendant le temps des épreuves (*i*).

1955. 3° Quelle somme le mari devra payer à sa femme pendant le même temps, si elle n'a pas des revenus suffisans pour fournir à ses besoins (*j*).

(*a*) Art. 279 c. c. — (*b*) Cas. 3 oct. 1810 : *Den.* 1810, *p.* 481. — (*c*) Art. 279 c. c. — (*d*) *Id.* — (*e*) Art. 280. — (*f*) *Id.* — (*g*) *Id.* — (*h*) *Id.* — (*i*) *Id.* — (*j*) *Id.*

1956. S'il s'élève des contestations entre les époux sur ces opérations (1946. 1948—1955), il est évident qu'ils ne peuvent recourir au juge pour les régler, puisque l'intention de la loi est que tout se fasse par consentement mutuel (1650).

1957. Les époux se présentent devant le président du tribunal civil de leur arrondissement (a).

1958. Ou devant le juge qui en fait les fonctions (b).

1959. Ensemble (c), pour s'éprouver de nouveau.

1960. Et en personne (d). L'interposition d'un tiers dénaturerait l'épreuve.

1961. Ils lui font la déclaration de leur volonté (e).

1962. En présence de deux notaires amenés par eux (f).

1963. Le juge fait telles représentations et exhortations qu'il croit convenables (g).

1964. Aux deux époux réunis (h).

1965. Et à chacun d'eux en particulier (i).

1966. En présence des deux notaires (j).

1967. Il leur donne lecture du chapitre 4 du titre 6 du Code civil, qui règle les effets du divorce (k).

(a) Art. 281 c. c. — (b) *Id.* — (c) *Id.* — (d) *Id.* — (e) *Id.* — (f) *Id.* — (g) Art. 282. — (h) *Id.* — (i) *Id.* — (j) *Id.* — (k) *Id.*

1968. Il leur développe toutes les conséquences de leur démarche (*a*).

1369. Si les époux persistent dans leur résolution, il leur est donné acte, par le juge, de ce qu'ils demandent le divorce et y consentent mutuellement (*b*).

1970. Ils sont tenus de produire et déposer tous les actes (1946—1955) mentionnés plus haut (*c*).

1971. A l'instant (*d*), sous peine de déchéance.

1972. Entre les mains des notaires (*e*).

1973. De plus, 1° les actes de leur naissance (*f*), afin de justifier qu'ils ont l'âge requis (1936. 1937. 1940).

1974. Celui de leur mariage (*g*) pour établir qu'il remonte à deux ans au moins, et qu'il ne dure pas depuis plus de vingt (1938. 1939).

1975. 2° Les actes de naissance de tous les enfans nés de leur union (*h*).

1976. Et les actes de décès de ces mêmes enfans (*i*). On veut rendre constant le nombre de ceux au profit de qui les époux sont dépouillés de la moitié de leurs biens (2098—2100).

1977. 3° La déclaration authentique de leurs père et mère (*j*).

1978. Ou autres ascendans vivans (*k*). C'est une condition *sine quâ non* (1941—1945).

(*a*) Art. 282 c. c. — (*b*) Art. 285. — (*c*) *Id.* — (*d*) *Id.* — (*e*) *Id.* — (*f*) *Id.* — (*g*) *Id.* — (*h*) *Id.* — (*i*) *Id.* — (*j*) *Id.* — (*k*) *Id.*

1979. Cette déclaration doit porter que, pour les causes à eux connues, ils autorisent tel ou telle, leur fils ou fille, petit-fils ou petite-fille, marié ou mariée à telle ou tel, à demander le divorce et à y consentir (*a*).

1980. Les pères, mères, aïeuls et aïeules des époux sont présumés vivans jusqu'à la représentation des actes constatant leur décès (*b*). Aucun autre document ne peut dispenser de justifier de leur autorisation.

1981. Les notaires dressent procès-verbal détaillé de tout ce qui a été dit et fait en exécution des dispositions précédentes (*c*). Ainsi le ministère du juge n'est que de surveillance et d'exhortation (1957. 1958. 1961. 1963—1965. 1967—1969).

1982. La minute en reste au plus âgé des deux notaires (*d*).

1983. Il en est de même des pièces produites (*e*).

1984. Elles demeurent annexées au procès-verbal (*f*).

1985. Dans ce procès-verbal il est fait mention de l'avertissement qui est donné à la femme de se retirer, dans les vingt-quatre heures, dans la maison convenue entre elle et son mari (*g*).

1986. Et d'y résider jusqu'au divorce pro-

(*a*) Art. 285 c. c. — (*b*) Id. — (*c*) Art. 284. — (*d*) Id. — (*e*) Id. — (*f*) Id. — (*g*) Id.

noncé (*a*). C'est une épreuve anticipée de la désunion.

1987. La déclaration ainsi faite est renouvelée dans la première quinzaine de chacun des quatrième, septième et dixième mois qui suivent (*b*).

1988. En observant les mêmes formalités (*c*).

1989. Cette déclaration ne peut se faire ni plus tôt, ni plus tard (*d*). Ainsi le divorce serait nul, si, par exemple, la déclaration n'avait été renouvelée que le onzième mois, au lieu du dixième.

1990. Les parties sont obligées à rapporter chaque fois la preuve que leurs pères, mères, ou autres ascendans vivans, persistent dans leur première détermination (*e*).

1991. Cette preuve doit être faite par acte public (*f*).

1992. Mais les parties ne sont tenues à répéter la production d'aucun autre acte (*g*). Il leur suffit d'avoir, dès le début, prouvé l'accomplissement des conditions essentielles.

1993. Les époux se présentent devant le président du tribunal (*h*).

1994. Ou le juge qui en fait les fonctions (*i*).

1995. Ensemble (*j*), comme preuve de persévérance du consentement mutuel.

(*a*) Art. 284 c. c. — (*b*) Art. 285. — (*c*) *Id.* — (*d*) Cas. 3 oct. 1810 : *Den.* 1810, *p.* 481. — (*e*) Art. 285 c. c. — (*f*) *Id.* — (*g*) *Id.* — (*h*) Art. 286. — (*i*) *Id.* — (*j*) *Id.*

1996. Et en personne (*a*), parce qu'il s'agit de faits et de motifs qu'eux seuls peuvent apprécier.

1997. Assistés chacun de deux amis (*b*).

1998. Personnes notables dans l'arrondissement (*c*).

1999. Agés de cinquante ans au moins (*d*). C'est une garantie de prudence.

2000. Dans la quinzaine du jour où est révolue l'année (*e*).

2001. A compter de la première déclaration (*f*) de volonté (1961).

2002. Ils lui remettent les expéditions en bonne forme des quatre procès-verbaux contenant leur consentement mutuel (*g*).

2003. Et de tous les actes qui y ont été annexés (*h*).

2004. Ils requièrent du magistrat l'admission du divorce (*i*).

2005. Chacun séparément (*j*), parce qu'il faut le libre concours de deux volontés.

2006. En présence néanmoins l'un de l'autre (*k*), pour acquiescer ou contredire.

2007. Et des quatre notables (*l*).

2008. Dans une commune peu populeuse il n'est pas difficile de connaître les notables (1998. 2007) du lieu. Mais dans une grande ville quels seront les notables ? Il faut regarder

(*a*) Art. 286 c. c. — (*b*) *Id.* — (*c*) *Id.* — (*d*) *Id.* — (*e*) *Id.* — (*f*) *Id.* — (*g*) *Id.* — (*h*) *Id.* — (*i*) *Id.* — (*j*) *Id.* — (*k*) *Id.* — (*l*) *Id.*

comme tels ceux qui jouissent d'un état distingué. Un ouvrier, un journalier ne seraient par conséquent pas admis.

2009. Après que le juge et les assistans ont fait leurs observations aux époux, s'ils persistent, il leur est donné acte de leur réquisition (*a*).

2010. Et de la remise par eux faite des pièces à l'appui (*b*).

2011. Le greffier du tribunal dresse procès-verbal (*c*).

2012. Il est signé par les parties (*d*).

2013. A moins qu'elles ne déclarent ne savoir signer (*e*).

2014. Ou ne le pouvoir (*f*); car leur déclaration de ne le vouloir équivaudrait à désistement.

2015. Auquel cas d'ignorance ou d'impossibilité, il en est fait mention (*g*).

2016. Ce procès-verbal est signé par les quatre assistans (*h*).

2017. Par le juge (*i*).

2018. Et par le greffier (*j*).

2019. Les assistans ou notables doivent savoir écrire : il n'y a que les parties qui peuvent ne pas signer, si elles sont hors d'état de le faire (2012 — 2015).

2020. Le juge rend son ordonnance portant

(*a*) Art. 287 c. c. — (*b*) *Id.* — (*c*) *Id.* — (*d*) *Id.* — (*c*) *Id.* — (*f*) *Id.* — (*g*) *Id.* — (*h*) *Id.* — (*i*) *Id.* — (*j*) *Id.*

que, dans les trois jours, il sera par lui référé du tout au tribunal en la chambre du conseil, sur les conclusions par écrit du ministère public (*a*).

2021. Cette ordonnance est mise au bas du procès-verbal dont il vient d'être parlé (*b*).

2022. De suite (*c*), sans divertir à autres actes.

2023. Les pièces sont, à cet effet, communiquées au juge par le greffier (*d*).

2024. Si le ministère public trouve dans les pièces la preuve que les deux époux étaient âgés, le mari de vingt-cinq ans, la femme de vingt-un ans, lorsqu'ils ont fait leur première déclaration; qu'à cette époque ils étaient mariés depuis deux ans; que le mariage ne remontait pas à plus de vingt; que la femme avait moins de quarante-cinq ans; que le consentement mutuel a été exprimé quatre fois dans le cours de l'année, après les préalables ci-dessus prescrits et avec toutes les formalités requises, notamment avec l'autorisation des pères et mères des époux, ou avec celle de leurs autres ascendans vivans, en cas de prédécès des pères et mères, il donne ses conclusions en ces termes : La loi permet (*e*).

2025. Dans le cas contraire, ses conclusions sont en ces termes : La loi empêche (*f*).

(*a*) Art. 288 c. c. — (*b*) Id. — (*c*) Id. — (*d*) Id. — (*e*) Art. 289. — (*f*) Id.

2026. Le tribunal, sur le référé, ne peut faire d'autres vérifications que celles (2024) indiquées tout à l'heure (a). Il est évident que l'examen du tribunal ne saurait porter sur les causes du divorce, puisque la volonté des parties, quand elle est constante, ferme, et exprimée dans les formes prescrites, doit faire supposer ces causes valables et suffisantes (1650). Il n'est donc question que d'examiner si les formalités ont été observées. On voit en effet que le divorce par consentement mutuel n'est véritablement qu'une action de la loi. Il consiste tout entier en formalités et en formules.

2027. Si des vérifications il résulte que, dans l'opinion du tribunal, les parties ont satisfait aux conditions et rempli les formalités, il admet le divorce (b).

2028. Il renvoie les parties devant l'officier de l'état civil pour le faire prononcer (c).

2029. Dans le cas contraire, le tribunal déclare qu'il n'y a pas lieu à admettre le divorce (d).

2030. Il déduit alors les motifs de sa décision (e).

2031. L'appel du jugement qui a déclaré ne pas y avoir lieu à admettre le divorce, n'est recevable qu'autant qu'il est interjeté par les

---

(a) Art. 290 c. c. — (b) Id. — (c) Id. — (d) Id. — (e) Id.

deux parties (*a*). C'est une suite de ce que dans cette manière de divorcer tout doit se faire par le consentement mutuel et libre des époux (1650). Si donc l'un d'eux n'interjette point appel du jugement, il témoigne, par-là, avoir changé de volonté, et fait tomber le divorce.

2032. Cet appel doit être formé par actes séparés (*b*), émanés de chaque époux.

2033. Dans les dix jours au plus tôt de la date du jugement de première instance (*c*).

2034. Et au plus tard dans les vingt jours (*d*).

2035. Les actes d'appel sont réciproquement signifiés (*e*).

2036. Tant à l'autre époux (*f*).

2037. Qu'au ministère public près le tribunal de première instance (*g*).

2038. Le ministère public près le tribunal de première instance fait passer au procureur-général près la cour royale l'expédition du jugement (*h*).

2039. Et les pièces sur lesquelles il est intervenu (*i*).

2040. Dans les dix jours (*j*).

2041. A compter de la signification qui lui a été faite du second acte d'appel (*k*).

___

(a) Art. 291 c. c. — (b) *Id.* — (c) *Id.* — (d) *Id.* — (e) Art. 292. — (f) *Id.* — (g) *Id.* — (h) Art. 295. — (i) *Id.* — (j) *Id.* — (k) *Id.*

2042. Le procureur - général près la cour royale donne ses conclusions par écrit (*a*).

2043. Dans les dix jours qui suivent la réception des pièces (*b*).

2044. Le président, ou le juge qui le supplée, fait son rapport à la cour royale (*c*).

2045. En la chambre du conseil (*d*).

2046. Il est statué définitivement dans les dix jours qui suivent la remise des conclusions du procureur-général (*e*).

2047. Les parties se présentent devant l'officier de l'état civil pour faire prononcer le divorce (*f*). Il est seul compétent à cet effet; et la cour de Paris a jugé qu'un agent diplomatique français n'avait pas eu qualité pour prononcer un divorce en pays étranger.

2048. Ensemble (*g*), toujours par suite du même système (1959. 1995. 2005. 2006).

2049. Et en personne (*h*), dans les vues sus-exprimées (1960. 1996).

2050. En vertu de l'arrêt qui admet le divorce (*i*).

2051. Dans les vingt jours de sa date (*j*).

2052. Ce délai passé, le jugement demeure comme non avenu (*k*). Ainsi les parties peuvent varier jusqu'au dernier moment. Si l'une d'elles refuse de se présenter devant l'officier civil, la

---

(*a*) Art. 293 c. c. — (*b*) *Id.* — (*c*) *Id.* — (*d*) *Id.* (*e*) *Id.* —
(*f*) Art. 294. — (*g*) *Id.* — (*h*) *Id.* — (*i*) *Id.* — (*j*) *Id.* — (*k*) *Id.*

demande s'évanouit. Quoique le jugement qui admet le divorce soit en dernier ressort, l'exécution n'en peut être forcée. Elle dépend encore de la volonté de chaque partie. L'une ne peut faire sommer l'autre de se trouver devant l'officier civil, pour voir prononcer le divorce; et il doit refuser son ministère, si les deux époux ne sont présens devant lui (2048), et ne consentent en personne (2049).

2053. Les époux qui divorcent pour quelque cause que ce soit, ne peuvent plus se réunir(*a*). Le divorce ne doit être prononcé que sur la preuve d'une nécessité absolue, et qu'autant qu'il est démontré à la justice que l'accord entre les deux époux est impossible. Cette impossibilité une fois constante, la réunion ne serait qu'une nouvelle occasion de scandale. Il importe que les époux soient d'avance pénétrés de la gravité de l'action à intenter, qu'ils n'ignorent pas que le lien sera rompu pour toujours; qu'ils ne regardent pas l'usage du divorce comme une simple occasion de se soumettre à des épreuves passagères, pour reprendre ensuite la vie commune quand ils se croiraient suffisamment corrigés. Il faut aussi qu'on ne puisse spéculer sur cette action, et que des époux adroits et avides, peu satisfaits des gains assurés par leur contrat de mariage, ne puissent envisager le divorce comme un moyen de former de nouvelles conventions, d'obtenir de plus grands avantages. Les tribunaux ne sauraient porter une attention trop sévère dans l'instruction et l'examen de ces sortes d'affaires; et la perspec-

(*a*) Art. 295 c. c.

tive d'une réunion possible entre les époux, af-
faiblirait dans l'âme du magistrat ce sentiment
profond de peine secrète qu'il doit éprouver
quand on lui parle de divorce. En un mot, le
divorce serait un mal, s'il était prononcé sans
qu'il fût démontré que la vie commune est insupportable ; et lorsque cette vérité est bien reconnue, le second mariage serait lui-même un
mal affreux.

2054. Dans le cas de divorce prononcé pour
cause déterminée, la femme divorcée ne peut
se remarier que dix mois après le divorce prononcé (*a*). Le bon ordre exige qu'elle ne puisse
pas, en contractant un nouveau mariage immédiatement après la dissolution du premier,
laisser des doutes sur l'état des enfans dont elle
serait mère.

2055. Dans le cas de divorce par consentement mutuel, aucun des deux époux ne peut
contracter un nouveau mariage que trois ans
après la prononciation du divorce. (*b*). Ainsi se
trouve écartée la perspective d'une union pro-
chaine avec l'objet de quelque passion nouvelle.

2056. Dans le cas de divorce admis en justice
pour cause d'adultère, l'époux coupable ne peut
jamais se marier avec son complice (*c*). Il ne

(*a*) Art. 295 c. c. — (*b*) Art. 296. — (*c*) Art. 297.

doit pas trouver dans le jugement qui le condamne, le moyen de satisfaire une passion criminelle. C'est donc une prohibition salutaire,
que commande l'honnêteté publique, et qui
peut-être, en menaçant d'avance la femme prête
à succomber, la retiendra par l'idée terrible
qu'elle ne sera jamais la compagne de son sé-
ducteur.

2057. Néanmoins l'époux adultère ne saurait
demander la nullité du jugement pour ne lui
avoir pas fait défense de se marier avec son
complice (a).

2058. La femme adultère est condamnée à la
réclusion dans une maison de correction pour
un temps déterminé (b).

2059. Cette condamnation se prononce par
le même jugement (c).

2060. Sur la réquisition du ministère public (d).

2061. Le temps de cette réclusion ne peut
être moindre de trois mois (e).

2062. Ni excéder deux années (f). On verra
toutes ces dispositions (2058—2062) reprodui-
tes pour la séparation de corps (2150—2154).

2063. Le mari qui a entretenu une concubine dans la maison conjugale, et qui a été
convaincu sur la plainte de la femme, est puni

(a) Brux. 12 frim. an XIV : *J. C. C. t. 6. p.* 114. — (b) Art.
298 c. c. — (c) *Id.* — (d) *Id.* — (e) *Id.* — (f) *Id.*

d'une amende de cent francs à dèux mille francs (*a*).

2064. L'époux contre lequel le divorce a été admis, perd tous les avantages que l'autre époux lui avait faits (*b*). Cette déchéance est fondée sur le principe que toute donation est révocable par l'ingratitude du donataire. Convaincu de faits tellement atroces que le divorce doit en être la suite, l'époux ne peut jouir d'un bienfait destiné à être le prix d'une constante affection et des soins les plus tendres. Il s'est placé au rang des ingrats, il sera traité comme tel. Il a violé la première condition du contrat, il ne sera plus reçu à en invoquer les dispositions.

2065. Il est indifférent que les avantages aient été faits par le contrat de mariage (*c*).

2066. Ou depuis le mariage contracté (*d*).

2067. La règle (2064—2066) s'observe pour quelque cause que le divorce ait lieu (*e*).

2068. Hors le cas de consentement mutuel (*f*), parce qu'alors le divorce n'est pas obtenu par un seul des époux contre l'autre, et qu'il est incertain lequel des deux l'a rendu nécessaire.

2069. L'époux qui a obtenu le divorce, conserve les avantages à lui faits par l'autre époux (*g*). On a dû distinguer l'époux deman-

---

(*a*) Art. 339 c. P. — (*b*) Art. 299 c. c. — (*c*) *Id.* — (*d*) *Id.* — (*e*) *Id.* — (*f*) *Id.* — (*g*) Art. 300.

deur dont les plaintes sont justifiées, de l'époux défendeur dont les excès sont reconnus constans. Le premier conserve l'intégrité des avantages à lui faits par le second. La déchéance envers lui serait doublement injuste, en ce qu'elle frapperait l'innocent, pour récompenser le coupable. Il ne faut pas qu'un des époux puisse croire qu'en forçant l'autre à se sauver de sa fureur, il anéantira les libéralités qu'il regrette. *Non malitiis indulgendum.*

2070. On suit ce principe, encore que les avantages aient été stipulés réciproques (*a*).

2071. Et que la réciprocité n'ait pas lieu (*b*). Voir plus loin (2171) pour la simple séparation.

2072. Le tribunal peut accorder, sur les biens de l'autre époux, une pension alimentaire à celui qui a obtenu le divorce (*c*), et, par identité de raison, à celui qui a obtenu la séparation de corps (2163).

2073. Si les époux ne s'étaient fait aucun avantage (*d*).

2074. Ou si ceux stipulés ne paraissent pas suffisans pour assurer la subsistance de l'époux qui a obtenu le divorce (*e*).

2075. Cette pension ne peut excéder le tiers des revenus de cet autre époux (*f*).

(*a*) Art. 500 c. c. — (*b*) Id. — (*c*) Art. 501. — (*d*) Id. — (*e*) Id. — (*f*) Id.

2076. Elle est révocable dans le cas où elle cesse d'être nécessaire (*a*): nouvelle application d'une règle déjà énoncée (1462).

2077. Elle ne s'éteint pas par la mort de l'époux condamné à la payer (*b*).

2078. L'obligation de fournir des alimens passe à ses héritiers (*c*).

2079. Le juge ne peut accorder la pension à l'époux demandeur qu'après que le divorce à été prononcé (*d*).

2080. Mais la demande d'alimens n'est pas recevable, si l'indigence de l'époux demandeur n'est survenue que long-temps après la prononciation du divorce (*e*).

2081. L'époux divorcé ne peut transiger irrévocablement sur les alimens qui lui sont dus par l'autre époux (*f*).

2082. Le divorce ne prive pas la mère de la tutelle légale de ses enfans (*g*).

2083. Le mari n'est point dépouillé de la puissance paternelle par le divorce (*h*).

2084. Il conserve le droit d'émanciper seul (*i*).

(*a*) Art. 301 c. c. — (*b*) Amiens, 28 mai 1825 : *J. G.* 1826, 2ᵉ *part. p.* 58. — (*c*) Cas. 18 juil. 1809 : *Sir.* 1809, *p.* 402. — (*d*) Rouen, 11 fruct. an xiii : *J. C. C. t.* 6, *p.* 118. — (*e*) Cas. Paris, 8 niv. an xiii, 8 janv. 1806, 18 juil. 1809 : *J. P. t.* 11, *p.* 446 ; *t.* 15, *p.* 443 ; *t.* 24, *p.* 401. — (*f*) Paris, 7 flor. an xii : *J. C. C. t.* 2, *p.* 98. — (*g*) Paris, 4 déc. 1807 : *J. P. t.* 20, *p.* 8. — (*h*) Paris, ... et 29 prair. an xiii : *J. C. C. t.* 10, *p.* 337. — (*i*) Paris, 1ᵉʳ mai 1813 : *J. P. t.* 36, *p.* 221.

2085. Tels sont les effets du divorce par rapport aux époux. Relativement aux enfans, la règle, déjà établie (1877), de leur plus grand avantage, doit être constamment suivie. Ils n'éprouvent aucun changement (2095—2097) dans leur fortune. Leurs droits subsistent au même titre que si le mariage n'avait pas été dissous. On va même les voir agrandis dans un cas particulier (2098—2100).

2086. L'époux demandeur qui a obtenu le divorce, est sans reproche. C'est donc à lui, en général, que doivent être confiés les enfans. Mais l'application stricte de ce principe pourrait, dans bien des circonstances, ne leur être pas avantageuse. En conséquence, voici la règle et l'exception (2087—2092).

2087. Les enfans sont confiés à l'époux qui a obtenu le divorce (a).

2088. A moins que le tribunal n'ordonne que tous ou quelques-uns d'eux seront confiés aux soins soit de l'autre époux (b).

2089. Soit d'une tierce personne (c) : dernière précaution qui obvie à tous les inconvéniens, si les époux sont également indignes de recevoir ce précieux dépôt.

2090. Ce jugement se prononce sur la demande de la famille (d).

2091. Ou du ministère public (e).

____

(a) Art. 302 c. c. — (b) Id. — (c) Id. — (d) Id. — (e) Id.

2092. Pour le plus grand avantage des enfans (*a*), comme quand il s'est agi de mesures provisoires (1873—1877). Tout ici dépend des circonstances (2134).

2093. Quelle que soit la personne à laquelle les enfans sont confiés, les père et mère conservent respectivement le droit de surveiller l'entretien et l'éducation de leurs enfans (*b*).

2094. Ils sont tenus d'y contribuer à proportion de leurs facultés (*c*). S'ils ont cessé d'être époux, ils n'ont pas cessé d'être pères.

2095. La dissolution du mariage par le divorce admis en justice, ne prive les enfans nés de ce mariage, d'aucun des avantages qui leur étaient assurés par les lois (*d*).

2096. Ou par les conventions matrimoniales de leurs père et mère (*e*).

2097. Mais il n'y a d'ouverture aux droits des enfans que de la même manière et dans les mêmes circonstances où ils se seraient ouverts s'il n'y avait pas eu de divorce (*f*). Comme il ne doit pas être pour les enfans une occasion de perte, ils ne doivent pas non plus y trouver une occasion de dépouiller leurs auteurs.

2098. Un intérêt d'une nature particulière, mais qui n'est ni moins vif, ni moins pressant, vient s'opposer à ce qu'on use de la voie du

(*a*) Art. 302 c. c. — (*b*) Art. 303. — (*c*) *Id.* — (*d*) Art. 304. — (*e*) *Id.* — (*f*) *Id.*

consentement mutuel, si elle n'est pas commandée également à l'un et à l'autre époux par les causes les plus irrésistibles ; car, dans le cas de cette espèce de divorce, la propriété de la moitié des biens de chacun des deux époux est acquise aux enfans nés de leur mariage (*a*).

2099. De plein droit (*b*).

2100. Du jour de la première déclaration (1957—1962) des époux (*c*).

2101. Les père et mère conservent néanmoins la jouissance de cette moitié (*d*).

2102. Jusqu'à la majorité de leurs enfans (*e*).

2103. A la charge de pourvoir à leur nourriture, entretien et éducation (*f*).

2104. Conformément à leur fortune et à leur état (*g*).

2105. Le tout sans préjudice des autres avantages qui peuvent avoir été assurés auxdits enfans par les conventions matrimoniales de leurs père et mère (*h*).

2106. Ainsi, au moment même où les époux font devant le juge leur première déclaration (1957—1962) qu'ils entendent divorcer, tous leurs biens deviennent communs et indivis avec leurs enfans. Par conséquent, à compter de ce moment aussi, ils ne peuvent plus aliéner la moindre partie ; car l'effet de l'indivision est

---

(*a*) Art. 305. c. c. — (*b*) *Id.* — (*c*) *Id.* — (*d*) *Id.* — (*e*) *Id.* — (*f*) *Id.* — (*g*) *Id.* — (*h*) *Id.*

d'attribuer à chacun des copropriétaires un droit intégral sur chaque partie de la chose indivise. Les père et mère ne sauraient donc aliéner aucune portion qu'on pût dire n'être pas celle des enfans. Il n'y a d'autre moyen de sortir de cet état, que d'opérer le partage, pour assigner aux enfans ce qui leur revient. Ce partage, s'il a lieu en minorité, doit se faire en justice, en présence d'un tuteur spécial, autre que le père et la mère, puisque tous deux ont des intérêts contraires à ceux des enfans. *Nemo potest esse auctor in rem suam.*

2107. Les émigrés ou absens ne peuvent attaquer les actes de divorce faits pendant leur disparition. Les actions qu'ils intenteraient à ce sujet, seraient également contraires au texte et à l'esprit des lois. Les émigrés et absens ne peuvent examiner que le point de fait s'il existe un acte de divorce revêtu de sa forme extérieure et matérielle ; mais ils ne peuvent jamais être recevables à remettre en question l'affaire, et à discuter les causes du divorce (*a*).

2108. Le tribunal qui a statué sur la demande en divorce, formée par l'épouse, reste juge des effets du divorce, malgré le changement de domicile du mari (*b*).

____

(*a*) Av. du cons. d'Ét. 18 prair. an XII : *B.* 6, *n*° 36, 4ᵉ *série.* Riom, ... : *J. C. C. t.* 6, *p.* 120. — (*b*) Cas. 29 mars 1808 : *Sir.* 1808, *p.* 318.

2109. La demande en nullité du divorce, formée après un jugement souverain qui l'admet, ne peut être opposée à l'action intentée sur l'exécution du divorce, comme exception de litispendance (*a*).

(*a*) Bruxelles, 3o mars 1807 : *J. P. t.* 22 , *p.* 96.

DIVORCES PRONONCÉS OU DEMANDÉS

AVANT LA PUBLICATION DE LA PARTIE DU CODE CIVIL SUR CETTE MATIÈRE.

2110. Par une conséquence de la non-rétroactivité des lois, tous divorces prononcés par des officiers de l'état civil, ou autorisés par jugement, avant la publication du titre du Code civil relatif au divorce, ont leurs effets conformément aux lois qui existaient avant cette publication (*a*).

2111. Ces lois sont celles des 20 septembre 1792, 22, 23 et 28 vendémiaire, 17 frimaire, 8 nivose, 4, 5 et 24 floréal, 14 messidor et 23 thermidor an 2 ; 24 vendémiaire, 24 frimàire, 12 ventose et 15 thermidor an 3 ; 1er complémentaire an 5.

2112. A l'égard des demandes formées antérieurement à la même époque (2110), elles ont dû continuer d'être instruites, les divorces ont dû être prononcés et doivent avoir leurs effets conformément aux lois qui existaient lors de la demande (*b*).

(*a*) Loi 26 germ. an xi : B. 272, n° 2709. 5ᵉ s. — (*b*) Id.

2113. Le droit dont il s'agit n'est acquis qu'à l'époux qui, par une demande formée, a déclaré vouloir en faire usage. Le silence des autres équivaut à une renonciation formelle, et ils sont soumis à l'empire de la nouvelle loi. Ce droit, comme tous ceux qui naissent de la disposition des lois, s'acquiert par l'effet de la loi même, qui, en thèse générale, saisit, malgré lui, l'individu qui en ignore l'existence. On énoncerait une erreur, si l'on disait qu'en fait de divorce le droit n'est acquis qu'après l'accomplissement des formalités et la prononciation du jugement. Ces formalités, ces délais, ce jugement ne sont pour le divorce que ce qu'ils sont pour les autres actions. Dans l'un et l'autre cas le jugement ne donne pas le droit, il ne fait qu'en déclarer l'existence. La comparaison est même toute à l'avantage de l'action en divorce, parce que le jugement à intervenir sur toutes les autres actions est toujours problématique, toujours indépendant de la volonté de celui qui actionne, et très-souvent contraire à cette volonté, au lieu que, dans l'action en divorce, au moins dans celle qui avait pour motif l'incompatibilité, la volonté du demandeur était la règle unique de l'acte qui terminait la procédure. Les formalités, les délais, les assemblées de parens n'étaient que des moyens de conciliation, et ne pouvaient rien contre la volonté continuellement manifestée : de telle manière

que l'acte terminatif n'était pas même un jugement, mais une déclaration admise. Qui oserait
nier que, dans une pareille espèce, l'application de la loi nouvelle à la procédure introduite
d'après le droit ancien, ne fût un effet rétroactif
évident? Et quel en serait le résultat? la réunion
forcée de deux êtres, dont l'un a déclaré solen-
nellement une haine éternelle à l'autre, et qui
n'a fait cette déclaration que sous la foi qu'elle
serait admise, qu'elle ne pourrait être rejetée
ni éludée. Celui qui, par l'effet rétroactif donné
à la loi nouvelle, rentrerait sous le joug de l'é-
poux aussi grièvement offensé, ne reprocherait-
il pas avec raison au législateur de lui avoir
tendu un piège affreux? Si l'effet rétroactif pouvait ainsi anéantir l'effet des demandes intro-
duites et non jugées, il pourrait, par une conséquence nécessaire, anéantir l'effet des jugemens non passés en force de chose jugée. Qu'on
calcule tout ce que d'une part la vengeance et
de l'autre la crainte pourraient enfanter de
procès, de troubles, de désolation. Ce n'est pas
tout : si la loi nouvelle devait régler les droits
ouverts par les demandes formées avant sa publication, si elle devait régler seule les droits
non consommés qui sont ouverts par les jugemens rendus sous l'empire de la loi ancienne,
deux inconvéniens graves, deux injustices manifestes seraient encore la conséquence d'une
pareille théorie. La loi ancienne et la loi nou-

velle placent l'adultère au nombre des causes déterminées de divorce ; mais la loi nouvelle (2058 — 2062) inflige une peine de détention dont ne parlait pas la loi ancienne. Il était permis aux époux divorcés de se réunir par un nouveau mariage. Cette disposition, source d'abus graves, était peut-être nécessaire pour corriger la funeste facilité de divorcer. La loi nouvelle, qui a rejeté le motif d'incompatibilité d'humeur, et environné le divorce de barrières que le caprice et la légéreté ne pourront plus franchir ; cette loi, qui ne veut pas qu'on se joue du divorce, parce qu'elle ne veut pas qu'on se joue du mariage, a prononcé que les époux, une fois divorcés, ne pourraient plus se réunir (2053). A ces motifs, tirés du droit et de là nature des choses, il faut en ajouter un autre, non moins important, puisé dans les circonstances et les événemens de la révolution. Le gouvernement n'a pu se dissimuler que, sous la foi d'une réunion permise par la loi, quelques époux, séparés par la tempête, n'ont eu recours au divorce que pour arracher leur fortune à la dévastation. Plusieurs d'entre eux se trouvent encore momentanément dans l'impossibilité de renouer des liens que la prudence seule avait brisés. La morale publique repousse l'idée d'éterniser une pareille séparation.

2114. Un divorce prononcé pour cause d'absence avant la promulgation du Code, ne peut être attaqué par voie de nullité (*a*).

2115. Il n'est plus permis de remettre en question les causes ni la régularité des divorces antérieurs au Code (*b*).

(*a*) Cas...... : *J. C. C. t.* 3, *p.* 465. — (*b*) Cas. 1ᵉʳ fév. 1807, 8 nov. 1808; Bruxelles, 19 avril 1810 : *Sir. et Den.* 1807, *p.* 82; *J. C. C. t.* 11, *p.* 365; *J. P. t.* 27, *p.* 349.

—

2116. Le divorce rompt le lien conjugal, que la séparation laisse encore subsister. A cela près, les effets de l'un et de l'autre sont peu différens. Cette union des personnes, cette communauté de la vie, qui forment si essentiellement le mariage, n'existent plus. Les jugemens de séparation prononcent toujours défense expresse de hanter et fréquenter sa femme.

2117. Le pacte social garantit à tous les Français la liberté de leur croyance. Des consciences délicates peuvent regarder comme un précepte impérieux l'indissolubilité du mariage. Si le divorce était le seul remède offert aux époux malheureux, ne placerait-on pas des citoyens dans la cruelle alternative de fausser leur croyance, ou de succomber sous un joug insupportable ? Ne les mettrait-on pas dans la dure nécessité d'opter entre une lâcheté, ou le malheur de toute leur vie ? En permettant le divorce, la loi laisse l'usage de la séparation. L'époux qui a le droit de se plaindre, peut former, à son choix, l'une ou l'autre demande. Ainsi nulle gêne dans l'opinion.

2118. Il est deux doctrines rivales : l'une pour le divorce, l'autre pour la séparation de corps. Le législateur a voulu éviter l'embarras de choisir. Toutes deux peuvent avoir leurs avantages, suivant les sentimens, les personnes et les circonstances. Il semble même qu'en concourant ensemble, elles s'enlèvent mutuellement quelques-uns des inconvéniens qu'elles auraient dans la pratique, si elles étaient exclusives.

2119. Dans le cas où il y a lieu à la demande en divorce pour cause déterminée (1628. 1630. 1636. 1646), il est libre aux époux de former demande en séparation de corps (a).

2120. Le refus du mari de recevoir sa femme dans le domicile commun, peut être assimilé à une injure grave (b).

2121. La détention arbitraire de la femme par le mari, est un motif de séparation de corps (c).

2122. Quand une femme est abreuvée de mépris et d'insultes de la part de domestiques que son mari s'obstine à garder, elle peut demander la séparation de corps (d).

2123. Ce n'est pas une cause de séparation que l'imputation d'adultère, faite par le mari dans des lettres à sa femme et à un de ses parens (e).

2124. Il en est autrement de la plainte en

(a) Art. 306 c. c. — (b) Angers, 8 avril 1829 : *J. P. t.* 85, *p.* 159. — (c) Rouen, 8 avril 1824 : *J. P. t.* 69, *p.* 61. — (d) Cas. 19 avril 1825 : *J. P. t.* 73, *p.* 388. — (e) Bourges, 4 janv. 1825 : *J. G.* 1825, 2ᵉ *part. p.* 159.

adultère, reconnue, par arrêt infirmatif, reposer sur des faits faux (*a*).

2125. On peut prononcer la séparation de
corps sur un fait d'injure et de mépris arrivé
pendant l'instance même (*b*).

2126. La séparation de corps peut être l'objet
d'une demande incidente contre une action
principale en divorce (*c*).

2127. Une demande en séparation de biens,
préalablement intentée, n'opère pas fin de non-
recevoir contre une demande en séparation de
corps (*d*).

2128. Le mari contre qui la séparation est
provoquée pour adultère, ne peut opposer comme exception l'inconduite de la femme (*e*).

2129. Quand la demande en séparation de
corps est fondée sur sévices et mauvais traitemens, il faut qu'ils soient habituels (*f*).

2130. La demande en séparation de corps est
intentée, instruite et jugée de la même manière
que toute autre action civile (*g*) qui touche au
droit public. Seulement il est aisé de sentir
qu'il faut toujours une preuve solennelle des
faits allégués, et qu'il ne suffit pas de la recon-

(*a*) Paris, 17 mars 1826 : *J. G.* 1826 : 2e *part.* p. 224. —
(*b*) Paris, 25 fév. 1811 : *J. P. t.* 29, *p.* 487. — (*c*) Metz, 7 mai
1807 : *J. C. C. t.* 8, *p.* 466. — (*d*) Cas. 23 août 1809 : *Den.*
1809, *p.* 340. — (*e*) Cas. 9 mai 1821 : *J. P. t.* 60, *p.* 529. —
(*f*) Besançon, ... pluv. an XIII : *J. C. C. t.* 4, *p.* 41. — (*g*) Art.
307 c. c.

naissance et de l'aveu des deux parties. Les formes du divorce sont plus compliquées (1655—
1870). On y remarque quatre degrés différens :
1° une vérification préparatoire et secrète ;
2° une discussion préliminaire pour examiner
si la demande sera admise ; 3° une instruction
publique et décisive ; 4° l'examen du fond et
le jugement définitif.

2131. La cour d'appel peut admettre la preuve
de sévices et injures postérieurs au jugement (*a*).

2132. L'admission des parens comme témoins
(1777. 1778. 1781) s'applique aux instances en
séparation de corps (*b*).

2133. Quand il s'agit d'une demande en séparation de corps, les tribunaux ne peuvent pas
ne prononcer le jugement définitif qu'après
l'année d'épreuve dont il est parlé (1825-1837)
ci-dessus (*c*).

2134. Ce sont les circonstances qui décident
auquel des deux époux séparés il faut confier
l'éducation des enfans (*d*).

(*a*) Dijon, 10 fév. 1819 : *J. P. t.* 55, *p.* 316. — (*b*) Cas. Paris, Toulouse, Nancy, 12 déc. 1809, 8 mai 1810, 25 janv. 1821,
7 juil. 1827 : *J. P. t.* 28, *p.* 378 ; *t.* 61, *p.* 328 ; *Den.* 1810,
p. 200 ; *J. A. t.* 33, *p.* 229. — (*c*) Montp. 1ᵉʳ prair. an xiii :
J. C. C. t. 4, *p.* 333. — (*d*) Cas. Montp. Caen, Paris, Liége,
Lyon, 1ᵉʳ prair. an xiii, 16 juin 1807, 12 juil. 1808, 25 août
1809, 28 juin 1815, 24 mai et 11 déc. 1821, 16 mars 1825, 16
fév. 1829 : *J. C. C. t.* 4, *p.* 333 ; *Den.* 1810, *sup. p.* 39 ; *J. P.*
t. 21, *p.* 297 ; *t.* 43, *p.* 420 ; *t.* 62, *p.* 49. 546 ; *t.* 74, *p.* 547 ;
t. 84 ; *p.* 48.

2135. La femme demanderesse en séparation de corps peut obtenir une pension alimentaire, ainsi qu'une provision pour plaider *(a)*.

2136. Elle a le droit de faire procéder, avant que la séparation soit prononcée, à un inventaire des meubles et effets de la communauté *(b)*.

2137. Le droit de requérir les scellés (1903—1910) s'applique à la demande en séparation de corps *(c)*.

2138. Il n'en est pas de même de l'obligation (1896—1898) pour la femme de résider dans la maison indiquée par le juge *(d)*.

2139. La femme demanderesse en séparation de corps ne peut faire séquestrer les récoltes pendantes par racines *(e)*.

2140. Ni saisir-arrêter les revenus de la communauté *(f)*.

2141. Pendant l'instance, le mari défendeur peut faire apposer les scellés sur les meubles et effets de sa femme, au domicile temporaire à elle assigné par l'ordonnance du président *(g)*.

2142. Il a le droit de faire suivre cette appo-

(a) Amiens, 5 pluv. an XIII : *J. C. C. t.* 3, *p.* 457. — (b) *Id.* — (c) Brux. 8 mai 1807 : *J. C. C. t.* 8, *p.* 561. — (d) Turin, Nismes, 12 fév. et 26 déc. 1811 : *J. C. C. t.* 17, *p.* 181 ; *t.* 19, *p.* 146. — (e) Liége, 13 janv. 1809 : *J. C. C. t.* 12, *p.* 396. — (f) Paris, 4 mai 1825 : *J. P. t.* 73, *p.* 412. — (g) Angers, 16 juil. 1817 : *J. P. t.* 50, *p.* 235.

sition d'un inventaire descriptif (*a*). Voir néanmoins un arrêt de la cour de Paris (*b*) du 9 janvier 1823.

2143. En un mot, il reste, pendant l'instance, l'administrateur légal des biens de sa
femme (*c*).

2144. Une demande en divorce peut-elle, en
cause d'appel, être convertie en demande de séparation de corps? — Jugé diversement (*d*).

2145. Malgré la double circonstance que le
contrat de mariage porte que les époux seront
séparés de biens, et que la propriété de tous les
meubles appartient à la femme, le mari ne
peut, dans une demande en séparation de
corps, être condamné à quitter le domicile
commun (*e*).

2146. Le surplus des règles à suivre pour
se pourvoir en séparation de corps, se trouve
tracé au Code de procédure, titre 9 du livre 1er
de sa 2e partie.

2147. Elle ne peut avoir lieu par le consentement mutuel des époux (*f*). Si cette faculté a
dans le divorce un but si nécessaire et si moral,
pourquoi ne se retrouve-t-elle pas également par-

(*a*) Angers, 16 juil. 1817 : *J. P. t.* 50, *p.* 235. — (*b*) J. P.
t. 69, *p.* 58. — (*c*) Angers, 27 août 1817 : *J. P. t.* 50, *p.* 242.
— (*d*) Nismes, Paris, 8 juil. 1807 ; 13 août 1814 : *J. P. t.* 20,
p. 204 ; *t.* 41, *p.* 301. — (*c*) Paris, 27 juin 1810 : *J. P. t.* 27,
p. 373. — (*f*) Art. 307 c. c.

mi les moyens de séparation de corps? N'est-ce
pas établir une choquante inégalité entre ceux
dont les opinions religieuses supportent l'idée
du divorce, et ceux à qui leur conscience ne
permet d'autre voie que la séparation? Les
motifs qui ont empêché de s'arrêter à cette objection, sont puisés dans la nature même des
choses; car, après tout, deux époux qui consentent mutuellement à se séparer, ne peuvent-
ils pas le faire sans l'intervention de la loi? Ils
n'y trouvent aucun obstacle dans l'autorité publique. Des formes authentiques n'ajouteraient
rien aux effets d'une telle séparation, sinon
d'opérer aussi la séparation de biens. Or, il est
aisé de voir que le consentement mutuel, ainsi
appliqué, deviendrait envers des créanciers une
trop facile occasion de fraude. Ensuite, en con-
sidérant la séparation sous le rapport des idées
religieuses, on voit que les règles qui les diri-
gent ne comprennent point le consentement
mutuel parmi les causes qui légitiment, au fond
des âmes, la rupture de la société conjugale. Ce
n'est donc point gêner les consciences, c'est respecter au contraire tous leurs scrupules, que de
laisser subsister dans la loi les limites qu'elles
reconnaissent elles-mêmes à leur propre indépendance. Enfin, la séparation par consentement mutuel deviendrait infiniment plus
abusive que le divorce même, parce que, dans
la pratique, elle serait incompatible avec les

mêmes restrictions. En effet, tant que les époux ne feraient que déroger aux clauses principales de leur contrat, sans dissoudre le contrat lui-même, il serait déraisonnable d'exiger d'eux ces conditions d'âge, et ce consentement des ascendans, qui ajoutent tant de poids à leur volonté. Il serait également déraisonnable que deux époux qui conservent encore tous leurs droits de famille, fussent forcés d'abandonner une partie de leurs propriétés à leurs enfans; et, par cette seule différence, le consentement mutuel, introduit dans le système de la séparation de corps, y perdrait cette garantie principale qui écarte les inconvéniens et les abus dans le système du divorce. Il serait surtout déraisonnable d'interdire à ces époux la faculté de se réunir, puisque c'est cet espoir qui fait encore subsister le lien. Ainsi ils pourraient se jouer, sans pudeur, de la société qu'ils ont formée, la quitter et la reprendre au gré de leur fantaisie, insultant également à la dignité du mariage par le scandale de leurs divisions, par les désordres de leur isolement, et par l'avilissement qui accompagnerait leur réconciliation même; tandis qu'au contraire le divorce, soumis à de sages conditions, rend une seconde union impossible entre les mêmes époux; et tous deux, prêts à consommer leur rupture, sont encore arrêtés par l'idée qu'elle est irrévocable, et que leur adieu mutuel est un adieu pour toujours. Mais ce qui est digne surtout de considération, c'est qu'une certaine force de l'opinion publique et la salutaire influence des idées religieuses sont encore, pour le grand nombre, un contre-poids qui leur fait supporter la société conjugale, plutôt que de recourir au divorce. Au contraire, la séparation de corps qui concilierait tout à la fois les honneurs du mariage avec l'attrait d'une vie libre, qui laisserait subsister tous les droits d'épouse, sans imposer envers le mari d'autres devoirs que celui de porter son nom; qui permettrait de tirer vanité de la fidélité religieuse, lors même qu'il n'y aurait plus de fidélité conjugale : la séparation de corps, disons-nous, deviendrait bientôt une mode perverse, dont le torrent entraînerait tout ce qui est sur le penchant de la licence.

2148. N'est pas valable le désistement d'appel d'un jugement prononçant séparation de corps (*a*).

2149. La stipulation par laquelle le mari accorderait à sa femme la faculté de le rejoindre ou de lui payer une pension, ne peut être exécutée, attendu qu'elle dégénérerait en une séparation de corps volontaire (*b*).

2150. La femme contre laquelle la séparation

(*a*) Caen, 15 déc. 1826 : *J. P. t.* 81, *p.* 288. — (*b*) Colmar, 12 juil. 1806 : *J. C. C. t.* 8. *p.* 286.

de corps est prononcée pour cause d'adultère, est condamnée à la réclusion dans une maison de correction pendant un temps déterminé (*a*).

2151. Cette condamnation est prononcée par le même jugement (*b*).

2152. Sur la réquisition du ministère public (*c*).

2153. Le temps de réclusion ne peut être moindre de trois mois (*d*).

2154. Ni excéder deux années (*e*).

2155. Le mari reste le maître d'arrêter l'effet de cette condamnation (*f*).

2156. En consentant à reprendre sa femme (*g*).

2157. Le complice de la femme adultère est puni de l'emprisonnement pendant le même espace de temps (*h*).

2158. Et, en outre, d'une amende de cent francs à deux mille francs (*i*).

2159. Un mari est recevable à poursuivre en dommages-intérêts le complice des désordres de sa femme (*j*).

2160. Sans que le pardon et la cohabitation depuis la condamnation d'elle et ce complice, fournissent à ce dernier fin de non-recevoir contre la demande (*k*).

(*a*) Art. 308 c. c. — (*b*) *Id.* — (*c*) *Id.* — (*d*) *Id.* — (*e*) *Id.* — (*f*) Art. 309. — (*g*) *Id.* — (*h*) Art. 338 C. P. — (*i*) *Id.* — (*j*) Aix, 27 janv. 1829 : *J. P. t.* 84, *p.* 560. — (*k*) *Id.*

2161. Les seules preuves qui puissent être admises contre le prévenu de complicité, sont, outre le flagrant-délit, celles résultant de lettres ou autres pièces écrites par le prévenu (*a*).

2162. Le mari qui a entretenu une concubine dans la maison conjugale, et qui a été convaincu sur la plainte de la femme, est puni d'une amende de cent francs à deux mille francs (*b*).

2163. Le droit à pension alimentaire (2072—2081) s'applique à la séparation de corps (*c*).

2164. Il ne serait pas juste que l'époux qui a choisi, comme plus conforme à sa croyance, la voie de la séparation, pût maintenir pour toujours l'autre époux, dont la croyance ne serait pas la même, dans l'interdiction absolue de contracter un second mariage. Cette liberté que la constitution garantit à tous, se trouverait alors violée dans la personne de l'un des époux. Il a donc fallu autoriser celui-ci, après un certain intervalle, à demander que la séparation soit convertie en divorce. C'est ainsi que se trouvent conciliés, autant qu'il est possible, deux intérêts également sacrés : la sûreté des époux, et la liberté religieuse. Lors donc que la séparation de corps a duré trois ans, l'époux qui

(*a*) Art. 338 C. P. — (*b*) Art. 339. — (*c*) Cas. 8 mai 1810, 28 juin 1815 : Den. 1810, p. 200 : *J. P. t. 43, p. 420.*

était originairement défendeur, peut demander le divorce au tribunal (*a*).

2165. Le tribunal l'admet, si le demandeur, présent ou dûment appelé, ne consent pas à faire cesser immédiatement la séparation (*b*).

2166. Cette règle (2164. 2165) ne s'observe qu'autant que la séparation a été prononcée pour toute autre cause que l'adultère de la femme (*c*).

2167. La séparation de corps emporte toujours séparation de biens (*d*), parce qu'elle dissout la communauté.

2168. Néanmoins, jusqu'à liquidation définitive, le mari conserve l'administration des biens communs (*e*).

2169. La femme séparée de corps est autorisée à demeurer ailleurs que son mari, et à se constituer un domicile distinct partout où il lui plaît de l'établir (*f*).

2170. On peut, même après la réconciliation d'époux séparés de corps, admettre une nouvelle demande en séparation, formée par l'un d'eux (*g*).

2171. La séparation de corps fait-elle, comme

______

(*a*) Art. 310 c. c. — (*b*) *Id.* — (*c*) *Id.* — (*d*) Art. 311. — (*e*) Paris, 13 juil. 1825 : *J. P. t.* 74, *p.* 522. — (*f*) Dijon, 28 avril 1807 : *J. C. C. t.* 9, *p.* 19. — (*g*) Paris, 16 avril 1807 : *J. C. C. t.* 10, *p.* 507.

le divorce (2064—2068), perdre les avantages entre époux? — Jugé diversement (*a*).

2172. L'époux qui a obtenu la séparation de corps, peut former une demande en divorce pour cause nouvelle (*b*).

2173. L'époux demandeur en séparation de corps ne peut abandonner son action pour entamer une procédure en divorce (*c*).

(*a*) Cas. 10 août 1809, 17 juin 1822, 19 août 1823, 15 fév. 1826; Caen, Colmar, Angers, Agen, Paris, 22 avril 1812, 26 juin 1817, 22 mars 1820, 1er mai 1821, 8 mars 1823, 16 fév. 1829 : *Den.* 1809, *p.* 313; *J. C. C. t.* 20, *p.* 147; *J. P. t.* 57; *p.* 430; *t.* 61, *p.* 71; *t.* 63, *p.* 552; *t.* 66, *p.* 217; *t.* 68, *p.* 452; *t.* 76, *p.* 526; *t.* 84, *p.* 48. — (*b*) Cas. 16 déc. 1811 : *Den.* 1812, *p.* 117. — (*c*) Aix, 27 nov. 1809 : *J. C. C. t.* 15, *p.* 178.

2174. L'ÉTAT de condamnation de l'un des époux à une peine infamante, est pour l'autre époux une cause de divorce, encore que la condamnation ait été prononcée avant la publication du Code (*a*).

2175. L'autorisation du mari, et, à son défaut, celle du juge, n'est pas requise de la part de la femme qui continue une demande en divorce formée avant le Code (*b*).

2176. Les dispositions du Code sont applicables à une demande en divorce formée depuis sa publication, par suite d'une demande antérieure qui a été annullée (*c*).

(*a*) Turin, 25 mai 1808 : *Den.* 1809, *sup. p.* 15. — (*b*) Brux. 20 pluv. an XII : *J. C. C. t.* 1, *p.* 363. — (*c*) Cas. 21 oct. 1807 : *Sir.* 1808, *p.* 148.

PATERNITÉ ET FILIATION.

—

2177. La nature a couvert d'un voile impénétrable la transmission de notre existence. Cependant il était nécessaire que la paternité ne restât pas incertaine. C'est par elle que les familles se perpétuent, et qu'elles se distinguent les unes des autres. C'est une des bases de l'ordre social, on doit la maintenir et la consolider. Il a fallu, pour y parvenir, s'attacher à des faits extérieurs et susceptibles de preuve.

2178. Aux yeux de la loi, nul n'est père que par sa propre volonté, expressément ou tacitement manifestée.

2179. En matière d'état, l'aveu judiciaire est irrévocable, et profite aux enfans dans le cas même où ils n'ont pas été parties aux procès tendant à faire déclarer nul le mariage de leurs parens (*a*).

(*a*) Paris, 18 janv. 1819 : *J. P. t.* 53, *p.* 445.

FILIATION DES ENFANS LÉGITIMES

OU NÉS DANS LE MARIAGE.

—

2180. On trouve un premier point d'appui dans cette institution qui, consacrée par tous les peuples civilisés, a son origine et sa cause dans la nature même ; qui établit, maintient et renouvelle les familles ; dont l'objet principal est de veiller sur l'existence et l'éducation des enfans ; dont la dignité inspire un respect religieux : dans le mariage. Les avantages que la société en retire doivent être principalement attribués à ce que, pour fixer la paternité, il établit une présomption qui presque toujours écarte tous les doutes. Cette présomption, admise chez tous les peuples, est devenue une règle d'ordre public, dont l'origine, comme celle du mariage, se perd dans la nuit des temps. L'enfant conçu pendant le mariage a pour père le mari *(a)*. *Pater is est quem justæ nuptiæ demonstrant.* Quels pourraient être les indices plus forts que ceux qui résultent de la foi promise des deux époux, de leur cohabitation, des regards de leurs concitoyens ? Un autre motif

(a) Art. 312 c. c.

rend cette maxime presque inviolable : c'est l'impossibilité où l'on est souvent réduit de prouver le contraire ; et, dans le doute, la sagesse du législateur présume toujours en faveur de l'innocence de la mère et de l'état de l'enfant. Cette règle générale n'est point, il faut l'avouer, un de ces principes dont la vérité soit mathématiquement démontrée; mais enfin c'est une présomption légale, qui doit avoir toute la force d'une preuve jusqu'à ce qu'elle soit renversée par une preuve contraire. On prévoit pourquoi la loi se fonde ici sur une présomption, et non sur un principe : c'est qu'ayant à statuer dans une matière qui n'est pas de son domaine, et sur un fait aussi incertain que celui de la paternité, il n'était pas une seule règle de vérité première qui pût servir de base à sa disposition. *Non nudis asseverationibus filii constituuntur.*

2181.Un enfant conçu pendant le mariage, mais né depuis sa dissolution, et qui n'a été inscrit au registre de l'état civil que sous le nom de sa mère, *le père inconnu,* est présumé l'enfant du mari, jusqu'à preuve contraire (*a*).

2182. Un enfant conçu pendant le mariage, ne peut se prévaloir d'une reconnaissance de paternité adultérine, faite en sa faveur par un tiers (*b*).

(*a*) Paris, 28 juin 1819 : *J. P. t. 58. p. 341.* — (*b*) Rouen, 6 juil. 1820 : *J. P. t. 58. p. 34.*

2183. Puisqu'on est forcé d'avouer que la règle (2180) si nécessaire au maintien de la société, n'est établie que sur des indices, le législateur se mettrait en opposition avec les premiers élémens du droit et de la raison, s'il faisait prévaloir une présomption contre une preuve ou contre une présomption plus forte. Au lieu de soutenir la dignité du mariage, on l'avilirait. On le rendrait odieux, s'il servait de prétexte à légitimer un enfant qui, aux yeux du public convaincu par des circonstances décisives, n'appartiendrait point au mariage. Aussi le mari peut désavouer l'enfant (*a*).

2184. S'il prouve que, pendant le temps qui a couru depuis le trois-centième jusqu'au cent-quatre-vingtième jour avant la naissance de cet enfant, il était dans l'impossibilité physique de cohabiter avec sa femme (*b*).

2185. Soit par cause d'éloignement (*c*).

2186. Soit par l'effet de quelque accident (*d*). *Filius non est qui nascitur absente marito, vel si infirmitate, valetudine, vel aliâ causâ generari non possit.*

2187. Il résulte des termes précédens (2184 —2186) que le mari qui a été absent, ou autrement dans l'impossibilité de coopérer à la conception, soit pendant dix mois avant la nais-

----

(*a*) Art. 312 c. c. — (*b*) *Id.* — (*c*) *Id.* — (*d*) *Id.*

sance, soit seulement pendant les quatre premiers mois du temps que la grossesse aurait dû
durer pour que l'enfant vînt à bien, peut désavouer. C'est une conséquence de la règle que la
gestation n'est pas présumée pouvoir durer plus
de dix mois, ni la naissance à terme arriver
avant sept (2208. 2216). *Septimo mense nasci perfectum partum propter auctoritatem Hipocratis receptum est.*

2188. La distance qui a séparé le mari et la
femme (2185), doit toujours avoir été telle,
qu'il ne reste aucun doute sur l'impossibilité
du rapprochement. Il faut que l'absence soit
constante, continue, et de telle nature, que,
dans l'intervalle de temps donné à la possibilité
de la conception, c'est-à-dire dans l'intervalle
de cent vingt jours qui s'écoule entre le centquatre-vingtième et le trois-centième jour avant
la naissance de l'enfant, l'esprit humain n'admette pas la possibilité d'un seul instant de réunion entre les deux époux.

2189. Quelques auteurs, pour accueillir l'exception de l'absence, exigeaient entre les époux
l'espace des mers. Cette précision était affectée
et scolastique; elle n'était ni juste, ni correspondante au principe; elle ne remplissait pas
l'objet proposé. L'absence réelle peut se modifier par d'autres causes, et s'établir par d'autres
preuves aussi décisives. Il suffit d'exiger qu'elle
soit telle, qu'au moment de la conception, toute

réunion, même momentanée, ait été absolument impossible.

2190. On a demandé si la prison qui séparerait deux époux, pouvait être assimilée à l'absence? Il est clair que c'est l'absence elle-même, pourvu toujours que la séparation ait été tellement exacte et continuelle, qu'au temps de la conception la réunion d'un seul instant soit restée impraticable.

2191. La captivité du mari en pays étranger, à une époque correspondante à la conception, n'est pas une cause de désaveu, si la distance ne rendait pas le rapprochement physiquement impossible (a).

2192. La loi n'a dû admettre contre la présomption résultant du mariage, que les accidens qui rendent physiquement impossible la cohabitation. On prévient ainsi tous ces procès scandaleux ayant pour prétexte des infirmités plus ou moins graves, ou des accidens dont les gens de l'art ne tirent que des conjectures trompeuses. Il serait déraisonnable de vouloir détailler les espèces, les cas, les accidens capables de produire l'impuissance casuelle, soit qu'il s'agisse d'une blessure, d'une mutilation, ou d'une maladie grave et longue. Il suffit de savoir que la cause doit être telle, et tellement prouvée, que, dans l'intervalle du temps pré-

______

(a) Paris, 19 juin 1826 : *J. P. t.* 77, *p.* 275.

sumé de la conception, on ne saurait supposer un seul instant où le mari ait pu devenir père.

2193. Si la femme ne prouve pas d'une manière certaine l'époque de la naissance, elle ne peut argumenter de la possibilité physique de rapprochement (*a*).

2194. Contrairement à la doctrine constante que nous venons de rappeler, on a jugé que, pour autoriser le désaveu, il n'était pas rigoureusement nécesssaire que le rapprochement eût été physiquement impossible; et que la séparation de corps, la dissension constante pouvaient prouver le non-rapprochement (*b*).

2195. Le mari ne peut, en alléguant son impuissance naturelle, désavouer l'enfant (*c*). Des exemples célèbres ont prouvé que ni cette cause d'impossibilité de cohabitation, ni la déclaration du mari qui veut s'en prévaloir, ne méritent de confiance. Les gens de l'art n'ont eux-mêmes aucun moyen de pénétrer de pareils mystères; et tel, dont le mariage a été dissous pour cause d'impuissance, a obtenu d'un autre mariage une nombreuse postérité.

2196. Le mari ne peut désavouer l'enfant, même pour cause d'adultère (*d*). Ce crime, fût-il prouvé, ne ferait naître contre l'enfant

(*a*) Paris, 2 janv. 1815 : *J. P. t.* 41, *p.* 387. — (*b*) Rouen, Paris, 28 déc. 1814, 29 juil. 1826 : *J. P. t.* 41, *p.* 394; *t.* 79, *p.* 179. — (*c*) Art. 313 c. c. — (*d*) *Id.*

que le père voudrait désavouer, qu'une présomption, qui ne saurait balancer celle qui résulte du mariage. La femme peut avoir été coupable avant que le flambeau de l'hyménée fût encore éteint.

2197. A moins que la naissance n'ait été cachée au mari *(a)*. Voir un arrêt de Paris *(b)* du 19 juin 1826.

2198. L'acte civil qui donne à l'enfant un père inconnu, prouve le recel de la naissance à l'égard du mari *(c)*.

2199. Le recel de la naissance, joint à la cohabitation constante de la mère avec un autre que le mari, à l'époque de la conception, suffit pour justifier le désaveu de ce dernier *(d)*.

2200. Dans le cas de recel (2197), le mari est admis à proposer tous les faits propres à justifier qu'il n'est pas le père de l'enfant *(e)*. Ainsi il faut, pour autoriser le désaveu du mari, non-seulement que l'adultère de la femme soit prouvé (et il ne peut l'être que par un jugement public), mais encore qu'elle lui ait caché la naissance de l'enfant; et, ces deux conditions remplies, il faut encore que le mari présente la preuve des faits propres à justifier qu'un autre est le père de l'enfant. La conduite de la femme devient ici un témoignage d'un

---

(a) Art. 313 c. c. — (b) J. P. t. 77, p. 275. — (c) Paris, 28 juin 1819 : *J. P.* t. 56, p. 541. — (d) Paris, 4 déc. 1820 : *J. P.* t. 59, p. 306. — (e) Art. 313 c. c.

grand poids. Il ne saurait y avoir de sa part d'aveu plus formel que l'enfant n'appartient point au mariage. Comment présumer que la mère ajoute à son crime envers son mari, celui de spolier son propre enfant, qu'elle exclut du rang des fils légitimes ? Lorsqu'il est ainsi repoussé de la famille, et par la femme qui cache la naissance, et par le mari qui fait prononcer la peine d'adultère, cela forme une masse de présomptions, qui ne laisse plus à celle que l'on peut tirer du mariage, son influence décisive. Alors même l'enfant, au milieu de ces dissensions, peut encore invoquer la règle générale ; mais on n'a pas cru qu'il fût possible de refuser au mari la faculté de prouver que l'enfant lui est étranger. Dans de pareilles circonstances, ce droit est réclamé par l'honnêteté publique et la dignité de l'union conjugale.

2201. L'enfant né depuis la séparation de corps, peut être désavoué, quoiqu'il y ait eu possibilité physique de rapprochement (*a*).

2202. Il n'est pas besoin de justifier préalablement de l'adultère de la femme (*b*).

2203. Ni du recel de la naissance de l'enfant (*c*).

2204. Mais l'action en désaveu pour cause

(*a*) Rouen, 18 juin 1819 : *J. P. t.* 55, *p.* 363. — (*b*) Cas. 8 juil. 1812 ; Paris, 29 juil. 1826 : *Den.* 1812, *p.* 568 ; *J. P. t.* 79, *p.* 179. — (*c*) Metz, 29 déc. 1825 : *J. P. t.* 77, *p.* 61.

d'adultère n'est pas admissible lorsqu'elle n'est pas fondée sur le recel de la naissance de l'enfant (a).

2205. Quelques personnes ont cru remarquer une sorte de contradiction entre l'admission, générale et sans restriction, de la preuve de l'impossibilité physique (2184—2186), et l'admissibilité conditionnelle de la preuve de non paternité dans deux cas à l'existence desquels cette même preuve semble subordonnée (2197. 2200). Mais la contradiction disparaît bientôt, si l'on considère que la première partie n'admet que l'impossibilité physique, et l'admet dans tous les cas, sans même qu'il soit besoin de recourir à l'exception d'adultère ; et que la seconde partie admet, dans le cas de l'adultère prouvé et du recel de la naissance de l'enfant, non-seulement la preuve de l'impossibilité physique, mais encore la preuve d'une sorte d'impossibilité morale. On tranche le mot, car c'est là qu'est le nœud de l'apparente contradiction. Les deux dispositions se concilient parfaitement, puisque l'une ne fait qu'une seule exception à la règle générale, et que l'autre y apporte plusieurs restrictions ; puisque la première disposition s'applique à tous les cas, et que la seconde se borne aux deux circonstances prévues, non, à la vérité, pour fonder le désa-

_____

(a) Nismes, 13 juil. 1827 : *J. P. t.* 81, *p.* 201.

veu, mais uniquement pour faire admettre la preuve qui l'autorise.

2206. Il est une autre présomption avec laquelle le mari peut contester l'application de la règle générale : c'est lorsque cette règle se trouve en opposition avec la marche constante de la nature. On croit plutôt à la faiblesse humaine qu'à l'interversion de l'ordre naturel. On voit des exemples assez fréquens d'avancement et de retard du terme de l'accouchement; mais il est très-rare qu'un enfant soit né avant six mois de grossesse, ou qu'il soit resté plus de dix mois dans le sein de sa mère. Les naissances précoces ou tardives ont été la matière de procès célèbres. Il a toujours été reconnu que la physiologie n'a aucun moyen de découvrir la vérité relativement à l'enfant qui est l'objet de la contestation. Ces débats scandaleux ne portaient que sur des recherches, non moins scandaleuses, d'exemples que, de part et d'autre, on alléguait souvent sans preuves. Les juges n'obtenaient aucune lumière sur le fait particulier, et chaque tribunal se formait un système différent sur l'extension ou la limitation admissible dans le cours ordinaire de la nature. La jurisprudence n'avait aucune uniformité, par le motif même qu'elle ne pouvait être qu'arbitraire. Il fallait sortir d'un pareil état. Ce n'était point une vérité absolue que les rédacteurs de la loi avaient à découvrir : il leur suffisait de donner aux juges une règle qui fixât leur incertitude, et ils devaient prendre cette règle dans la marche tellement uniforme de la nature, qu'à peine pût-on lui opposer quelques exceptions, qui ne feraient que la confirmer. Ce sont ces motifs qui ont déterminé à fixer à cent quatre-vingts jours le terme des naissances avancées, et à trois cents jours celui des naissances tardives. Il n'en résulte pas que l'enfant né avant les cent quatre-vingts jours ou depuis les trois cents, doive être, par cela même, déclaré non légitime. Il faut que la présomption résultant d'une naissance trop avancée ou trop tardive, se trouve confirmée par une présomption qui paraît plus forte encore à quiconque observe le cœur humain. Il faut que l'enfant soit désavoué par le mari. Comment croire qu'il allume dans sa maison les torches de la discorde, et qu'au dehors il se dévoue à l'humiliation, s'il n'a pas la conviction intime que l'enfant n'est point né de son mariage?

2207. La loi ne se borne pas à sonder le cœur et à calculer les véritables intérêts du mari : elle se met en garde contre les passions qui pourraient l'aveugler; elle n'admet point le désaveu qui ne se trouve pas d'accord avec sa conduite antérieure. S'il avait toujours cru que l'enfant lui fût étranger, aucun acte ne démentirait une opinion qui, depuis la naissance de cet enfant, a dû déchirer son ame. S'il a varié dans cette opinion, il n'est plus recevable à refuser à l'enfant l'état qu'il ne lui a pas toujours contesté.

2208. Ainsi l'enfant né avant le cent quatre-vingtième jour du mariage (*a*) est présumé n'avoir point été conçu dans cette union.

2209. Mais il ne peut être désavoué par le mari dans les cas suivans (*b*).

2210. 1° S'il a eu connaissance de la grossesse avant le mariage (*c*). On présume alors qu'il ne l'a contracté que pour réparer sa faute personnelle. On présume qu'il n'eût jamais consenti à pareil hymen, s'il n'eût été persuadé que la femme portait dans son sein le fruit de leurs amours. Lorsqu'il a eu dans la conduite de cette femme une telle confiance, qu'il a voulu que leur destinée fût unie, comment l'admettre à démentir ce témoignage?

2211. 2° S'il a assisté à l'acte de naissance, et si cet acte est signé de lui, ou contient sa déclaration qu'il ne sait signer (*d*). Comment en effet pourrait-il revenir contre sa propre déclaration, donnée dans l'acte même destiné à constater l'état civil de l'enfant? *Intelligitur pater consentire, nisi evidenter dissentiat. Grande prœjudicium affert pro filio confessio patris.*

2212. 3° Si l'enfant n'est pas déclaré viable (*e*). Il faut à cet égard que les gens de l'art pronon-

(*a*) Art. 314 c. c. — (*b*) *Id.* — (*c*) *Id.* — (*d*) *Id.* — (*e*) *Id.*

cent. L'enfant vivait dans le sein de sa mère. Cette existence peut se prolonger pendant un nombre de jours indéterminé, sans qu'il soit possible qu'il la conserve; et c'est cette possibilité de parcourir la carrière de la vie, qu'on entend par l'expression être viable. Lorsque l'enfant n'est pas déclaré viable, la présomption contre la mère n'est plus la même. Il n'y a plus de certitude que ce soit un accouchement naturel, qui ait dû être précédé du temps ordinaire de la grossesse. Toute recherche serait scandaleuse et sans objet. Quel but le mari pourrait-il se proposer en désavouant un enfant qui ne doit pas vivre, si ce n'est de porter atteinte à la réputation de la femme à laquelle il s'est uni? Il ne peut même pas avoir l'intérêt de la séparation de corps pour cause d'adultère, puisqu'il suppose que la faute est antérieure à son mariage. Les tribunaux ne doivent pas l'écouter dans son aveugle ressentiment. La circonstance de non-viabilité était donc essentielle à rappeler; car elle prouve que l'enfant n'a point encore atteint le septième mois, et que sa conception ne remonte pas à une époque qui ait précédé le mariage. *Idem est non nasci et non posse vivere.*

2213. En résumé : pour que le désaveu du mari ne soit pas une action scandaleuse, légèrement admise, il faut, d'un côté, que le mari n'ait laissé échapper, soit au moment du mariage, soit au moment de la naissance de l'enfant, aucun acte, aucun signe, aucun aveu volontaire, exprès ou tacite, de la paternité. Il faut, d'un autre côté, que l'enfant soit né sans accident, et pourvu de toutes les facultés de la vie.

2214. Le désaveu d'un enfant conçu avant le mariage, n'a pas besoin d'être étayé de la preuve qu'il y a eu impossibilité physique de cohabitation (*a*).

2215. La présomption de naissance accélérée ne peut être invoquée en faveur de l'enfant naturel, pour empêcher de lui attribuer une origine adultérine (*b*).

2216. Le mystère dont la nature s'enveloppe, et l'incertitude ou l'indécision qui en résulte, ont obligé le législateur à consulter son cours le plus régulier. La légitimité de l'enfant né trois cents jours après la dissolution du mariage, peut être contestée (*c*). Néanmoins la présomption n'est décisive qu'autant qu'elle n'est pas affaiblie par d'autres circonstances. On veut que la légitimité de l'enfant puisse être contestée; mais on veut aussi qu'elle triomphe de toutes les attaques non fondées. La loi romaine était plus absolue. *Post decem menses mortis natus non admittitur ad legitimam*

______

(*a*) Cas. 25 août 1806 : *J. C. C. t.* 8, *p.* 52. — (*b*) Dijon, 29 août 1818 : *J. P. t.* 55, *p.* 147. — (*c*) Art. 315 c. c.

hereditatem. Filius non est post decem menses natus, ex morte mariti.

2217. La présomption légale établie en faveur de l'enfant né moins de trois cents jours après la dissolution du mariage, s'étend au cas où il s'agit, non de son état, mais de sa capacité de succéder (*a*).

2218. Pourquoi l'enfant né dans le onzième mois après le mariage dissous, n'est-il pas de droit au rang des enfans naturels? Parce que tout intérêt particulier ne peut être combattu que par un intérêt contraire. La loi n'est point appelée à réformer ce qu'elle ignore; et si l'état de l'enfant n'est pas attaqué, il reste à l'abri du silence que personne n'est intéressé à rompre. D'ailleurs, dans le cas de dissolution par divorce, le mari, qui seul aurait le droit de désaveu, peut n'avoir ni motif ni volonté de l'exercer; et s'il l'exerce, il doit être soumis à l'obligation d'éloigner de lui toute preuve de la paternité qu'il repousse.

2219. Ces règles ont été interprétées par arrêts des cours de Grenoble et d'Aix (*b*) des 12 avril 1809 et 8 janvier 1812.

2220. Quoiqu'il y ait action en désaveu d'un enfant, on ne doit pas moins lui accorder une provision (*c*).

(*a*) Cas. 8 fév. 1821 ; Paris, 19 juil. 1819 : *J. P. t.* 55 , *p.* 541;
t. 62 , *p.* 599. — (*b*) J. C. C. t. 12 , p. 292 ; t. 18 , p. 445. —
(*c*) Aix, 6 avril 1807 : *J. C. C. t.* 8 , *p.* 462.

2221. Pendant le procès, la présomption est pour la légitimité (*a*).

2222. L'adjudication de cette provision ne préjuge d'ailleurs rien sur le fond (*b*).

2223. Trois causes de nature différente peuvent maîtriser la croyance, et forment ici autant d'espèces d'exceptions à la présomption de paternité : l'impossibilité physique, l'impossibilité morale, l'impossibilité légale. La première est absolue, elle tire toute sa force d'elle-même ; c'est un fait matériel et constant, qui n'admet aucune autre supposition. L'impossibilité morale est relative ; c'est la conséquence d'un fait assez grave déjà pour introduire le doute et ébranler l'opinion, et qui la subjugue impérieusement, s'il est fortifié par quelque circonstance décisive. L'impossibilité morale ne trouve pas dans elle-même une force suffisante, et ne peut l'emporter sur la présomption légale qu'à la faveur de certain motif entraînant, qui porte sa conséquence jusqu'à la conviction. L'impossibilité légale est l'absence du titre même sur lequel s'établirait la présomption. La présomption légale doit fléchir, si, au moment de la conception, une réunion de circonstances force la raison à porter l'opinion de paternité sur un autre que le mari de la mère. Enfin, la présomption légale s'évanouit, si, au moment

(*a*) Aix, 6 avril 1807 : *J. C. C. t.* 8, *p.* 462. — (*b*) *Id.*

de la conception, le mariage n'existait pas encore ou n'existait plus.

2224. Tous les moyens de preuve tendant à combattre la présomption de paternité, ne sont établis qu'en faveur du mari. Lui seul, et, dans certains cas, ses héritiers, sont admis à les proposer. Des motifs évidens les font interdire à tout autre.

2225. Laisser au mari la faculté indéfinie d'exercer quand il le jugerait à propos son action en désaveu, c'eût été compromettre l'état de l'enfant, que la loi doit protéger, et qui ne peut, sans le plus grave inconvénient, rester long-temps incertain. Dans les divers cas où le mari est autorisé à réclamer, il doit le faire dans le mois, s'il se trouve sur les lieux de la naissance de l'enfant (*a*).

2226. Dans les deux mois après son retour, si, à la même époque, il est absent (*b*).

2227. Ce délai ne court que du retour au lieu de la naissance de l'enfant, ou du domicile conjugal (*c*).

2228. Dans les deux mois après la découverte de la fraude, si on lui a caché la naissance de l'enfant (*d*).

2229. Le sentiment naturel du mari qui a

(*a*) Art. 316 c. c. — (*b*) *Id.* — (*c*) Paris, 9 août 1813 : *J. P.* t. 37, p. 419. — (*d*) Art. 316 c. c.

des motifs suffisans de désavouer un enfant qu'il croit lui être étranger, est de le rejeter sur-le-champ de la famille. C'est un sentiment vif, impétueux, violent même, comme le transport qu'excite la conviction d'un outrage. Ce n'est point un sentiment que le temps affermisse et que la réflexion fortifie. La réflexion le modère, et le temps l'efface. Un homme qui a souffert près de lui, dans sa maison, ou qui a connu sans indignation l'existence d'un enfant que la loi et la société appellent son fils, est raisonnablement supposé n'avoir pas reçu d'offense, ou l'avoir pardonnée; et la loi, comme la raison, préfère le pardon à la vengeance. Effectivement, le devoir du mari, l'outrage qu'il a reçu, tout doit le porter à faire incontinent éclater sa plainte. S'il diffère, son silence équivaut à un aveu formel en faveur de l'enfant. La qualité de père, que l'on a consenti une fois à porter, est irrévocable (2269).

2230. On sent que le fait de la présence du mari lors de l'accouchement, l'époque de son retour, celle de la découverte de la fraude, sont de nature à se prouver par témoins, s'il y a contestation à cet égard.

2231. Le désaveu peut s'exercer après le décès de la mère (a).

2232. Les actions qui appartiennent au dé-

(a) Paris, 28 juin 1819 : *J. P. t.* 56. *p.* 541.

funt étant une partie intégrante de sa succession, on ne pourrait, sans contredire tous les principes, sans bouleverser toutes les idées, mettre aucune restriction à la faculté qu'ont les héritiers de poursuivre les actions du mari. Etant au lieu et place du défunt, ils doivent remplir ses obligations et jouir de ses droits. Mais celui dont il s'agit ne passe aux héritiers que dans le temps où il peut encore exister, c'est-à-dire lorsque le mari est mort avant la naissance de l'enfant, ou dans le terme non encore expiré des délais qui lui sont donnés pour réclamer.

2233. Si donc le mari est mort avant d'avoir fait sa réclamation, mais étant encore dans le délai utile pour la faire, les héritiers ont deux mois pour contester la légitimité de l'enfant *(a)*.

2234. A compter de l'époque où cet enfant s'est mis en possession des biens du mari *(b)*.

2235. Ou de l'époque où les héritiers sont troublés par l'enfant dans cette possession *(c)*.

2236. Le délai court du jour où les héritiers ont eu connaissance légale de la prétention de l'enfant *(d)*.

2237. Le trouble (2235) peut résulter de tout autre fait qu'une demande directe *(e)*.

***

(a) Art. 317 c. c. — *(b) Id.* — *(c) Id.* — *(d)* Cas. 21 mai 1817 ; Orléans, 6 fév. 1818 : *J. P. t.* 48, *p.* 289 ; *t.* 76, *p.* 330. — *(e) Id.*

2238. L'héritier ne conteste pas suffisamment la légitimité en protestant, dans la constitution d'avoué, de la nullité de l'assignation en délaissement des biens, donnée à la requête de l'enfant (*a*).

2239. La fin de non-recevoir résultant du défaut d'action des héritiers en temps utile, peut être opposée par l'enfant en tout état de cause (*b*).

2240. On a considéré que le plus souvent ceux dont la légitimité est sujette à contestation ne sont produits dans la famille qu'après la mort du mari qui aurait eu le moyen de les repousser. D'ailleurs, le père qui meurt dans le court délai laissé pour réclamer, a fréquemment été dans l'impuissance de prendre d'autres soins que ceux de prolonger ses derniers momens. On eût exposé les familles à une injuste spoliation, si on eût rejeté leur demande.

2241. Il est à remarquer qu'on leur accorde un délai de deux mois (2233—2235), tandis qu'on n'en accorde qu'un au mari lorsqu'il est sur le lieu de la naissance (2225). On avait d'abord pensé qu'il eût été convenable de comprendre dans ce délai de deux mois tout le temps que le défunt aurait laissé écouler sans réclamer; et la raison sur laquelle on se fondait, c'est qu'en donnant aux héritiers deux

(*a*) Agen, 28 mai 1821 : *J. P. t.* 62, *p.* 78. — (*b*) *Id.*

mois pleins, non compris les jours pendant lesquels le mari aurait gardé le silence, ils semblaient être beaucoup plus favorisés que lui-même. Mais on s'est déterminé en réfléchissant que les faits sur lesquels se fonde le désaveu étaient plus présens au mari, et mieux connus de lui, puisqu'il était seul juge en cette matière.

2242. L'état d'un enfant né avant le cent quatre-vingtième jour du mariage, mais qui a pour lui le titre et la possession, ne peut être contesté par les héritiers du mari, quoique celui-ci l'ait désavoué dans son testament (a).

2243. On ne peut contester l'état d'un enfant que d'abord on a volontairement reconnu légitime (b).

2244. On a prévu que le mari ou ses héritiers pourraient chercher à prolonger les délais, en se bornant à un acte extrajudiciaire. La loi déclare que tout acte de cette nature contenant le désaveu de la part du mari ou de ses héritiers, est comme non-avenu, s'il n'est suivi d'une action en justice (c).

2245. Dirigée contre un tuteur *ad hoc* donné à l'enfant (d), qui reçoit ainsi de la loi un défenseur de ses droits et de son état.

____

(a) Turin, 30 janv. 1811 : *J. P. t.* 30, *p.* 557. — (b) Cas. 15 avril 1820 : *J. P. t.* 59, *p.* 154. — (c) Art. 318 c. c. — (d) *Id.*

2246. En présence de sa mère (*a*), autre protectrice, doublement intéressée pour elle et pour lui.

2247. Dans le délai d'un mois (*b*) de la date du désaveu extrajudiciaire.

2248. Ainsi, toutes les fois que l'état d'un mineur est attaqué, il faut lui faire nommer un tuteur spécial. Si le demandeur ne provoque pas cette nomination avant de former l'action, elle doit être sollicitée par le tuteur ordinaire ou le curateur, et, à leur défaut, par le procureur du roi. Si la cause était jugée sans que cette formalité fût remplie, il y aurait ouverture de requête civile : sujet dont nous nous occuperons en son lieu.

2249. Il est évident que si l'acte extrajudiciaire se trouve comme non-avenu, faute d'avoir été suivi, dans le délai d'un mois, d'une action en justice, c'est cet acte seul qui doit demeurer sans effet; et que, l'action n'étant pas prescrite, les héritiers peuvent l'intenter, ainsi que le mari, dans le cas où le délai de deux mois lui est accordé, si du moins il reste encore à courir un temps utile (2226. 2228. 2233—2235).

(*a*) Art. 318 c. c. — (*b*) *Id.*

———

2250. La filiation des enfans légitimes se prouve par les actes de naissance (*a*). *Parentes natales non confessio assignat.*

2251. Inscrits sur le registre de l'état civil (*b*). Si donc il existe sur ce registre un acte qui constate l'état réclamé par l'enfant, il ne peut s'élever aucun doute sur sa filiation. C'est un acte public et authentique, il fait foi tant qu'il n'est point argué de faux. Ainsi l'acte de naissance est le titre certain et irréfragable de la filiation. Comment pourrait-on contester à un enfant l'état que ce titre lui assure d'autant plus irrévocablement qu'il émane d'un fonctionnaire public qui, constitué par la loi, tient la place de la loi même? C'est par l'inscription sur les registres publics qu'on fait son entrée dans le monde, c'est à la faveur de ce passeport qu'on peut être admis et reconnu dans une famille. Aussi, depuis l'ordonnance de 1539, qui a établi parmi nous les registres publics, les lois subséquentes et les tribunaux environnaient ces registres d'une telle confiance, qu'il

(*a*) Art. 319 c. c. — (*b*) *Id.*

n'était permis d'offrir, pour établir la filiation, aucun autre genre de preuve, si ce n'est dans le cas où il n'existait pas de registres dans le lieu de la naissance, ou bien dans le cas où ceux qui avaient existé étaient perdus ou détruits. Sans ce titre authentique, sans la confiance que la loi lui accorde, combien ne serait-il pas facile de dépouiller les enfans de leur état? Mais aussitôt que l'acte destiné à le constater est consigné sur les registres publics, la filiation est sous la sauve-garde de la société, et rien ne peut détruire la force de ce titre, ni porter atteinte à la légitimité de celui qui l'invoque.

2252. L'indication dans un acte de naissance qu'un enfant est issu d'individus mariés, ne suffit pas pour lui constituer l'état d'enfant légitime des personnes ainsi désignées (*a*). Il faut (1406. 1407) la double possession d'état des père et mère comme époux, et de l'enfant comme légitime (*b*).

2253. Les questions d'état sont toujours préjudicielles, c'est-à-dire doivent être jugées préalablement, et avant de passer à l'examen du fond de la contestation originaire.

2254. A défaut du titre résultant de l'acte de naissance, la possession constante de l'état d'enfant légitime suffit (*c*); car il est possible que

______

(*a*) Cas. 9 nov. 1829 : *J. P. t.* 86, *p.* 26. — (*b*) Pau, 9 mai 1829 : *J. P. t.* 86, *p.* 360. — (*c*) Art. 320 c. c.

le registre sur lequel l'acte a été inscrit soit perdu, qu'il ait été brûlé, que les feuilles en aient été déchirées ou rongées. Il est même encore possible, et surtout dans des temps de trouble ou de guerre civile, que les registres n'aient pas été tenus, ou qu'il n'y ait pas eu d'acte dressé. C'est pour l'enfant un malheur d'être privé d'un titre aussi commode, mais son état ne dépend point exclusivement de ce genre de preuve. L'usage des registres pour l'état civil n'est pas très-ancien, et c'est dans des temps plus modernes encore qu'ils ont commencé à être tenus régulièrement. Ils ont été établis en faveur des enfans, et pour les dispenser d'une preuve moins facile. Le genre de preuve le plus ancien, celui que toutes les nations ont admis, celui qui embrasse tous les faits propres à manifester la vérité, celui sans lequel il n'y aurait plus rien de certain ni de sacré parmi les hommes, c'est la preuve de la possession constante de l'état d'enfant légitime.

2255. Par une conséquence forcée, s'il y a erreur ou fraude dans les registres, la possession d'état suffit encore pour conduire à la réformation nécessaire.

2256. Différente des conventions, qui la plupart ne laissent d'autres traces que l'acte même qui les constate, la possession d'état (c'est-à-dire la jouissance publique que tout individu peut avoir de la place qu'il tient dans sa famille et dans la société) s'établit par une réunion suffisante de faits qui indiquent le rapport de filiation et de parenté entre un individu et la famille à laquelle il prétend appartenir (*a*). C'est une longue suite d'actes extérieurs et notoires, dont l'ensemble ne pourrait jamais exister, s'il n'était conforme à la vérité. *Nomen, tractatus, fama.*

2257. Les principaux de ces faits sont que l'individu a toujours porté le nom du père auquel il prétend appartenir (*b*). En pareille matière, une usurpation long-temps impunie se suppose difficilement.

2258. Que le père l'a traité comme son enfant, et a pourvu, en cette qualité, à son éducation, à son entretien et à son établissement (*c*). Ici le résultat fait présumer la cause.

2259. Qu'il a été reconnu constamment pour tel dans la société (*d*). La publicité de la possession contribue à la sanctionner.

2260. Qu'il a été reconnu pour tel dans la famille (*e*) dont il se dit membre.

2261. La loi n'exige point que tous ces faits concourent, l'objet est de prouver que l'enfant a été reconnu et traité comme légitime. Il n'importe que la preuve résulte de faits plus ou moins nombreux, il suffit qu'elle soit certaine.

(*a*) Art. 321 c. c. — (*b*) *Id.* — (*c*) *Id.* — (*d*) *Id.* — (*e*) *Id.*

Mais un fait seul et isolé ne peut prouver une possession d'état telle que celle qui est requise pour s'établir dans une famille. Il faut un cumul. Néanmoins, parmi les faits proposés pour exemple, il en est qui, s'ils sont continus et manifestes, peuvent completter la démonstration sans le secours d'aucun autre.

2262. Ce n'est pas la seule ni même l'entière réunion des faits indiqués par la loi, qui forme la possession d'état. Elle peut également s'établir par des faits semblables, par des faits qui, sans être exactement les mêmes que ceux précisés, seraient pourtant assez nombreux et assez graves pour qu'il en résultât d'incontestables rapports de parenté. Si la loi avait voulu que ces faits fussent les seuls, ou qu'ils composassent l'ensemble de ceux qui doivent constater la preuve de la filiation, elle n'aurait pas dit que ces faits sont les principaux (2257). Mais dès qu'elle les qualifie ainsi, il est évident que ce sont plutôt des exemples qu'elle propose, qu'une limite qu'elle ait entendu poser.

2263. Une doctrine constante, dictée par la justice et la raison, a toujours donné à l'état des citoyens deux genres de preuves, le titre et la possession. La réunion de ces deux moyens est au-dessus de toute atteinte et de toute contradiction. Aussi a-t-on établi comme règle infaillible : nul ne peut réclamer un état con-

traire à celui que lui donnent son titre de naissance et la possession conforme à ce titre (*a*).

2264. Réciproquement, nul ne peut contester l'état de celui qui a une possession conforme à son titre de naissance (*b*).

2265. Le titre et la possession d'état ne pourraient être démentis par l'enfant qu'autant qu'il
opposerait à ces faits celui de l'accouchement
de la femme dont il prétendrait être né, et qu'il
prouverait que c'est à lui qu'elle a donné le
jour. Comment, entre des faits contraires, celui qui n'est qu'obscur et isolé balancerait-il le
fait littéralement prouvé par le titre de naissance, ou cette masse de faits notoires qui établissent la possession d'état?

2266. Contre celui qui a la possession d'état
d'enfant légitime, les collatéraux paternels ne
peuvent demander à prouver qu'il est adultérin, pour le faire déchoir de la succession du
père putatif (*c*).

2267. L'acte de naissance qui énonce qu'un
enfant est né d'un tel et d'une telle son épouse,
ne suffit pas, seul et indépendamment de la possession d'état, pour lui assurer les droits de la
légitimité (*d*). Rapprochez deux autres passages
(1406. 1407. 2252).

2268. L'enfant qualifié de légitime dans son

(*a*) Art. 322 c. c. — (*b*) *Id.* — (*c*) Aix, 14 juil. 1808 : *Sir.*
1809, *sup.* p. 311. — (*d*) Paris, 9 mars 1811 : *J. P. t.* 29, *p.* 556.

acte de naissance, n'a pas besoin, pour prouver sa légitimité, de rapporter l'acte de célébration du mariage de ses père et mère, lorsqu'il a une possession d'état conforme à son acte de naissance (a).

2269. Le père signataire de l'acte de naissance qui donne à son enfant la qualité de légitime, ne peut porter atteinte à cette légitimité, en qualifiant de naturel ce même enfant dans un testament postérieur (b).

2270. A défaut de titre et de possession constante, ou si l'enfant a été inscrit soit sous de faux noms, soit comme né de père ou mère inconnus (c), il s'élève une présomption très-forte qu'il n'appartient point au mariage.

2271. Cependant des circonstances extraordinaires, les passions qui ont égaré ses auteurs, leurs dissensions, des motifs de crainte, ou d'autres considérations majeures, peuvent avoir empêché qu'il n'ait été habituellement traité comme enfant légitime. Les faits même qui y ont mis obstacle deviennent des titres en sa faveur, et la preuve de filiation peut alors se faire par témoins (d).

2272. Néanmoins cette preuve ne peut être admise que lorsqu'il y a commencement de

(a) Grenoble, Montpellier, 5 fév. 1807, 4 fév. 1824 : J. C. C. t. 8, p. 134.; J. P. t. 71, p. 39. — (b) Grenoble, 5 fév. 1807 : J. C. C. t. 8, p. 134. — (c) Art. 325 c. c. — (d) Id.

preuve par écrit (*a*). *Soli testes ad ingenuitatis probationem non sufficiunt.*

2273. Commencement qui ne peut résulter d'un acte de naissance qu'autant que l'identité du réclamant avec l'individu désigné en cet acte est reconnue (*b*).

2274. Ou lorsque les présomptions ou indices résultant de faits dès lors constans, sont assez graves pour déterminer l'admission (*c*). *Probationes quæ de filiis dantur, non in solâ testium affirmatione consistunt.*

2275. Quand l'éloignement des temps, et des circonstances indépendantes de la volonté des parties, les empêchent de justifier autrement de leur filiation, les tribunaux peuvent se déterminer par des actes de famille authentiques (*d*).

2276. Si la femme prétend être accouchée pendant sa détention arbitraire, elle peut, sur des indices et présomptions graves, être admise à prouver par témoins le fait de l'accouchement et la suppression d'état de l'enfant (*e*).

2277. Lorsqu'un enfant veut constater son état par une possession qui se compose de faits continués pendant un certain nombre d'années,

(*a*) Art. 323 c. c. — (*b*) Bordeaux, 25 août 1825, 27 août 1828 : *J. G.* 1826, 2ᵉ *part. p.* 172; *J. P. t.* 84, *p.* 224. — (*c*) Art 323 c. c. — (*d*) Cas. 8 nov. 1820 : *J. P. t.* 61. *p.* 488. — (*e*) Rouen, 8 avril 1824 : *J. P. t.* 69. *p.* 61.

la preuve par témoins ne présente aucun inconvénient : elle conduit au plus haut degré de certitude que l'on puisse atteindre. Mais lorsque la question d'état dépend de faits particuliers, sur lesquels des témoins subornés ou crédules peuvent en imposer à la justice, leur témoignage ne doit point être admis seul. Une fâcheuse expérience a démontré que, pour des sommes ou valeurs peu considérables, les témoins n'offrent pas une garantie suffisante. Comment y aurait-on confiance quand il s'agit d'attribuer les droits attachés à la qualité d'enfant légitime, droits qui emportent tous les genres de propriété ? Cependant il peut résulter d'un acte écrit, et dont la foi ne soit pas suspecte, des indices que les juges trouvent assez graves pour que la vérité doive être approfondie par tous les moyens, au nombre desquels se trouve la preuve testimoniale.

2278. On ne peut admettre, en matière d'état, l'inscription de faux incident, lorsqu'il n'existe aucun commencement de preuve par écrit, ni aucun fait grave et constant (*a*).

2279. Celui qui réclame l'état et les droits d'un individu dont on lui oppose l'acte de décès, doit prouver son identité avec cet individu, avant d'être admis à s'inscrire en faux (*b*).

______

(*a*) Cas. 28 mai 1809 : *Den.* 1809, *p.* 546. — (*b*) Cas. 5 avril 1820 : *J. P. t.* 58, *p.* 241.

2280. La preuve littérale et la preuve testimoniale ne peuvent-elles se présenter sans leur concours mutuel ? S'il est vrai que les écrits prouvent sans l'assistance des témoins, n'est-il pas vrai de même que les témoins prouvent sans le secours des écrits ? Ou, pour parler le langage usité : peut-on, sur une réclamation d'état, lorsque le réclamant n'a ni titre ni possession, l'admettre à la preuve testimoniale, sans un commencement de preuve par écrit ? Les raisons contraires sont également graves. D'un côté, le repos des familles trop intéressant, et la preuve testimoniale trop suspecte : lorsque rien ne fait entrevoir une vérité jusqu'alors inconnue, et qu'il n'existe ni titre, ni possession, ni actes publics, ni écrits privés, il suffirait de quelques témoins corrompus ou faciles, trompeurs ou complaisans, pour jeter un audacieux étranger, comme un fléau, dans une famille respectable et tranquille. D'un autre côté, l'enfant qui réclame excite le plus doux sentiment, la pitié. Le bien qu'il réclame est le premier, le seul qui puisse compenser tous les autres. Il est presque toujours victime du délit le plus répréhensible. Un sot orgueil, des divisions de famille, la jalousie, l'avidité l'ont dépouillé de son état. Le crime a pu ne négliger aucune des précautions qui doivent assurer son impunité; et lorsqu'il dénonce le crime, pour l'admettre seulement à être écouté, vous

lui demandez précisément les écrits que le crime
lui a enlevés! Sans doute la preuve testimoniale
est, de sa nature, trop légère et trop imparfaite
pour ne confier qu'à elle un intérêt si grand et
si délicat. Mais pourquoi des écrits auraient-ils
seuls le privilége de former un commencement
de preuve? Ne peut-il se rencontrer des présomptions, des indices, et certain assemblage
de circonstances qui n'ont pas moins de force
que les écrits, lorsque la vérité n'en est pas contestée? En admettant comme commencement
de preuve ces présomptions, et les indices résultant de faits déjà non-contestés ou incontestables, on concilie l'intérêt général avec l'intérêt
particulier. La société est satisfaite, puisqu'on
n'admet pas légèrement la preuve par témoins;
et les membres de la société n'ont pas à se plaindre, puisqu'on ne les réduit point à l'impossibilité de prouver leur état. Que le fait qui établit le commencement de preuve soit ou non
consigné dans un acte écrit, il suffit que son
existence se trouve démontrée aux juges autrement que par l'enquête demandée. Prenons
garde, au surplus, que le commencement de
preuve (2272) ou les présomptions graves (2274)
ne sont point exigés dans l'espèce d'une demande
tendant à établir la filiation par la possession
d'état, mais au contraire dans l'hypothèse ou
cette possession n'existe pas (a).

(a) Pau, 9 mai 1829 : J. P. t. 86, p. 360.

2281. Le commencement de preuve par écrit résulte des titres de famille (*a*).

2282. Des registres et papiers domestiques du père ou de la mère (*b*). *Instrumenta domestica, seu privata testatio vel adnotatio, si non aliis quoque adminiculis adjuventur, ad probationem sola non sufficiunt.*

2283. Des actes publics et même privés émanés d'une partie engagée dans la contestation (*c*), et qui par conséquent avait intérêt à contredire.

2284. Ou qui y aurait intérêt si elle était vivante (*d*). Après la mort des père et mère, les écrits antérieurement échappés aux héritiers présumés, pèsent dans la balance autant que les papiers paternels. Voir un arrêt d'Aix (*e*) du 22 décembre 1825.

2285. Un enfant qui n'a pour lui ni le titre ni la possession, ne peut être admis à la preuve testimoniale de son état, sur de simples preuves littérales d'intérêt et d'amitié (*f*).

2286. La loi veille suffisamment à la défense des familles, puisque, dans tous les cas, elles sont autorisées à faire la preuve contraire (*g*), laquelle d'ailleurs est toujours de droit.

2287. Par tous les moyens propres à établir

(*a*) Art. 324 c. c. — (*b*) *Id.* — (*c*) *Id.* — (*d*) *Id.* — (*e*) J. P. t. 77, p. 199. — (*f*) Paris, 28 août 1809 : J. P. t. 24, p. 167. — (*g*) Art. 325 c. c.

que le réclamant n'est pas l'enfant de la mère qu'il prétend avoir (a).

2288. Ou même, la maternité prouvée, qu'il n'est pas l'enfant du mari de la mère (b). La loi ne regarde pas comme preuve de paternité contre un mari la preuve de maternité faite contre sa femme. En effet, la preuve de la maternité s'établissant sur le fait de l'accouchement d'un enfant le même que celui qui réclame, il n'en résulte aucune possession d'état, aucune reconnaissance du père, aucun titre.

2289. En réservant aux parens, soit du père, soit de la mère, la faculté de prouver contre l'enfant qu'il n'est ni celui de la mère, ni celui du mari de la mère, la loi n'a fait qu'établir un principe de justice, fondé sur la réciprocité. Comment en effet, en donnant à l'enfant tous les moyens de prouver son état, la loi aurait-elle refusé aux parens ceux de repousser une prétention qui les dépouillerait de leurs propriétés, et admettrait parmi eux un étranger ? L'ancienne jurisprudence, il est vrai, n'accordait pas le même avantage aux héritiers; mais il suffit, pour justifier cette innovation, d'observer qu'elle est basée sur les principes de la justice et sur l'intérêt de l'ordre social.

2290. La preuve testimoniale est admissible, sans commencement de preuve par écrit, sans

(a) Art. 325 c. c. — (b) Id.

présomption préalable, lorsqu'un individu réclame pour sa personne l'application d'un acte de naissance, et qu'on ne lui oppose point la preuve du décès de toute autre personne à qui l'on veuille également appliquer cet acte (*a*).

2291. L'enfant qui réclame contre la suppression de son état, peut être admis à prouver par témoins sa filiation, lorsque déjà il existe de fortes présomptions et des indices résultant d'écrits privés, émanés de ceux qu'il désigne comme ses parens (*b*).

2292. Les tribunaux civils sont seuls compétens pour statuer sur les réclamations d'état (*c*). Cette maxime est une des principales garanties de la liberté civile. Elle tend à empêcher de faire admettre la preuve testimoniale par une voie oblique, au moyen d'une plainte qui donnerait lieu à une information. C'est en effet de cette manière qu'on élude trop souvent la défense d'admettre la preuve orale contre et outre le contenu aux actes.

2293. On ne peut compromettre sur les questions d'état, ainsi qu'on le verra au Code de procédure, titre des arbitrages.

2294. Cependant, lorsqu'une femme est morte en couches, à la suite d'une opération césa-

(*a*) Paris, 15 flor. an xiii : *J. C. C. t.* 4, *p.* 261. — (*b*) Paris, 51 juil. 1807 : *J. P. t.* 18, *p.* 251. — (*c*) Art. 526 c. c.

rienne, la question de savoir si l'enfant a eu vie
et lui a survécu, peut être l'objet d'un compromis (*a*).

2295. Les tribunaux criminels sont compétens pour connaître des questions d'état inci-
dentes à l'existence ou à la gravité des délits (*b*).

2296. Des jugemens rendus en pays étranger, entre des Français, sur une question d'é-
tat, n'ont point en France l'autorité de la chose
jugée (*c*).

2297. Les parties ou leurs héritiers peuvent
discuter de nouveau, devant les tribunaux français, les difficultés sur lesquelles ces jugemens
ont prononcé (*d*).

2298. Voyez, sur les changemens de noms,
le titre 2 de la loi du 11 germinal an XI (*e*).

2299. Celui qui n'est pas en possession légale d'un nom, n'a pas qualité pour s'opposer
à l'ordonnance qui le confère à un autre (*f*).

2300. Il faut consulter le décret du 20 juillet 1808 (*g*) concernant les juifs qui n'ont pas
de nom de famille et de prénom fixe.

2301. La loi craint si fort de faire dépendre
entièrement les questions d'état de simples té-
moignages, qu'elle impose aux juges le devoir

(*a*) Brux. 26 fév. 1807 : *J. P. t.* 18. *p.* 94. — (*b*) Cas. 27 nov.
1812 : *J. P. t.* 44, *p.* 409. — (*c*) Paris, 11 janv. 1808 : *J. P.
t.* 20. *p.* 257. — (*d*) *Id.* — (*e*) B. 267, n° 2614, 2ᵉ s. — (*f*) Ord.
1ᵉʳ mai 1822 : *Déc. du cons. d'Ét. t.* 1ᵉʳ, *p.* 253. — (*g*) B. 198.,
n° 3589., 4ᵉ s.

de proscrire les moyens indirects que l'on voudrait prendre pour y parvenir. Telles seraient les plaintes en suppression d'état, que l'on porterait aux tribunaux criminels, avant qu'il y eût eu par la voie civile un jugement définitif. La règle est que l'action criminelle contre un délit de suppression d'état, ne peut commencer qu'après le jugement définitif sur la question d'état (a). Privé, devant les tribunaux civils, de la dangereuse faculté de se composer une preuve avec des témoins, parce qu'il n'avait ni titre, ni possession, ni commencement de preuve, le réclamant portait le fait originaire, sous la qualification d'un délit, devant les tribunaux criminels, et remplaçait ainsi une enquête impossible par une information indispensable. C'était la subversion de l'ordre judiciaire, et un instrument fatal mis à la portée de tout le monde, pour ébranler dans leurs fondemens les familles les plus respectées. D'ailleurs, si le fait qui donne lieu à réclamation peut être un fait coupable, l'objet de la réclamation est purement civil, et la partie civile n'a point l'action répressive des délits. L'intérêt de la société est que les crimes soient réprimés, et que les preuves qui conduisent à leur répression ne dépérissent pas. Mais un plus grand intérêt commande que le repos de la société ne

______

(a) Art. 527 c. c.

soit pas troublé, sous prétexte de l'affermir.
Cette décision est contraire à la règle générale,
qui suspend les procédures civiles quand il y a
lieu à la poursuite criminelle. Mais lorsqu'il
existe un intérêt autre que celui de la vengeance publique, intérêt dont l'importance fait
craindre que l'action criminelle n'ait pas été
de bonne foi; lorsque cette action est présumée n'avoir pour but que d'éluder la règle de
droit civil qui, sur les questions d'état, écarte,
comme très-dangereuse, la simple preuve par
témoins; lorsque la loi civile qui rejette cette
preuve serait en opposition avec la loi criminelle qui l'admettrait, même pour des intérêts
civils : aucun doute ne reste sur la nécessité de
la maxime consacrée ici. *Causa statûs præjudi-
cialis est.*

2302. En interprétation de ces principes
(2292. 2301), la cour de Cassation a rendu divers arrêts (a) les 25 novembre 1808, 2 mars
1809, 27 juin et 24 juillet 1823.

2303. La règle (2301) ne s'applique pas à la
suppression même de la personne de l'enfant (b).

2304. Un jugement criminel portant qu'un
acte mortuaire n'est pas faux, forme preuve de
la réalité du décès (c).

____

(a) J. P. t. 24, p. 241, t. 68, p. 429. — (b) Cas. 8 avril 1826 :
J. P. t. 76, p. 464. — (c) Cas. 30 avril 1807 : *Sir. et Den.* 1807,
p. 401.

2305. Si la loi se montre sévère sur le genre de preuve qu'elle admet, elle veut aussi que l'accès des tribunaux soit toujours ouvert à l'enfant qui réclame. Elle écarte les obstacles qui s'opposeraient à ce que des actions ordinaires fussent intentées. Celle en réclamation d'état est imprescriptible à l'égard de l'enfant (*a*). La prescription est fondée sur l'intérêt public, qui exige que les propriétés ne restent pas incertaines. Il ne s'agit point ici d'une simple propriété. L'état civil affecte aussi la personne. C'est un intérêt qui doit l'emporter sur tous les autres. Pour qu'une propriété ordinaire cesse d'être incertaine, il suffit qu'après un temps déterminé on ne puisse plus l'attaquer. Pour que l'état civil cesse d'être incertain, il faut que l'on puisse toujours, dans la vue de le fixer, recourir aux tribunaux.

2306. La même faveur ne doit pas s'étendre aux héritiers. Il ne s'agit pas pour eux d'obtenir le rang d'enfant légitime; et leurs prétentions contre la famille dans laquelle ils veulent entrer, doivent dépendre de la conduite qu'a tenue envers elle celui qu'ils représentent. Si l'action a été intentée par l'enfant, les héritiers la trouvent au nombre des droits qu'ils ont à exercer dans sa succession. Mais si l'on peut induire de la conduite de l'enfant qu'il n'ait pas cru avoir

(*a*) Art. 328 c. c.

de droits, ou qu'il s'en soit désisté, les héritiers ne doivent plus être admis à s'introduire dans une famille à laquelle leur auteur s'est lui-même regardé comme étranger. De là les règles suivantes.

2307. L'action ne peut être intentée par les héritiers de l'enfant qui n'a pas réclamé (*a*). Ils n'ont pas plus de droits que lui, et son silence donne lieu de présumer qu'il s'est jugé sans qualité, ou qu'il a renoncé à la faire valoir.

2308. A moins qu'il ne soit décédé mineur (*b*), parce qu'alors il était incapable d'agir, et d'abdiquer ses prérogatives.

2309. Ou dans les cinq années après sa majorité (*c*). Si donc l'enfant est mort dans sa vingt-septième année sans avoir réclamé, toute action est éteinte. Mais ceci ne s'applique qu'à la réclamation d'état, non à la demande de prouver, incidemment à une pétition d'hérédité, que l'enfant était en possession de l'état de fils légitime (*d*).

2310. Les héritiers peuvent suivre cette action (2307), lorsqu'elle a été commencée par l'enfant (*e*) qu'ils représentent.

2311. A moins qu'il ne s'en soit désisté formellement (*f*), l'action ne faisant plus alors partie de son héritage.

(*a*) Art. 329 c. c. — (*b*) *Id.* — (*c*) *Id.* — (*d*) Pau, 9 mai 1829 : *J. P. t.* 86 , *p.* 360. — (*e*) Art. 330 c. c. — (*f*) *Id.*

2312. Ou qu'il n'ait laissé passer trois années sans poursuites (*a*). C'est le délai ordinaire pour toute péremption d'instance.

2313. A compter du dernier acte de la procédure (*b*).

2314. C'est ainsi qu'on a cherché à concilier l'intérêt de ceux qui réclament et l'intérêt des familles. Il n'est point de demande plus favorable que celle d'un enfant qui veut recouvrer son état civil. Mais aussi les exemples d'enfans qui se trouvent injustement dans cette position malheureuse, sont moins nombreux que les exemples d'individus troublant sans motifs le repos des familles. Il y a plus de gens excités par la cupidité, que de pères et mères dénaturés.

2315. On voit que, dans le cas de mort de l'enfant, trois circonstances sont à distinguer relativement à la réclamation de son état : 1° le décès en minorité; 2° le décès dans les cinq ans de la majorité; 3° l'hypothèse où, ayant commencé à intenter son action, il s'en serait désisté, ou l'aurait laissée sans poursuites. Dans le premier cas, l'enfant ne pouvant, vu sa minorité, aliéner aucune portion de sa propriété, ni former demande en justice, il était bien naturel de conserver à ses héritiers l'action dans toute son intégrité. Il était tout aussi raison-

(*a*) Art. 330 c. c. — (*b*) *Id.*

nable de la leur réserver entière pour le cas où il serait mort dans les premières années de sa majorité, parce qu'alors ses rapports dans la société n'étant ni bien étendus, ni bien multipliés, il a pu ignorer ce qui était relatif à la preuve de son état. Enfin, dans le cas où l'enfant aurait lui-même introduit cette action, mais s'en serait désisté, ou l'aurait négligée pendant trois années, il était non moins juste de refuser aux héritiers la faculté de la reprendre; car on ne saurait supposer que l'enfant, parvenu à sa majorité, se fût désisté d'un droit aussi précieux, s'il avait eu des titres pour en justifier; ou qu'il eût négligé de poursuivre, s'il n'avait acquis la conviction de l'inutilité de ses efforts.

2316. Tout désistement peut se donner judiciairement ou par une transaction. Le désistement judiciaire ne devient irrévocable que lorsqu'il a été accepté. Ainsi, dans le cas où l'enfant qui se serait désisté judiciairement, serait mort avant que les adversaires eussent accepté le désistement, les héritiers seraient encore maîtres de reprendre l'instance et de suivre la réclamation. Mais si la renonciation a été faite par contrat entre le réclamant et ses parties adverses, elle est irrévocable, et enlève tout droit aux héritiers.

—

Légitimation des enfans naturels.

2317. Les enfans nés hors mariage, peuvent être légitimés par le mariage subséquent de leurs père et mère (*a*). *Naturales liberi per subsequens matrimonium legitimi efficiuntur. Matrimonium omnia præcedentia purgat.*

2318. Lorsque ceux-ci les ont légalement reconnus avant leur mariage (*b*), selon ce que nous en avons déjà dit (512—515).

2319. Ou qu'ils les reconnaissent dans l'acte même de célébration (*c*). *Matrimonium fictione juris retrotrahitur ad tempus susceptionis liberorum.*

2320. L'adoption par contrat de mariage n'équivaut point à la légitimation (*d*).

2321. Pour que cette légitimation (2317) produise effet, il n'est pas nécessaire de rapporter un acte de naissance régulier (*e*).

2322. On peut légitimer un enfant inscrit sous un autre nom que celui du légitimant (*f*).

2323. Cette légitimation par mariage subséquent n'a pas lieu à l'égard des enfans nés d'un commerce incestueux ou adultérin (*g*). La

(*a*) Art. 331 c. c. — (*b*) *Id.* — (*c*) *Id.* — (*d*) Metz, 19 janv. 1826 : *J. P. t.* 80, *p.* 42. — (*e*) Brux. 19 janv. 1813 : *J. P. t.* 37, *p.* 268. — (*f*) Cas. 9 nov. 1829; Paris, 2 juin 1809 : *J. P. t.* 24, *p.* 312; *t.* 86, *p.* 26. — (*g*) Art. 331 c. c.

loi ayant élevé un mur de séparation entre leurs parens, ces derniers n'ont pu avoir le dessein de couvrir leur faute par les liens du mariage : or, c'est sur la présomption de ce dessein que la faculté de légitimer est fondée. *Fictio juris non admittitur contra naturam et bonos mores.*

2324. L'enfant né, avant la révolution, du commerce d'un prêtre avec une laïque, a pu être légitimé par le mariage subséquent de ses père et mère, contracté pendant la révolution (*a*).

2325. La reconnaissance pendant le mariage ne donne point la qualité de légitime, quoique, depuis, l'enfant ait publiquement et constamment passé pour tel (*b*).

2326. Il faut absolument l'une des deux reconnaissances (2318. 2319) exigées plus haut (*c*).

2327. La légitimation par mariage subséquent fut au nombre des lois romaines. Le droit canonique, suivi à cet égard en France depuis un grand nombre de siècles, mit aussi dans ses principes que la force du mariage rendait légitimes les enfans que les époux avaient eus ensemble antérieurement. L'ordre public, le devoir du père, l'intérêt de la mère, la faveur due à l'enfant, tout concourt à faire maintenir

______

(*a*) Bourges, 14 mars 1809 : *J. P. t.* 23, *p.* 561. — (*b*) Douai, 15 mai 1816 : *J. P. t.* 45, *p.* 391. — (*c*) Cas. 12 avril 1820 : *J. P. t.* 58, *p.* 401

cette espèce de légitimation. L'ordre public gagne à ce que l'homme et la femme qui vivent dans le désordre, aient un moyen d'éviter l'un et l'autre de ces deux écueils : celui de se séparer par dégoût, ou celui de continuer un commerce illicite. La loi leur offre, dans une union respectable et sainte, des avantages assez précieux pour les porter à la contracter. Au nombre de ces avantages l'homme a celui de procurer à l'enfant pour qui la nature doit lui avoir inspiré des sentimens de tendresse, toutes les prérogatives que donne dans la société la qualité d'enfant légitime. C'est même de sa part un devoir que sa conscience lui rappelle. Cette légitimation est pour la femme le plus heureux moyen de réparer sa faute, et de recouvrer son honneur. Les enfans nés d'un père et d'une mère qui deviennent ensuite époux, ne sauraient être plus favorables que quand ils invoquent les effets d'une union qui a des rapports si intimes avec leur naissance antérieure. Cependant, si l'intérêt des mœurs a fait admettre la légitimation par mariage subséquent, ce même intérêt s'oppose à ce qu'elle ait lieu quand les enfans ne sont pas nés de père et mère libres. Les fruits de l'adultère et de l'inceste ne sauraient s'assimiler ensuite à ceux d'un hymen légitime. Il est encore, pour le repos des familles, une condition exigée des père et mère. Ils doivent reconnaître, avant le mariage ou dans l'acte de sa célébration, les enfans qu'ils ont à légitimer. Ceux qui regrettent que la reconnaissance postérieure à la célébration n'ait pas le même effet, pensent que la légitimation est une suite nécessaire du mariage; et ils craignent que la pudeur ou l'appréhension d'aliéner le cœur de parens austères, n'empêchent les époux de faire à temps les actes de reconnaissance. La règle suivant laquelle le mariage légitimait de plein droit, avait été admise dans le système où la recherche de paternité n'était pas interdite. Alors l'enfant conservait toujours le droit de prouver contre ses père et mère l'origine de sa naissance : il n'avait pas besoin d'être reconnu. Mais lorsqu'il n'y a de paternité constante que par l'aveu meme du père, il est indispensable que l'enfant soit d'abord avoué, pour être ensuite légitimé. La légitimation n'est point un effet nécessaire du mariage. Elle n'est qu'un bénéfice de la loi. Autrefois même, dans plusieurs pays, elle devait être rendue solennelle, par des cérémonies publiques, au moment de la célébration. Dans d'autres, tels que l'Angleterre, on ne l'a point adoptée : elle y a été considérée comme favorisant le concubinage. Si dans le Code civil on la regarde comme utile à l'ordre public, ce n'est qu'avec des précautions dictées par l'expérience. Les enfans nés hors mariage n'ont point en leur faveur de présomption légale de leur naissance, ils n'ont qu'un témoignage : il doit être donné dans un temps non suspect. La loi ne peut laisser à des époux la faculté de s'attribuer des enfans par leur consentement mutuel. Les familles ne doivent pas rester dans une continuelle incertitude. La pudeur ou la crainte par lesquelles on suppose que les père et mère ont pu être enchaînés avant le mariage et à l'époque de sa célébration, ne sont pas des motifs pour admettre une reconnaissance tardive. La loi ne peut les faire entrer en considération. Il est au contraire dans ses principes, que rien ne dispense d'obéir à sa conscience, et de remplir les devoirs de la nature. Mais que sera-ce, si l'on réfléchit que cette prétendue pudeur est tout aussi chimérique que la crainte d'aliéner le cœur de parens trop austères, puisque l'acte de reconnaissance de l'enfant peut demeurer dans le secret ; puisque le temps de cet acte n'est pas déterminé, et qu'il lui suffit d'être antérieur au mariage ; puisque l'existence de l'enfant doit être une nouvelle raison pour engager les parens à consentir au mariage ; puisqu'enfin cette obligation de constater, par un acte quelconque, la naissance de l'enfant, devient une sauvegarde de plus contre les tentatives de la séduction ? La loi cherche à donner assurance à la société que ces enfans sont réellement nés du père et de la mère qui contractent mariage. Au surplus, l'obligation dont il s'agit n'a guères d'autre effet que celui d'honorer la loi en la montrant toujours conséquente à son principe; car on imagine à peine un motif légitime qui porte un père, une mère, à cacher ensemble, au moment de leur mariage, les fruits antérieurs de leur tendresse. Si, par impossible, quelque raison les forçait à ce mystère inexplicable, il leur resterait une autre voie. Les enfans soustraits à la légitimation du mariage subséquent, peuvent presque toujours être adoptés: ce qui, pour les effets de la filiation et les rapports du père à l'enfant, est la même chose.

2328. Pour que la légitimation par mariage subséquent puisse s'opérer, il faut que les père et mère soient libres au moment de la conception. Si à ce moment l'un ou l'autre était marié, l'enfant, quoique né dans un temps où ce mariage était dissous, est adultérin, et ne peut être légitimé par le mariage que contractent ensuite ses père et mère.

2329. La légitimation peut avoir lieu même en faveur des enfans décédés qui ont laissé des descendans (*a*).

2330. Dans ce cas, elle profite à ces descendans (*b*).

2331. L'équité a prescrit cette mesure. La légitimation du père aurait eu sur le sort de ses enfans une telle influence, qu'elle ne saurait être regardée comme un bienfait qui lui soit

______

(*a*) Art. 332 c. c. — (*b*) *Id.*

personnel. C'est un chef de famille que la loi a voulu créer. Si ce chef n'existe plus, ses descendans doivent être admis à le représenter. Il convenait de donner cette consolation aux enfans de celui qui lui-même, pendant sa vie, en avait été injustement privé. Ainsi la loi maintient dans la famille des biens qui auraient passé à des étrangers. Elle répare, en quelque sorte, le tort que leur aïeul avait fait à la mémoire de leur père par un trop long silence, dont l'effet avait été de lui ravir son état. La loi, par la fiction qui sert de fondement à la légitimation, purge le vice de l'habitude que les parties ont eue ensemble, et la fait regarder comme une espèce d'anticipation du mariage; et cette loi donnant au mariage subséquent un effet rétroactif jusqu'au jour de la conception du premier des enfans, il importe peu qu'ils soient ou non morts depuis, attendu qu'au moyen de la fiction de la loi, la légitimation remontant jusqu'à leur conception, ils se trouvent être morts légitimes (2334).

2332. Une déclaration du 26 novembre 1639 avait déclaré incapables de toute succession les enfans nés de femmes que les pères avaient entretenues, et qu'ils avaient épousées à l'extrémité de la vie. Cette disposition fut encore étendue par un édit de 1697, et l'incapacité de succéder fut rendue commune aux enfans même qui naîtraient de ces mariages, et à leur postérité. Aucune loi semblable n'avait encore été émise. Celle-là fut déterminée par quelques arrêts, dont les plus anciens sont, de peu d'années, antérieurs à la déclaration de 1639. Elle dérogeait au droit commun, qui donnait alors au mariage la force de légitimer les enfans. Elle a toujours trouvé de nombreux contradicteurs. L'expérience d'un siècle et demi prouve que la société n'en a pas retiré des avantages réels, et il pouvait en résulter des inconvéniens très-graves. D'abord, n'y a-t-il pas contradiction à permettre le mariage dans quelque temps de la vie que ce soit, et à priver ce mariage d'un effet aussi important que celui de la légitimation des enfans qui pourraient en naître, ou qui seraient nés antérieurement? Ce contrat exige des formalités extérieures, qui donnent la certitude que les époux y ont consenti avec réflexion et persévérance. Comment supposer qu'ils aient été capables de discernement pour leur mariage, et qu'ils ne l'aient pas été pour la reconnaissance d'enfans qu'ils avaient eus précédemment? Le mariage, dans son institution et même dans sa fin, est tout en faveur des enfans. Quelle serait donc cette espèce de mariage incompatible avec leur légitimité? On a senti que dans la loi de 1639 il y avait une inconséquence en ce que le mariage contracté à l'extrémité de la vie était suffisant pour légitimer les enfans nés postérieurement, tandis qu'il était déclaré insuffisant pour légitimer ceux dont la naissance était antérieure. On a, dans la loi de 1697 fait cesser cette contradiction par une disposition plus étrange encore. On a enveloppé dans la même proscription les enfans nés depuis un mariage légitime. Si l'on peut citer quelques exemples de reconnaissances suggérées, combien d'autres, dictées par la conscience, auront été étouffées ! La seule crainte de la fraude ne doit point déterminer à interdire des actes commandés par la justice. On a redouté que le concubinage ne fût encouragé, si les femmes qui se livrent à ce désordre pouvaient se marier à l'époque où l'homme, près du tombeau, ne serait plus arrêté par aucune considération. L'expérience a prouvé que les recherches sur le concubinage d'une femme devenue épouse, n'ont présenté que des scènes scandaleuses, sans utilité pour les mœurs. L'honnêteté publique ne permet pas que, pour sacrifier des enfans, on commence par déshonorer la mère. Son mariage ne serait pas annulé, elle serait décorée du titre d'épouse, sa conduite première serait couverte de ce voile respectable, et cette conduite ne pourrait plus être opposée qu'à ceux qui n'en sont pas coupables ! Les mariages à l'extrémité de la vie sont très-rares, ce qui prouve qu'il n'est point dans le cœur de l'homme, quand il a des enfans, d'attendre ses derniers momens pour assurer leur sort. Le respect dû aux mœurs, la justice à rendre aux enfans ; le désespoir d'un homme qui, surpris par les maux avant-coureurs du trépas, ne pourrait plus réparer ses torts ; le malheur d'une femme qui le plus souvent a été séduite par des promesses trop long-temps retardées : tous ces motifs ont fait rejeter, par le nouveau Code, la législation sur l'effet des mariages contractés à l'extrémité de la vie. Comme nous l'avons dit : les lois de 1639 et 1697, conséquence, jusqu'alors inconnue, des plus absurdes préjugés, n'existaient qu'avec deux ou trois contradictions révoltantes. On supposait un mariage coupable, et on le déclarait légitime et indissoluble. On déclarait un mariage légitime, et on le privait de tous les effets de la légitimité. On voulait punir la faute, et on rassemblait tout le châtiment sur ceux qui ne l'avaient pas commise.

2333. Une autre espèce de légitimation avait lieu dans l'ancien régime. Elle dérivait de l'autorité du prince, et n'attribuait point tous les droits de la légitimité. Le principal objet de cette prérogative royale était de faire cesser, pour ceux qui obtenaient cette faveur, l'incapacité de remplir des emplois et dignités. Cette incapacité a été regardée comme une proscription inutile et même nuisible à l'ordre social. Depuis long-temps, le préjugé qui tenait les enfans naturels dans l'avilissement, a été détruit par la raison et l'humanité. La légitimation par lettres du prince n'a donc point dû reparaître dans le nouveau Code.

2334. Les enfans légitimés par le mariage subséquent, ont les mêmes droits que s'ils étaient nés de ce mariage (*a*). S'il y avait de la différence, quelque légère qu'elle fût, entre le légitimité et les enfans nés pendant le mariage, il en résulterait que la volonté des contractans ne serait pas parfaitement exécutée, qu'ils éluderaient la condition qu'ils se sont imposée, et que la loi protégerait cette violation.

2335. Il faut seulement observer que l'effet des droits de la légitimation par mariage subséquent ne remonte pas, quant aux biens, jusqu'à la naissance de l'enfant. Il ne peut opérer que du moment qu'il existe, et il n'existe qu'avec le mariage qui le produit. Tout ce qui s'est passé dans la famille du père ou de la mère avant leur mariage, est étranger aux enfans que ce mariage légitime.

2336. Un enfant conçu hors mariage, mais né dans le mariage, et reconnu par le mari de sa mère, n'a pas droit aux successions ouvertes dans l'intervalle de sa conception au mariage (*b*).

____

(c) Art. 335 c. c. — (*b*) Cas. 11 mars 1811 : *Den.* 1811, *p.* 175.

2337. LA part des enfans naturels dans les biens de leurs père et mère est déterminée au titre des successions (2399), ainsi que nous le développerons plus tard. Il s'agit seulement ici d'établir les régles propres à faire reconnaître le lien qui les unit aux auteurs de leurs jours.

2338. Un mineur peut reconnaître son enfant naturel (*a*).

2339. La reconnaissance d'un enfant naturel est faite par un acte authentique, lorsqu'elle ne l'a pas été dans son acte de naissance (*b*). Un acte aussi précieux, et qui doit servir de titre à l'enfant naturel contre les héritiers de son père, ne pouvait être abandonné à une aussi frêle garantie que celle qui résulte d'un acte privé. Il était digne de la sollicitude du législateur d'exiger qu'il fût conservé dans les dépôts publics (512—515).

2340. La possession d'état, jointe à la preuve de la perte des registres, est insuffisante pour établir la filiation d'un enfant naturel (*c*).

______

(*a*) Cas. 22 juin 1813 : *J. P. t.* 37, *p.* 215. — (*b*) Art. 334 c. c. — (*c*) Cas. 13 mars 1827 : *J. P. t.* 78, *p.* 93.

2341. Une reconnaissance légale suffit à l'enfant naturel, indépendamment de la représentation de son acte de naissance (*a*).

2342. Une reconnaissance faite dans un testament olographe n'est pas valable (*b*).

2343. Mais la libéralité faite par cet acte à l'enfant naturel est valable, quand elle n'excède pas la quotité disponible (*c*).

2344. Un enfant naturel inscrit aux registres civils sous le nom de son père, en vertu de pouvoir sous seing privé, n'a pas la reconnaissance authentique (*d*).

2345. Mais l'authenticité manquante a pu s'acquérir par un nouvel aveu du père, consigné dans un testament public, où il appelle l'enfant son fils naturel, et lui fait un legs à ce titre (*e*).

2346. Une reconnaissance sous seing privé devient authentique et valable par l'aveu fait en justice, de la vérité de l'écriture et signature du père naturel (*f*).

2347. L'enfant porteur d'une reconnaissance privée ne peut demander des alimens (*g*).

(*a*) Paris, 27 fév. 1819 : *J. P. t.* 54, *p.* 292. — (*b*) Paris, Rouen, 27 flor. an XIII, 30 juin 1817 : *J. C. C. t.* 4, *p.* 288 ; *J. P. t.* 49, *p.* 362. — (*c*) Rouen, 30 juin 1817 : *J. P. t.* 49, *p.* 362. — (*d*) Paris, 2 janv. 1819 : *J. P. t.* 53, *p.* 264. — (*e*) Id. — (*f*) Paris, 25 prair. an XIII : *J. C. C. t.* 4, *p.* 291. — (*g*) Cas. 4 oct. 1812 : *J. P. t.* 35, *p.* 481.

2348. La reconnaissance n'est point vicieuse pour avoir été faite avant la naissance de l'enfant (*a*).

2349. La reconnaissance d'un enfant naturel, qui n'est constatée que par la mention faite dans l'acte de naissance, d'un aveu de paternité écrit, n'est pas valable, si l'écrit contenant cet aveu n'a pas été annexé à l'acte de naissance, et n'est pas représenté (*b*).

2350. La reconnaissance faite dans l'acte de naissance est valable, quoique le père y ait rempli en même temps les fonctions de témoin (*c*).

2351. Ce n'est pas reconnaître un enfant naturel que de signer l'acte de naissance dans lequel on lui donne nos prénom et nom de famille (*d*).

2352. Il n'y a pas reconnaissance certaine dans l'acte où l'officier public, après avoir constaté la naissance déclarée par le maître de la maison où l'accouchement a eu lieu, qualifie celui-ci de père de l'enfant, et certifie que le déclarant ne sait signer (*e*).

2353. Une reconnaissance faite dans un procès-verbal de non-conciliation, est valable (*f*).

(*a*) Cas. **Aix, Metz,** 3 déc. 1807, 16 déc. 1811, 19 août 1824 : *J. C. C. t.* 10, *p.* 168; *Den.* 1812, *p.* 111; *J. P. t.* 73, *p.* 543. — (*b*) Cas. 11 août 1808 : *Den.* 1808, *p.* 415. — (*c*) Poitiers, 28 août 1810 : *J. C. C. t.* 15, *p.* 475. — (*d*) Poitiers, ... *J. C. C. t.* 15, *p.* 482. — (*e*) Poitiers, 11 déc. 1824 : *J. P. t.* 75, *p.* 528. — (*f*) Pau, Grenoble, 5 prair. et 15 therm. an XIII : *J. C. C. t.* 5, *p.* 157, 331.

2354. Est authentique la reconnaissance reçue par le greffier de la justice de paix, hors la présence et sans le concours du juge (*a*).

2355. Un adjoint peut recevoir la reconnaissance (*b*).

2356. Quoique rédigée sur feuille volante, et remise en original à l'une des parties, elle n'est point nulle (*c*).

2357. Le mode de reconnaissance des enfans naturels, depuis le Code, ne proscrit pas celle faite après poursuites judiciaires (*d*).

2358. La reconnaissance faite au bureau de paix, par suite de citation et de poursuites judiciaires, est nulle (*e*).

2359. Mais la promesse qu'y a consignée le père, de fournir une pension alimentaire à l'enfant, doit être exécutée (*f*).

2360. La reconnaissance provoquée par l'enfant ne peut pour cela être considérée comme n'ayant pas été libre (*g*).

2361. La reconnaissance faite par la mère en justice, a le même effet que si elle était volontaire (*h*).

(*a*) Cas. 15 juin 1824; Amiens, 2 août 1821 : *J. P. t.* 63, p. 381; *t.* 70, *p.* 301. — (*b*) Metz, 19 août 1824 : *J. P. t.* 73, p. 543. — (*c*) *Id.* — (*d*) Cas. 16 janv. 1808 : *Sir.* 1808, *p.* 86. — (*e*) Grenoble, 5 mai 1810 : *J. C. C. t.* 14, *p.* 297. — (*f*) *Id.* — (*g*) Cas. 27 août 1811 : *Den.* 1811, *p.* 455. — (*h*) Paris, Nismes, 27 juin 1812; 11 juil. 1827 : *J. C. C. t.* 21, *p.* 287; *J. P. t.* 80, *p.* 381.

2362. Est valable la reconnaissance faite par testament, même avant la naissance de l'enfant, quoique n'ayant point été renouvelée depuis cette naissance (*a*).

2363. Celui qui, dans un acte authentique, donne à son cotraitant la qualité de son enfant naturel, le reconnaît suffisamment pour tel (*b*).

2364. Le contrat de mariage signé par celui dont la future se dit la fille, contient en faveur de celle-ci une reconnaissance suffisante (*c*).

2365. La renonciation faite par un enfant naturel reconnu, au droit qu'il a de demander des alimens, est nulle (*d*).

2366. La mère naturelle a qualité pour autoriser son fils à demander des alimens au prétendu père de ce dernier (*e*).

2367. Ce n'est pas une déclaration authentique de paternité que celle exprimée dans une pétition adressée à l'officier public par un individu annonçant sa volonté d'épouser une fille qu'il reconnaît être enceinte de ses œuvres (*f*).

2368. L'enfant ne peut même se prévaloir

(*a*) Aix, 10 fév. 1806 : *J. C. C. t.* 7, *p.* 226. — (*b*) Brux. 17 juin 1807 : *J. C. C. t.* 9, *p.* 140. — (*c*) Riom, 28 juil. 1809 : *J. C. C. t.* 15, *p.* 469. — (*d*) Brux. 17 juin 1807 : *J. C. C. t.* 9, *p.* 140. — (*e*) Grenoble, 15 therm. an XIII : *J. C. C. t.* 5, *p.* 157. — (*f*) Rouen, 18 fév. 1809 : *J. P. t.* 23, *p.* 299.

de cette déclaration pour demander des alimens (a).

2369. N'est pas valable l'acte de reconnaissance reçu par un commissaire de police (b).

2370. Quoique signé du père prétendu, il n'autorise point à inscrire l'enfant sous son nom (c).

2371. Il ne peut même fonder une action en alimens (d).

2372. La déclaration de paternité, faite en termes purement énonciatifs, dans un acte ayant tout autre objet, ne peut être considérée comme une reconnaissance (e).

2373. Non plus que les énonciations d'un jugement qui n'avait pas pour objet l'état de l'enfant, et dans lequel il n'était pas partie (f).

2374. La qualification de fils naturel, donnée dans un acte authentique, peut constituer une reconnaissance de paternité, quoique cette qualification n'ait point un rapport direct à l'acte dans lequel elle se trouve (g).

2375. Une déclaration imparfaite (2372) ne peut autoriser l'enfant à réclamer des alimens (h).

(a) Rouen, 18 fév. 1809 : *J. P. t.* 23, *p.* 299. — (b) Dijon, 24 mai 1817 : *J. P. t.* 48, *p.* 464. — (c) *Id.* — (d) *Id.* — (e) Cas. 16 mai 1809 : *Den.* 1809, *p.* 241. — (f) Poitiers, 11 déc. 1824 : *J. P. t.* 75, *p.* 528. — (g) Agen, 1er avril 1816 : *J. P. t.* 64, *p.* 387. — (h) Cas. 16 mai 1809 : *Den.* 1809, *p.* 241.

2376. La reconnaissance ne peut avoir lieu au profit des enfans nés d'un commerce incestueux ou adultérin (*a*). Ce serait, de la part du père et de la mère, l'aveu d'un crime; et la loi n'en suppose jamais l'existence, dès qu'elle n'est pas résolue à le punir.

2377. Un enfant, reconnu dans le même acte par ses père et mère, ne peut écarter la reconnaissance de son père, qui le rend adultérin, et faire valoir celle de sa mère, comme titre à sa succession (*b*).

2378. La reconnaissance d'enfans incestueux ou adultérins est tellement nulle, qu'elle ne peut même servir à constater la filiation (*c*). *Irritum est quidquid, lege prohibente, factum est.*

2379. Ni faire réputer la mère personne interposée relativement à une donation à elle faite par celui qui s'est déclaré père (*d*).

2380. Ni être opposée aux prétendus adultérins, pour les priver du bénéfice d'une donation (*e*).

2381. Ou d'une succession (*f*).

2382. Même quand cette reconnaissance au-

___

(*a*) Art. 335 c. c. — (*b*) Paris, 7 avril 1825 : *J. P. t.* 74, *p.* 22. — (*c*) Cas. 28 juin 1815 : *J. P. t.* 43, *p.* 369. — (*d*) Cas. 1er août 1827 : *J. P. t.* 80, *p.* 358. — (*e*) Cas. 17 déc. 1816, 9 mars 1824; Poitiers, 11 déc. 1824 : *J. P. t.* 47, *p.* 166; *t.* 69, *p.* 369; *t.* 75, *p.* 528. — (*f*) Cas. 11 nov. 1819 : *J. P. t.* 57, *p.* 212.

rait été faite dans l'acte de naissance par les père et mère conjointement (*a*).

2383. Et quoique suivie d'une longue possession d'état conforme (*b*).

2384. C'est à l'héritier à prouver la filiation adultérine (*c*).

2385. La preuve de la paternité adultérine ne peut résulter d'une lettre confidentielle (*d*).

2386. On ne peut attaquer la reconnaissance d'un enfant naturel, faite par son père, en alléguant qu'il résulte de cet acte et d'autres pièces que cet enfant est adultérin du côté de sa mère (*e*).

2387. La déclaration de la mère sur la paternité ne pouvant devenir un titre pour inquiéter l'homme qu'elle aurait désigné (318. 319), l'on a décidé que, par réciprocité et par le même motif d'honnêteté publique, celui qui se reconnaîtrait père ne pourrait donner des droits contre la femme qu'il indiquerait. La reconnaissance du père, sans l'indication et l'aveu de la mère, n'a d'effet qu'à l'égard du père (*f*). Dès que cette reconnaissance est le titre sur lequel l'enfant naturel peut établir sa demande dans la succession de son auteur, il eût été injuste que

(*a*) Dijon, 29 août 1818 : *J. P. t.* 53, *p.* 147. — (*b*) Cas. 18 mars 1828 ; Angers, 8 déc. 1824 : *J. P. t.* 71, *p.* 551 ; *t.* 82, *p.* 276. — (*c*) Paris, 27 fév. 1819 : *J. P. t.* 54, *p.* 292. — (*d*) Cas. 1er avril 1818 : *J. P. t.* 51, *p.* 357. — (*e*) Pau, 27 juil. 1822 : *J. P. t.* 68, *p.* 388. — (*f*) Art. 556 c. c.

ce titre produisît quelque effet relativement aux biens d'un autre que celui qui l'a donné. D'ailleurs, s'il est de principe qu'on ne peut se faire un titre à soi-même, à plus forte raison doit-il être défendu d'en consentir contre un tiers de qui l'on n'a pas reçu un pouvoir exprès.

2388. La reconnaissance de la mère peut être indirecte ou tacite (*a*).

2389. La reconnaissance de la mère résulte suffisamment de ses aveux et des soins par elle donnés, joints à l'indication faite par le père dans l'acte de naissance (*b*).

2390. Il semble, au premier coup d'œil, que la reconnaissance du père ne devrait être d'aucun effet quand elle est désavouée par la mère. C'est elle qui, plus encore que lui, doit avoir le secret de la paternité. Mais il est possible que la mère, soit par haine contre le père qui s'est reconnu, soit par d'autres considérations, désavoue cette reconnaissance. On a trouvé qu'il serait trop dur que le cri de la conscience et de la nature fût étouffé par un seul témoignage, qui pourrait même souvent être suspect. Il faut encore observer qu'il serait contraire aux mœurs que la reconnaissance du père ne pût être faite sans indiquer la mère, afin qu'elle avoue ou

(*a*) Brux. 4 fév. 1811 : *J. C. C. t.* 16, *p.* 279. — (*b*) Cas. 26 avril 1824; Douai, 23 janv. 1819 : *J. P. t.* 58, *p.* 42 ; *t.* 69, *p.* 417.

désavoue. Il pourrait aussi arriver qu'elle mourût avant d'avoir fait sa déclaration. L'état et la destinée de l'enfant dépendraient donc alors d'une révélation difficile, quelquefois impossible, et toujours inconvenante à la pudeur d'une femme. Pour ne pas ravir à l'enfant son premier bien, son existence sociale, il faudrait, dans ce cas, lui ouvrir la porte de ces inquisitions honteuses et de ces procès révoltans dont on a jugé indispensable de tarir la source. On voit bien ce que peut produire cette faculté d'une déclaration solitaire. Mais il vaut mieux pour la société tolérer ce qu'elle ignore, que connaître ce qu'elle doit punir. Le père doit donc avoir le droit de reconnaître l'enfant sans indiquer la mère ; et puisqu'il n'a pas besoin de son concours, c'est un motif de plus pour que le désaveu de la mère indiquée ne nuise pas aux enfans.

2391. La reconnaissance faite par la mère n'a d'effet qu'à son égard (318. 319), et la désignation qu'elle ferait d'un père serait nulle, parce que le père ne peut être indiqué d'aucune autre manière que par un acte authentique émané de lui (2339. 2403).

2392. La reconnaissance faite pendant le mariage, par l'un des époux, au profit d'un enfant naturel qu'il a eu, avant son mariage, d'un autre que son époux, ne peut nuire à celui-ci (*a*), parce qu'alors l'un des deux époux, par son fait isolé, changerait le sort de l'autre.

2393. Ni aux enfans nés de ce mariage (*b*). Il ne peut pas dépendre de l'un des époux de changer, après son mariage, le sort de sa famille légitime, en appelant des enfans naturels, qui demanderaient une part dans les biens. Ce serait violer la foi sous laquelle le mariage aurait été contracté. Si l'ordre public ne permet pas que des époux reconnaissent après le mariage leurs propres enfans qu'ils voudraient légitimer (2318. 2319), à plus forte raison les enfans qui sont étrangers à l'un d'eux ne peuvent-ils acquérir, depuis le mariage, des droits contraires à ceux des enfans légitimes.

2394. Néanmoins cette même reconnaissance (2392) produit son effet après la dissolution de ce mariage, s'il n'en reste pas d'enfans (*c*). Il n'y a plus alors de motif pour que la reconnaissance ne reçoive pas son exécution.

2395. Le père peut, pendant sa viduité, reconnaître efficacement un enfant naturel qu'il a eu avant son mariage (*d*).

2396. Rien ne s'oppose à ce que l'enfant naturel reconnu pendant le mariage, réclame des alimens sur la succession de son auteur, quoiqu'il existe des enfans légitimes (*e*).

(*a*) Art. 337 c. c. — (*b*) *Id.* — (*c*) *Id.* — (*d*) Cas. 6 janv. 1808 : *Sir.* 1808, *p.* 86. — (*e*) Paris, Agen, 13 juin 1809, 13 mars 1817 : *J. P. t.* 24, *p.* 297 : *t.* 49, *p.* 366.

2397. L'enfant naturel reconnu peut réclamer des alimens à son père, même marié (*a*).

2398. L'enfant naturel reconnu ne peut réclamer les droits d'enfant légitime (*b*). C'est une restriction qu'imposent la dignité du mariage et le privilège de la légitimité. La reconnaissance d'un enfant naturel manifeste et rend certains aux yeux de la société les rapports que la nature a mis entre lui et son père. Elle établit, devant la loi, et leurs droits et leurs devoirs réciproques : pour le père, l'obligation de fournir à son enfant les moyens d'exister ; pour l'enfant, l'obligation d'obéir à son père, de le respecter et de le secourir. Il est facile de concevoir qu'on ne parle ici que des enfans qui ne sont pas légitimés par mariage subséquent. Puisque l'enfant légitime ne peut réclamer d'autre état que celui que lui donne son titre de naissance (2263), il n'eût pas été raisonnable d'accorder plus de faveur à l'enfant naturel.

2399. Les droits des enfans naturels sont réglés au titre des successions (*c*). Y voir.

2400. La reconnaissance d'un enfant naturel est irrévocable (*d*).

2401. Sauf le cas où elle aurait été arrachée par dol, violence ou crainte (*e*).

___

(*a*) Cas. 27 août 1811 : *Den.* 1811, *p.* 455. — (*b*) Art. 338 c. c. — (*c*) *Id.* — (*d*) Cas. Pau, Toulouse, 5 prair. an XIII, 24 juil. 1810. 27 août 1811 : *J. C. C. t.* 5, *p.* 331 : *t.* 15. *p.* 491 : *Den.* 1811, *p.* 455. — (*e*) *Id.*

2402. Une autre précaution prise par la loi, consiste en ce que toute reconnaissance de la part du père ou de la mère, de même que toute réclamation de la part de l'enfant, peut être contestée par tous ceux qui y ont intérêt (a). Nous ne craindrons pas que cette disposition, généralement exprimée, étende la faculté de contester, jusqu'à l'abus, toujours facile en cette matière ; et surtout jusqu'à l'usage indirect de ces exceptions odieuses, de ces inquisitions flétrissantes, dont l'acte lui-même ne contiendrait aucune preuve, aucun indice, et dont la loi, dans son esprit, dans ses principes, dans ses préceptes, signale sans cesse la proscription absolue. L'objet est simple et le sens est clair. C'est l'acte lui-même qu'il s'agit d'attaquer : sa forme, si elle n'est pas authentique, ou si elle est irrégulière ; son contexte, si le mensonge et la fraude l'ont dicté. Mais que l'on veuille affaiblir le crédit de cet acte, ou changer ses résultats, par l'enquête scandaleuse d'un fait qui serait étranger à l'acte contesté ; que les collatéraux, par exemple, pour diminuer la portion que la loi donne à l'enfant naturel dans la succession de son père, et le réduire aux alimens charitables réservés à l'enfant du crime, prétendent que, reconnu par un père libre, il est entaché d'adultère du côté de sa mère, inconnue et non

(a) Art. 339 c. c.

désignée dans l'acte, nous devons penser qu'ils ne seraient point écoutés.

2403. Depuis long-temps, dans l'ancien régime, un cri général s'était élevé contre les recherches de paternité. Elles exposaient les tribunaux aux débats les plus scandaleux, aux jugemens les plus arbitraires, à la jurisprudence la plus variable. L'homme dont la conduite était la plus pure n'était point à l'abri de l'attaque d'une femme impudente ou d'enfans étrangers. Ce genre de calomnie laissait toujours des traces. Les recherches de paternité étaient regardées comme le fléau de la société. Une loi très-favorable aux enfans naturels fut rendue par la Convention le 12 brumaire an 2. Cependant elle crut devoir faire cesser l'abus des procès dont les enfans voudraient encore tourmenter les familles. Cette sage disposition qui prohibe les recherches de paternité, a été maintenue. Elle ne peut jamais être établie contre le père que par sa propre reconnaissance ; et encore faut-il, pour que les familles soient à l'abri de toute surprise, que cette reconnaissance ait été faite par l'acte même de naissance ou par un acte authentique (2339). Ainsi la recherche de la paternité est interdite (a).

2404. La fille qui fait sa déclaration de gros-

____

(a) Art. 340 c. c.

sesse, ne peut désigner celui à qui elle l'attribue (*a*).

2405. Cette désignation, si elle a eu lieu, doit être biffée (*b*). *Matris jusjurandum partui non proficiet ne que nocebit.*

2406. Les héritiers d'un testateur qui a institué légataires universels des enfans nés hors mariage, ne peuvent prouver par témoins qu'il est le père adultérin de ces enfans (*c*).

2407. Ils ne peuvent même être admis à cette preuve, quoiqu'elle soit offerte par voie d'exception, et pour repousser les légataires (*d*).

2408. Il n'est admis qu'une exception à la prohibition de recherche de paternité : c'est le cas d'enlèvement (*e*).

2409. Lorsque l'époque de cet enlèvement se rapporte à celle de la conception (*f*).

2410. Alors le ravisseur peut être déclaré père de l'enfant (*g*).

2411. Sur la demande des parties intéressées (*h*).

2412. Le délit du ravisseur et la forte présomption qu'il est l'auteur de la grossesse, lorsque l'enlèvement se rapporte à l'époque de la conception, sont des motifs suffisans pour qu'il

(*a*) Limoges, 28 janv. 1808 : *J. C. C. t.* 10, *p.* 185. — (*b*) *Id.* — (*c*) Cas. 14 mai 1810 et 1811 : *Den.* 1810 *et* 1811, *p.* 263. 279. — (*d*) *Id.* — (*e*) Art. 340 c. c. — (*f*) *Id.* — (*g*) *Id.* — (*h*) *Id.*

puisse, s'il n'a pas de moyens valables de défense, être déclaré père de l'enfant. On se portera moins facilement à ce genre de crime, et l'on en subira la peine la plus naturelle, si l'on doit appeler peine l'accomplissement de pareils devoirs. C'est ici la conséquence d'une prévarication, et d'une prévarication prouvée. Il n'y a point de mariage, mais il y a nécessité ou plutôt supposition nécessaire de mariage. Il n'y a pas de cohabitation publique, mais il y a cohabitation forcée. La violence de l'un, l'oppression de l'autre, suppléent au consentement authentique et mutuel. La paternité ne se décèle encore que par des indices et des conjectures, mais qui se rassemblent tous sur un seul, et sur un coupable. Le châtiment lui est dû, et à sa victime la réparation. Cependant, même dans ce cas, la législation reste toujours fidèle au principe fondamental qui la dirige. Ni la preuve de l'enlèvement, ni la coïncidence de son époque avec celle de la conception, ne suffisent pour constater la paternité, mais seulement pour autoriser le juge à chercher sa conviction dans tous les rapports, toutes les circonstances, tous les faits qui ont précédé et suivi le crime. Voir l'article 357 du Code pénal.

2413. La règle (2408—2412) s'applique au rapt de séduction comme à celui de violence (*a*).

____

(*a*) Paris, 28 juil. 1821 : *J. P. t.* 62, *p.* 25.

2414. Son effet dure tant que la mère reste dans la dépendance du ravisseur (*a*).

2415. Celui qui, sans s'avouer expressément père d'un enfant naturel, contracte l'obligation de lui fournir des alimens, est tenu de la remplir (*b*).

2416. Le juge peut faire résulter la preuve de cette obligation, d'offres réelles et des circonstances de la cause (*c*).

2417. Les filles et femmes n'ont point d'action en dommages-intérêts sous prétexte de séduction (*d*).

2418. La recherche de la maternité est admise (*e*). *Mater est semper certa.*

2419. Seulement en faveur de l'enfant contre la mère (*f*).

2420. Mais non en faveur des collatéraux contre l'enfant (*g*).

2421. L'enfant qui réclame sa mère, est tenu de prouver qu'il est identiquement le même que celui dont elle est accouchée (*h*).

2422. Il n'est reçu à faire cette preuve par témoins, que lorsqu'il a déjà un commencement de preuve par écrit (*i*).

<hr>

(*a*) Paris, 28 juil. 1821 : *J. P. t.* 62, *p.* 25. — (*b*) Cas. 10 mars 1808 : *Sir.* 1808, p. 231. — (*c*) *Id.* — (*d*) *Id.* — (*e*) Art. 341 c. c. — (*f*) Cas. 12 juin 1823 ; Amiens, 9 août 1821 : *J. P. t.* 65, *p.* 405 ; *t.* 67, *p.* 161. — (*g*) *Id.* — (*h*) Art. 341 c. c. — (*i*) *Id.*

2423. Ce commencement de preuve d'identité ne peut résulter de l'acte de naissance (*a*).

2424. Le commencement de preuve n'est pas suppléé par des présomptions graves (*b*).

2425. Le fait de la maternité peut s'établir par les reconnaissances et aveux des parens de la mère (*c*).

2426. Il serait barbare autant qu'impolitique de refuser à l'enfant le droit de réclamer sa mère qui se cache, mais que la nature ne refuse jamais de découvrir. Son accouchement et l'identité de l'enfant sont des faits positifs et susceptibles d'être constatés. Cependant la loi a cru devoir prendre des précautions contre le genre de preuve admissible. Si la crainte des vexations diffamantes a fait rejeter les recherches de paternité, ce serait pour les femmes un malheur encore plus grand de voir leur honneur compromis par des témoins complaisans ou subornés. On ne présume point qu'un enfant ait été mis au monde, sans qu'il reste par écrit quelques traces, soit de l'accouchement, soit des soins donnés à cet enfant. Il est donc à la fois de justice particulière et d'honnêteté publique de n'admettre à démontrer que l'on est le même que celui dont la mère réclamée est

____

(*a*) Cas. 21 mai 1810 : *Den.* 1810, *p.* 302. — (*b*) *Id.* — (*c*) Paris, Rouen, 27 juin et 25 août 1812 : *J. P. t.* 34, *p.* 516. 562.

accouchée, qu'autant qu'on a déjà un commencement de preuve par écrit.

2427. La preuve testimoniale n'est pas recevable pour établir l'état d'un enfant naturel à l'égard de sa mère, si le réclamant ne justifie de la perte des registres publics (*a*).

2428. Le bâtard ne peut, pour établir sa filiation, se prévaloir des soins maternels qu'il a reçus dans son enfance (*b*).

2429. Un enfant n'est jamais admis à la recherche, soit de la paternité, soit de la maternité, dans les cas où (2376) la reconnaissance n'est pas admise (*c*). On a voulu éviter le scandale public que causerait l'action judiciaire d'un enfant adultérin ou incestueux recherchant son état dans la preuve du délit de ceux qu'il prétendrait en même temps être les auteurs de ses jours. La manifestation d'un désordre caché n'est jamais, pour l'intérêt social, compensée par la réparation d'un dommage individuel. D'ailleurs la découverte de la paternité ou de la maternité ne peut produire plus d'effet que la reconnaissance. Dès que cette reconnaissance est interdite à l'égard des enfans adultérins ou incestueux, ou est nulle et n'opère rien, la recherche ne peut ni ne doit être accueillie.

(*a*) Besançon, 1er mai 1806 : *J. C. C. t.* 7, *p.* 34. — (*b*) *Id.* — (*c*) Art. 342 c. c.

2430. Voyez (*a*) l'ensemble de circonstances qui a déterminé la Cour de Bruxelles à accorder les droits de successibilité à un enfant qui n'était point né en légitime mariage, et qui n'avait pas été formellement reconnu.

(*a*) J. C. C. t. 7, p. 433.

Dont les pères sont morts depuis la loi du 12 brumaire an 2, jusqu'à la promulgation des titres du Code civil sur la paternité et la filiation, et sur les successions.

—

2431. Il n'est pas étonnant que l'on ne trouve dans la loi du 12 brumaire aucune disposition relative aux successions des pères et mères qui décéderaient entre la publication de cette loi et celle du Code, quand on sait qu'alors un Code était prêt, qu'il avait été discuté, qu'il pouvait être adopté le lendemain, et que, dans la pensée des législateurs, il n'existait point d'intermédiaire. Ils ne voyaient que deux sortes d'enfans : ceux dont les père et mère étaient décédés, et ceux dont les père et mère décéderaient après la publication du Code. Le retard de cette publication a seul ouvert une lacune, mais elle n'existait pas moins de fait, et il s'est trouvé un long période de temps pour lequel il n'y a point eu de loi.

2432. L'état et les droits des enfans nés hors mariage, dont les père et mère sont morts depuis la promulgation de la loi du 12 brumaire an 2, jusqu'à la promulgation des titres du Code civil sur la paternité et la filiation, et sur les successions, sont réglés de la manière prescrite par ces titres (*a*). Si l'on eût appliqué aux enfans naturels nés depuis la loi du 12 brumaire, et aux successions ouvertes depuis ce moment, les dispositions de cette loi, on eût excité les justes réclamations des héritiers légitimes, dont les droits avaient déjà été peu respectés. Mais il était dans les idées de justice et de convenance, de faire aux enfans qui sont dans la position prévue ici, un sort égal à celui que le Code assure aux enfans naturels. Il en résulte dans l'exercice de leurs droits une uniformité bien préférable à une variation susceptible de faire naître mille mécontentemens.

2433. Néanmoins les dispositions entre vifs ou testamentaires, antérieures à la promulgation des mêmes titres du Code civil, et dans lesquelles on a fixé les droits de ces enfans naturels, sont exécutées (*b*). On a pensé qu'il fallait respecter la sollicitude des parens qui, dans le silence de la loi du 12 brumaire, avaient pourvu au sort de leurs enfans.

2434. Sauf la réduction à la quotité disponible aux termes du Code civil (*c*). Il a paru convenable de préparer un recours contre les excès dans lesquels a pu jeter une passion désordonnée.

_____

(*a*) Art. 1er, loi du 14 flor. an xi : B. 278, n° 2762, 3e s. —
(*b*) Art. 2. — (*c*) *Id.*

2435. Sauf aussi un supplément (5021), dans le cas où la portion donnée ou léguée serait inférieure à la moitié de ce qui devrait revenir à l'enfant naturel, suivant le titre des successions (*a*).

2436. La quotité disponible dont il s'agit n'est point celle dont parlent les art. 913 et suivans C. c., mais celle que déterminent ses art. 757 et 758, combinés avec l'art. 908, de manière que la disposition qui excède la quotité adjugée au bâtard par le titre des successions, doit être renfermée dans les termes de ce dernier titre (*b*).

2437. Les conventions et les jugemens passés en force de chose jugée, par lesquels l'état et les droits desdits enfans naturels ont été réglés, sont exécutés selon leur forme et teneur (*c*). Il était sage d'ordonner l'exécution de tout ce qui a été arrêté définitivement quand il n'existait pas de loi. Celle-ci ne fixe que ce qui n'était pas terminé. Elle serait contraire à la tranquillité des familles et au bon ordre, si elle portait atteinte aux droits irrévocablement acquis avant sa publication.

2438. Les actes de partage de succession sont compris dans les conventions maintenues (*d*).

(*a*) Art. 2, loi du 14 flor. an xi : *B.* 278, *n*° 2762, 3ᶜ *s.* — (*b*) Cas. 22 mess. an xiii ; Paris, 27 fév. 1819 : *J. C. C. t.* 4. *p.* 429 ; *J. P. t.* 54, *p.* 292. — (*c*) Art. 3, loi du 14 flor. an xi : *B.* 278, *n*° 2762, 3ᵉ *s.* — (*d*) Cas. 15 janv. 1811 : *Den.* 1811, *p.* 91.

2439. Mais la règle (2437) ne s'applique pas aux acquéreurs ou tiers étrangers aux conventions et jugemens (*a*).

2440. Ce qui précède (2437) est conforme à un principe de droit public, qu'il n'est pas inutile de rappeler. Lorsqu'une loi interprétative devient nécessaire, les contestations qui s'étaient élevées sur l'application de la loi obscure, et qui ne sont pas définitivement jugées, doivent l'être d'après la loi déclarative. Mais s'il a été rendu des décisions ayant l'autorité de la chose jugée, les droits sont acquis aux parties, elles ne sont plus sous l'empire du législateur, tout est consommé. On ne pourrait les dépouiller de ces droits sans tomber dans le vice de rétroactivité.

2441. Résumons. La législation relative aux enfans nés hors mariage n'est plus incertaine. Ils ont recueilli ou dû recueillir les successions de leurs père et mère, ouvertes depuis la loi du 4 juin 1793 jusqu'à celle du 12 brumaire an 2. Quant à celles qui se sont ouvertes postérieurement, lorsqu'ils ont été reconnus par acte authentique (car depuis cette époque la recherche de paternité est interdite), ils y exercent une créance dont le Code civil détermine la quotité.

2442. L'enfant naturel d'un père décédé avant le Code, peut obtenir des alimens, quoi-

______

(*a*) Cas. 20 mai 1806 : *J. C. C. t.* 7, *p.* 526.

que sa filiation ne soit pas prouvée de manière à lui obtenir un droit à la succession (a).

2443. Une lettre dans laquelle, antérieurement à la promulgation du Code, un père avoue son enfant naturel, est une reconnaissance authentique, lorsqu'elle se trouve annexée au registre de l'état civil, et qu'elle n'est pas désavouée (b).

2444. Mais si les écriture et signature de la lettre sont méconnues, elle n'a pas conféré mandat pour la reconnaissance (c).

2445. L'acte (2443) donne droit de réclamer, dans une succession ouverte depuis le Code, les avantages que celui-ci accorde aux enfans naturels reconnus (d).

(a) Montp. 28 janv. 1806 : *Den.* 1806, *déc. div. p.* 209. — (b) Brux. 11 juil. 1808 : *Sir.* 1809, 2ᵉ *part. p.* 202. — (c) Riom, 26 fév. 1817 : *J. P. t.* 49, *p.* 462. — (d) Brux. 11 juil. 1808 : *Sir.* 1809, 2ᵉ *part. p.* 202.

LÉGISLATION TRANSITOIRE.

2446. La possession d'état commencée avant le Code, et continuée sous son empire, s'apprécie et se règle par cette dernière loi (*a*).

2447. La règle de possession d'état (2254) était suivie sous l'ancienne législation (*b*).

2448. Un tribunal civil peut décider aujourd'hui une question d'état par des motifs puisés dans un jugement criminel rendu entre mêmes parties avant la publication du Code (*c*).

2449. Est réputée authentique la reconnaissance d'un enfant naturel, faite dans un testament olographe ayant date certaine avant le Code (*d*).

2450. La reconnaissance sous seing privé avant la loi du 12 brumaire an 2, et n'ayant acquis date certaine que sous le Code, ne peut fonder une action en alimens contre les enfans légitimes du père décédé (*e*).

2451. Une reconnaissance du père, antérieure au Code, est valable, quoique dépourvue de la ratification de la mère (*f*).

(*a*) Paris, 6 fév. 1819 : *J. P. t.* 53, *p.* 525. — (*b*) Cas. 23 mars 1825 : *J. P. t.* 73, *p.* 469. — (*c*) Cas. 30 avril 1807 : *Sir. et Den.* 1807, *p.* 401. — (*d*) Cas. 3 sept. 1806 : *J. C. C. t.* 7, *p.* 336. — (*e*) Cas. 2 mai 1822 : *J. P. t.* 65, *p.* 26. — (*f*) Paris, 11 vent. an XII : *J. C. C. t.* 1, *p.* 289.

2452. Mais elle ne peut produire effet contre l'enfant qui n'y a pas donné son adhésion (*a*).

2453. Un homme a reconnu valablement son fils naturel, en demandant des lettres de légitimation au prince (*b*).

2454. Ce fils n'est pas privé aujourd'hui du droit de recevoir une portion des biens paternels, quoiqu'il ait été déclaré exclu de la succession par une clause des lettres de légitimation (*c*).

2455. L'enfant reconnu pendant le mariage de son père, décédé entre la loi de brumaire et le Code, ne peut demander l'exécution du testament de son père en sa faveur (*d*).

2456. Une transaction souscrite dans la vue d'éviter l'éclat d'une procédure en déclaration de paternité, n'a pu tenir lieu de reconnaissance à l'enfant (*e*)

2457. Les soins accordés par le père ne servent pas à valider cette reconnaissance imparfaite (*f*)

(*a*) Paris, 11 vent. an XII : *J. C. C. t.* 1, *p.* 289. — (*b*) Paris, 4 germ. an XIII : *J. C. C. t.* 4, *p.* 59. — (*c*) *Id.* — (*d*) Toulouse, 6 mai 1826 : *J. P. t.* 77, *p.* 388. — (*e*) Amiens, Agen, 4 therm. an XIII ; 27 nov. 1823 : *J. C. C. t.* 5, *p.* 150 ; *J. P. t.* 71, *p.* 355. — (*f*) *Id.*

ADOPTION ET TUTELLE OFFICIEUSE.

ADOPTION.

Adoption et ses effets.

2458. L'ADOPTION est un acte civil et solennel, imitant la nature, par lequel on devient le fils d'un autre que son père, comme si l'on eût été engendré effectivement par l'adoptant. *Adoptio est æmula naturæ, sive naturæ imago.*

2459. A défaut de liens que la nature a négligé de former ou a laissé rompre, l'adoption vient en créer pour unir, dans la réciprocité des plus doux rapports, deux êtres jusques-là étrangers l'un à l'autre, en donnant à la bienfaisance toute l'étendue de l'amour paternel, et à la reconnaissance tout le charme de l'amour filial. *Adoptio naturam imitatur.*

2460. L'adoption, d'après nos lois, n'opère pas un changement de famille. L'adoptant n'est qu'un protecteur légal qui, sans jouir, même fictivement, des droits de la paternité complette, en a cependant quelques-uns. C'est, si l'on peut s'exprimer ainsi, une quasi-paternité, fondée sur le bienfait et la reconnaissance.

2461. Comme l'adoption n'est accordée qu'à titre de consolation, et qu'elle manquerait son but, si elle nuisait au mariage, elle n'est permise qu'aux personnes de l'un ou de l'autre sexe, âgées de plus de cinquante ans (*a*).

2462. Qui n'ont, à l'époque de l'adoption, ni enfans, ni descendans légitimes (*b*), parce que ceux-ci auraient acquis des droits qu'un contrat postérieur ne saurait leur ôter.

2463. Et qui ont au moins quinze ans de plus que les individus qu'elles se proposent d'adopter (*c*). Sans cette condition, la protection légale qui doit résulter de l'adoption, perdrait toute sa dignité. Il a fallu aussi sauver le principe qui veut que l'adoption, pour être l'image de la nature, suive l'intervalle que celle-ci met dans ses opérations.

2464. De ce que l'adoptant doit n'avoir, à l'époque de l'adoption, aucun descendant légitime (2462), il suit 1° que les enfans qu'il aurait eus précédemment, n'empêchent pas l'adoption, s'ils sont décédés; 2° que l'existence d'enfans naturels, quoique reconnus, et en quelque nombre qu'ils soient, ne forment point obstacle à l'adoption. Il n'en serait pas de même des enfans naturels légitimés par mariage subséquent, car ceux-là sont légitimes (2334).

___

(*a*) Art. 343 c. c. — (*b*) *Id.* — (*c*) *Id.*

2465. Nul ne peut être adopté par plu-sieurs (*a*), la nature, dont l'adoption est l'i-mage, n'admettant pas deux pères.

2466. Si ce n'est par deux époux (*b*). L'ex-ception est également conforme à la nature. Associés dans l'espoir d'obtenir des enfans, que la nature leur a refusés ou que la mort leur a enlevés, les époux sont admis à en adopter d'autres, qui, remplaçant à leur égard les en-fans du mariage, peuvent appartenir à l'un et à l'autre; car ils peuvent aussi n'appartenir qu'à un seul, si un seul les adopte. Il est possible en effet que l'un des époux éprouve le désir ou même le besoin d'adopter, sans que ce désir ou ce besoin soit partagé par l'autre époux. Cette différence provient le plus souvent de celle de leur situation respective vis-à-vis de leurs fa-milles. L'un des époux a de proches parens, objets de son affection, et à l'égard desquels il ne veut point déranger l'ordre naturel de sa succession. L'autre n'a que des parens éloignés, à peine connus de lui. De là l'adoption qui peut être faite séparément par un époux, pourvu que l'autre y consente.

2467. Hors donc le cas de tutelle officieuse (2579. 2582. 2583), nul époux ne peut adopter qu'avec le consentement de l'autre conjoint (*c*). Ce consentement place l'adopté, vis-à-vis de

(*a*) Art. 344 c. c. — (*b*) *Id.* — (*c*) *Id.*

l'époux non-adoptant, dans une position à peu près semblable à celle où se trouve, vis-à-vis d'un beau-père ou d'une belle-mère, l'enfant né d'un autre mariage; mais avec plus d'avantage peut-être, parce qu'il n'y a pas près de lui d'autres enfans, objets d'une préférence assez ordinaire de la part de celui des époux à qui ils appartiennent. La présente disposition est dans l'ordre des convenances et des égards que se doivent deux époux. L'adopté devant porter le nom et suivre la destinée de celui qui l'adopte, il est juste que le compagnon de cette destinée soit consulté. L'enfant adoptif, vivant habituellement dans la maison commune, ne doit y prendre place que de l'agrément de l'autre époux.

2468. L'idée principale qui s'est toujours attachée à l'adoption, et qui l'a rendue recommandable aux amis des institutions libérales et philantropiques, c'est qu'elle doit venir au secours de l'être faible; et l'attention se fixe immédiatement sur l'enfant ou du moins sur l'individu mineur. Aussi la faculté d'adopter ne peut être exercée qu'envers l'individu à qui l'on a fourni des secours et donné des soins non interrompus (*a*).

2469. Dans sa minorité (*b*), âge où l'aide d'autrui devient le plus nécessaire.

____

(*a*) Art. 345 c. c. — (*b*) *Id.*

2470. Et pendant six ans au moins (*a*), pour qu'une affection passagère n'obtienne pas ce qui n'est dû qu'à de persévérans bienfaits.

2471. On veut s'assurer, par là (2468 — 2470), que celui qui demande à la loi de lui conférer le titre de père, en a déjà les sentimens. Or, ce n'est pas pour un individu parvenu à sa majorité qu'on les éprouve d'ordinaire. On les accorde d'abord à la faiblesse, aux graces, à l'ingénuité, à la candeur de l'enfance. Ils se perpétuent et s'affermissent dans un âge plus avancé. Mais c'est dans l'âge tendre qu'ils naissent; c'est alors que l'habitude des services rendus et reçus établit véritablement une seconde nature. L'amour paternel se forme avec les bienfaits, la piété filiale avec la reconnaissance. On n'aime comme son propre enfant que celui qu'on a élevé, protégé, secouru dès ses premiers ans; dont on a vu, par ses soins, croître et se développer les facultés physiques et morales; dont on regarde enfin l'existence comme son propre ouvrage. L'adoption acquiert un nouveau degré d'utilité, quand elle n'est plus dictée seulement par l'espoir des bons offices réciproques, mais par l'expérience qu'on en a déjà faite, et lorsque, préparée par la bienveillance, elle est scellée par la sympathie.

2472. Cette condition des services préalables

____

(*a*) Art. 345 c. c.

a paru si essentielle dans le principe du contrat, et si heureuse dans ses effets, qu'on n'a pas cru devoir en dispenser l'oncle envers le neveu, comme cela était demandé par quelques personnes. Qu'importe ici cette qualité pour motiver l'exception ? La nature place le neveu d'un homme au nombre de ses héritiers. Ce titre, indépendant de l'adoption, lui assigne des droits, que son parent peut même étendre par des dispositions particulières. Mais pour acquérir la faculté d'adopter, il faut des soins préalables, et dont il était impossible de se départir sans énerver l'institution dès son origine. Que serait-ce, d'ailleurs, que cette adoption soudaine, sinon un moyen de dépouiller les frères de l'adopté ? Si donc il s'agit de l'adoption même d'un neveu, qu'elle soit, en tous points, soumise aux conditions qui la rendent favorable et juste envers tous ceux qui y sont appelés.

2473. La faculté d'adopter peut encore être exercée envers celui qui a sauvé la vie à l'adoptant (*a*).

2474. Soit dans un combat (*b*).

2475. Soit en le retirant des flammes (*c*).

2476. Ou des flots (*d*).

2477. Qui n'applaudirait à ce moyen d'acquitter sa dette ? Ici le sentiment entraîne, et le

(*a*) Art. 345 c. c. — (*b*) *Id.* — (*c*) *Id.* — (*d*) *Id.*

premier mouvement porte à rejeter toute entrave, toute condition, dans un cas si favorable!

2478. Cependant, s'il est quelques-unes des conditions générales qui puissent être remises dans cette circonstance extraordinaire, il en est d'autres aussi que des considérations non moins fortes ne permettent pas d'effacer. Mais il suffit que l'adoptant soit majeur *(a)*.

2479. Plus âgé que l'adopté *(b)*, à peine de donner un démenti à la nature.

2480. Sans enfans ni descendans légitimes *(c)*, dont il faudrait respecter les droits.

2481. Et, s'il est marié, que son conjoint consente à l'adoption *(d)*, dont les effets l'atteignent nécessairement (2467).

2482. On doit savoir gré au législateur d'avoir spécialement désigné le genre de danger qui seul donne lieu à la faculté d'adopter (2473—2476). On voit tout ce qu'une dénomination vague aurait pu faire naître d'abus, et dans quel discrédit elle aurait bientôt fait tomber cette belle disposition.

2483. L'adoption ne peut, en aucun cas, avoir lieu avant la majorité de l'adopté *(e)*, parce qu'un acte aussi important ne peut devenir parfait que par sa ratification. Sans cela, quel serait le sort des actes intermédiaires? Quel

(a) Art. 345 c. c. — (b) Id. — (c) Id. — (d) Id. — (e) Art. 346

serait celui de l'adoption, si l'adopté mourait avant sa majorité? Aurait-il été saisi de l'hérédité? L'aurait-il transmise? En matière d'état, tout ce qui n'a pas le caractère de la fixité, devient inquiétant et funeste. Quelle serait la situation d'un adoptant, irrévocablement lié envers un enfant qui ne serait point lié lui-même? Cependant, en reconnaissant, ce qui est hors de doute, que l'adopté ne peut jamais être lié avant sa majorité, on a prétendu qu'il ne devait pas en être ainsi relativement à l'adoptant. On a observé que ne pas donner un effet irrévocable aux obligations de celui-ci dès l'instant même où il montrait l'intention de les contracter, c'était changer entièrement le genre de cette institution ; que c'était tout à la fois altérer le charme et diminuer le prix de cette bienfaisance si pure qui se plaît souvent à s'engager sans condition pour les autres, et sans aucune crainte de retour contre ses résolutions. Mais n'est-ce pas au contraire accroître le prix de la bienfaisance que de lui laisser la faculté de confirmer ou de changer ses déterminations jusqu'au terme plus éloigné où elle les arrête à jamais? Est-ce en altérer le charme que de lui conserver chaque jour encore la liberté de reprendre ses premiers mouvemens, et d'en goûter les nouvelles jouissances? Au surplus, la loi veut, et avec raison, lui fournir une garantie contre les erreurs, les pièges dans lesquels on chercherait à la faire tomber, contre un faux sentiment dont elle-même peut être dupe, contre les justes regrets qui suivent quelquefois une résolution trop prompte. Quelle idée aurait-on d'un contrat qui n'obligerait que d'un côté, et qui n'obtiendrait, pendant plusieurs années, aucun effet assuré?

2484. Si l'adopté, ayant encore ses père et mère, ou l'un des deux, n'a point accompli sa vingt-cinquième année, il est tenu de rapporter le consentement donné à l'adoption par ses père et mère, ou par le survivant (*a*). Il s'agit d'un acte non moins important que le mariage (1097. 1101. 1102), et les droits des père et mère de l'adopté doivent être respectés. L'adoption est, de la part de l'adopté, comme le mariage même, une sorte d'aliénation de sa personne. Son entrée dans une famille étrangère intéresse d'assez près sa famille naturelle pour qu'il ne puisse rien faire, avant vingt-cinq ans, sans le consentement et l'autorité du chef. Les nouvelles obligations que l'adopté contracte, peuvent diminuer les moyens de remplir celles qui lui sont précédemment imposées envers ses parens naturels.

2485. Si l'adopté est majeur de vingt-cinq ans, il est tenu de requérir le conseil de ses père et mère (*b*). Avertis par là, ils prennent

____

(*a*) Art. 346 c. c. — (*b*) *Id.*

auprès des tribunaux intervenans dans l'adoption, les mesures que prescrivent la prudence et l'intérêt domestique.

2486. On peut adopter son enfant naturel reconnu (*a*).

2487. Même adultérin (*b*).

2488. Aucun français revêtu d'un titre ne peut adopter un enfant mâle, ou transmettre le titre qui lui est accordé ou échu, à un enfant adopté avant qu'il soit révêtu de ce titre, si ce n'est avec l'autorisation du roi (*c*)

2489. Un Français ne peut adopter un étranger (*d*).

2490. Le bénéfice de l'adoption ne peut être révoqué par l'adoptant (*e*).

2491. L'adoption confère le nom de l'adoptant à l'adopté (*f*).

2492. En l'ajoutant au nom propre de ce dernier (*g*).

2493. La loi sépare de l'adoption tout ce qui a trait à la puissance du père, et n'en maintient que les bienfaits. L'adopté reste dans sa

(*a*) Brux. Grenoble, Paris, Rouen, Angers, Douai : *J. C. C.* t. 8, *p.* 319; *t.* 12, *p.* 392; *t.* 16. *p.* 77; *Sir. et Den.* 1807, *déc. div. p.* 174; *Sir.* 1808, *déc. div. p.* 1; 1809, *déc. div. p.* 204; *J. P. t.* 70, *p.* 356; *t.* 72. *p.* 514. — (*b*) Rouen, 15 fév. 1813 : *J. C. C. t.* 20, *p.* 219. — (*c*) Art. 36, décr. 1er mars 1808 : *B.* 186. *n*° 3207, 4e *s.* — (*d*) Cas. 5 août 1823, 22 nov. 1825, 7 juin 1826 : *J. P. t.* 67, *p.* 536; *t.* 75, *p.* 107; *t.* 76, *p.* 5. — (*e*) Nismes, 14 mars 1812 : *J. P. t.* 35, *p.* 49. — (*f*) Art. 347 c. c. — (*g*) *Id.*

famille naturelle (*a*). L'adoption, tendant à multiplier les liens, irait contre son but en brisant ceux qui sont déjà formés.

2494. Il y conserve tous ses droits (*b*).

2495. Néanmoins il a paru conforme aux principes de la matière, d'appliquer à l'adopté quelques-unes des prohibitions de mariage qui ont lieu dans la propre famille. Il est interdit entre l'adoptant, l'adopté et ses descendans (*c*). Ils peuvent habiter le même toit, et l'on veut maintenir les bonnes mœurs.

2496. Entre les enfans adoptifs du même individu (*d*). Donc on peut adopter plusieurs personnes (2502).

2497. Entre l'adopté et les enfans qui pourraient survenir à l'adoptant (*e*). *Filiæ meæ is quem adoptavi frater fit.*

2498. Entre l'adopté et le conjoint de l'adoptant (*f*).

2499. Et réciproquement entre l'adoptant et le conjoint de l'adopté (*g*).

2500. Sur ce que la loi, en conférant le nom de l'adoptant à l'adopté, retient celui-ci dans sa famille naturelle, et lui en conserve tous les droits, on n'objectera pas sans doute que cette disposition est contrariée par celle qui prohibe les alliances entre l'adoptant, l'a-

---

(*a*) Art. 348 c. c. — (*b*) *Id.* — (*c*) *Id.* — (*d*) *Id.* — (*e*) *Id.* — — (*f*) *Id.* — (*g*) *Id.*

dopté, et leurs parens aux degrés où la loi défend ces mêmes alliances entre les parens naturels. L'affinité morale établie par l'adoption entre les personnes de cette qualité, et les rapports que la cohabitation fait naître entre elles, prescrivent de ne point offrir d'aliment à leurs passions par l'espoir du mariage. Il ne faut pas que les noms d'époux puissent jamais remplacer ceux de père et de fille, de mère et de fils, de frère et de sœur. La possibilité de former une union légitime autorise et appelle toutes les séductions capables de conduire à une liaison criminelle. La rigueur des prohibitions doit augmenter en raison de la facilité des fautes.

2501. L'obligation naturelle, qui continue d'exister entre l'adopté et ses père et mère, de se fournir des alimens dans les cas déterminés par la loi, est considérée comme commune à l'adoptant et à l'adopté, l'un envers l'autre (a). Ainsi le commandent la morale et le titre qui les unit. L'adoption impose envers l'adoptant les mêmes obligations que la nature envers le père.

2502. Celui qui a adopté un enfant, peut postérieurement (2496) en adopter d'autres (b).

2503. L'adopté n'acquiert aucun droit de

(a) Art. 349 c. c. — (b) Bourges, ... frim. an XII : *J. C. C* t. 1, p. 177.

successibilité sur les biens des parens de l'adoptant (*a*), l'adopté leur étant aussi étranger que tout autre individu (2493. 2494).

2504. Mais il a sur la succession de l'adoptant les mêmes droits que ceux qu'y aurait l'enfant né en mariage (*b*).

2505. Cependant l'enfant adoptif du donataire n'empêche pas l'exercice du droit de retour, stipulé en faveur du donateur, pour le cas où le donataire prédécéderait sans enfans issus du mariage à l'occasion duquel la donation a été faite (*c*).

2506. L'adopté a droit de réclamer sa réserve légale sur la donation que, par contrat de mariage, l'adoptant avait faite à sa femme, des biens qu'il laisserait à son décès (*d*).

2507. Les droits de l'adopté sur la succession de l'adoptant (2504) subsistent même quand il y aurait d'autres enfans légitimes nés depuis l'adoption (*e*). C'est une prime accordée à l'adoption sur le testament; et à l'homme utile qui a élevé un citoyen, sur celui qui, au terme de son inutile carrière, veut disposer de sa fortune.

2508. Le lien de parenté civile qui se forme

______

(*a*) Art. 350 c. c. — (*b*) *Id.* — (*c*) Cas. 27 juin 1822 : *J. P. t.* 64, p. 286. — (*d*) Cas. 29 juin 1825 ; Montpellier, 8 juin 1823 : *J. P. t.* 69, p. 200 : *t.* 72, p. 476. — (*e*) Art. 350 c. c.

entre l'adoptant et l'adopté, s'étend aux enfans de ce dernier (*a*).

2509. Comme la successibilité de l'adopté
(2504. 2507) sort du droit commun, elle ne
donne pas lieu à réciprocité. *Quod contra ra-
tionem juris receptum est, non est producendum ad
consequentias.*

2510. Mais si l'adopté meurt sans descendans légitimes, les choses données par l'adoptant, ou recueillies dans sa succession, et qui
y existent en nature lors du décès de l'adopté,
retournent à l'adoptant ou à ses descendans (*b*).
C'est une suite des principes en matière de
retour légal. Il en sera parlé sous le titre des
successions déférées aux ascendans.

2511. A la charge de contribuer aux dettes (*c*): elles sont une charge de l'émolument.

2512. Et sans préjudice des droits des
tiers (*d*), aucun contrat ne pouvant leur nuire.

2513. Rien de plus juste que ce retour (2510).
Si les parens de l'adopté succèdent à celui-ci
parce qu'il est resté dans la famille, leurs droits
ne peuvent raisonnablement s'étendre aux choses données par l'adoptant, quand elles existent
en nature, et qu'il se présente pour les reprendre. D'un autre côté, si l'affection de l'a-
doptant pour l'adopté l'a porté à se dessaisir
en sa faveur, il n'est pas présumable qu'il ait

(*a*) Cas. 2 déc. 1822; Paris, 27 janv. 1824: *J. P. t.* 65, *p.* 385;
t. 68, *p.* 581. — (*b*) Art. 351 c. c. — (*c*) *Id.* — (*d*) *Id.*

voulu se dépouiller, lui et sa postérité, pour enrichir une famille étrangère. Cette disposition est encore utile en ce qu'elle encourage les libéralités qui, fondées sur des motifs honorables, et répandues avec choix, sont presque toujours des moyens de prospérité publique. Il y a, au surplus, beaucoup de sagesse à ne conserver à l'adoptant ou à sa postérité que les biens qui existent en nature. Autrement, on les frapperait d'indisponibilité.

2514. Le surplus des biens de l'adopté appartient à ses propres parens (*a*), par réciprocité des droits qu'il a conservés dans sa famille naturelle (2494).

2515. Ceux-ci excluent toujours, pour les objets même spécifiés ci-dessus (2510), tous héritiers de l'adoptant autre que ses descendans (*b*). Comme l'adopté succède à ses proches naturels, de même ils doivent lui succéder pour tout ce qui ne lui est pas venu du chef de l'adoptant, et dont les dispositions précédentes n'ont pas réglé la destination.

2516. Si, du vivant de l'adoptant, et après le décès de l'adopté, les enfans ou descendans laissés par celui-ci meurent eux-mêmes sans postérité, l'adoptant succède aux choses par lui données, comme il est dit (2510) ci-dessus (*c*)

(*a*) Art. 351 c. c. — (*b*) Id. — (*c*) Art. 352.

2517. Mais ce droit est inhérent à la personne de l'adoptant (*a*).

2518. Il n'est pas transmissible à ses héritiers (*b*).

2519. Même en ligne descendante (*c*). *Quæ propter necessitatem recepta sunt, non debent in argumentum trahi.*

2520. L'adopté n'a pas le droit d'attaquer les aliénations faites par l'adoptant (*d*).

2521. Mais la donation faite par l'adoptant est réductible en faveur de l'adopté (*e*).

(*a*) Art. 352 c. c. — (*b*) *Id.* (*c*) *Id.* — (*d*) Nismes, 14 mars 1812 : *J. P. t.* 35, *p.* 49. — (*e*) Trèves, 22 janv. 1813 : *J. P. t.* 38, *p.* 229.

FORMES DE L'ADOPTION.

—

2522. S'il n'était question que d'un acte de l'état civil gissant dans un fait simple, il suffirait sans doute de s'adresser à l'officier public pour le constater; mais comme d'assez nombreuses conditions en forment l'essence, leur examen fait la matière d'un jugement préalable.

2523. La personne qui se propose d'adopter, et celle qui veut être adoptée, se présentent devant le juge de paix du domicile de l'adoptant, pour y passer acte de leurs consentemens respectifs (*a*). Il s'agit, non d'une simple convention notariée, mais d'une sorte de contrat judiciaire, qui se rattache à l'ordre public.

2524. Il n'est pas indispensable pour l'adoption que les parties comparaissent en personne devant le juge de paix : elles peuvent se faire représenter par des fondés de pouvoir (*b*).

2525. Une expédition de l'acte est remise au procureur du roi près le tribunal de première instance dans le ressort duquel se trouve le domicile de l'adoptant (*c*).

2526. Dans les dix jours suivans (*d*):

(*a*) Art. 353 c. c. — (*b*) Brux. 22 avril 1807 : *J. C. C. t. 8*, p. 519. — (*c*) Art. 354 c. c. — (*d*) *Id.*

2527. Par la partie la plus diligente (*a*), soit l'adoptant, soit l'adopté.

2528. Pour être soumis à l'homologation de ce tribunal (*b*).

2529. Il faut joindre à cette expédition les actes de naissance de l'adoptant et de l'adopté, l'acte portant consentement des père et mère de l'adopté, ou du survivant d'eux, si l'adopté n'a pas encore vingt-cinq ans; ou la preuve qu'il a requis leur conseil, s'il est majeur de vingt-cinq ans; ou enfin leurs extraits mortuaires.

2530. Comme il n'y a que le juge de paix de l'adoptant qui puisse recevoir l'acte d'adoption (2523), de même il n'y a que le tribunal de ce domicile qui puisse l'homologuer : c'est une conséquence de l'ordre des juridictions.

2531. L'adoptant et l'adopté sont nécessairement d'accord : il ne s'agit donc point de plaider; ainsi le tribunal se réunit en la chambre du conseil (*c*).

2532. Il se procure les renseignemens convenables (*d*).

2533. Puis il vérifie 1° si toutes les conditions de la loi sont remplies (*e*).

2534. 2° Si la personne qui se propose d'adopter, jouit d'une bonne réputation (*f*). Le

***

(*a*) Art. 354 c. c. — (*b*) *Id.* — (*c*) Art. 355. — (*d*) *Id.* — (*e*) *Id.* — (*f*) *Id.*

besoin de cette dernière mesure s'est fait surtout sentir quand la question a été traitée sous
le rapport des mœurs domestiques. En l'exi-
geant, on ennoblit encore une institution qui
pourrait devenir un présent funeste. Tout individu qui craint les regards de la justice, ne
se présente point pour adopter, ou du moins
est repoussé par les tribunaux. Au contraire celui qu'ils admettent obtient, par cela seul, un
éclatant témoignage de sa bonne conduite, un
titre d'autant plus honorable que, donné et
confirmé à la suite d'un examen judiciaire, par
des hommes à qui la loi recommande une équi-
table sévérité, il ne peut être confondu dans la
foule de ces vagues attestations accordées par
la faiblesse à l'importunité. Du reste, les renseignemens sur la réputation de l'adoptant doivent être secrètement discutés ; et il faut observer que les juges n'ont point, comme dans
tous leurs autres actes, des preuves à recueillir,
mais des renseignemens à se procurer (2552) :
le pouvoir qui leur est confié devient purement
discrétionnaire.

2535. Le tribunal prononce en ces termes :
il y a lieu, ou il n'y a pas lieu à l'adoption (*a*).

2536. Après avoir entendu le procureur du
roi (*b*).

_____

(*a*) Art. 356 c. c. — (*b*) Id.

2537. Sans aucune autre forme de procédure (*a*).

2538. Sans énoncer de motifs (*b*). Si les tribunaux sont appelés à rejeter quelquefois, en cette matière, des demandes imprudentes, faites par des hommes sans mœurs, il serait inutile de les mulcter par une fâcheuse publicité.

2539. Ce jugement est soumis à la cour royale (*c*).

2540. Dans le mois qui le suit (*d*).

2541. Sur les poursuites de la partie la plus diligente (*e*).

2542. La cour instruit dans les mêmes formes que le tribunal de première instance (*f*).

2543. Elle prononce : le jugement est confirmé, en conséquence il y a lieu à l'adoption (*g*).

2544. Ou le jugement est réformé, en conséquence il n'y a pas lieu à l'adoption (*h*).

2545. Le tout sans énoncer de motifs (*i*). On vient de faire entendre pourquoi (2538).

2546. Un arrêt qui rejette l'adoption ne peut devenir l'objet d'un pourvoi en cassation, quant au fond, si les formes ont été observées (*j*).

2547. Tout arrêt de la cour royale qui ad-

(*a*) Art. 356 c. c. — (*b*) *Id.* — (*c*) Art. 357. — (*d*) *Id.* — (*e*) *Id.* — (*f*) *Id.* — (*g*) *Id.* — (*h*) *Id.* — (*i*) *Id.* — (*j*) Cas. 14 nov. 1815 : *J. P. t.* 44, *p.* 161.

met une adoption, est prononcé à l'audience (a).

2548. Il est affiché en tels lieux et en tel nombre d'exemplaires que la cour juge convenables (b).

2549. On voit que la publicité ne commence que quand la cour a admis l'adoption, et que jusqu'à ce moment la procédure demeure sécrète. Ici deux intérêts se présentent : l'un de faire connaître le changement d'état de deux citoyens; voilà pourquoi l'arrêt est prononcé à l'audience, et affiché partout où la cour le juge utile. Le second intérêt est que ce qui tient à l'état des hommes ne reste pas en suspens, ni sujet aux variations et aux caprices.

2550. C'est par cette dernière raison que l'adoption est inscrite sur le registre de l'état civil du lieu où l'adoptant est domicilié (c).

2551. Dans les trois mois qui suivent l'arrêt d'admission (d).

2552. A la réquisition de l'une ou de l'autre des parties (e).

2553. Cette inscription n'a lieu que sur le vu d'une expédition, en forme, de l'arrêt de la cour royale (f).

2554. L'adoption reste sans effet, si elle n'est

______

(a) Art. 358 c. c. — (b) Id. — (c) Art. 359. — (d) Id. — (e) Id. — (f) Id.

inscrite dans ce délai (*a*). Les parties sont alors réputées avoir rompu leur contrat.

2355. Quand l'adoptant et l'adopté se présentent devant les tribunaux, et provoquent de concert la sanction du contrat qui doit les unir, nul individu n'a qualité pour intervenir. Il en est autrement, si l'adoptant vient à mourir après que l'acte constatant la volonté de former le contrat d'adoption a été reçu par le juge de paix et porté devant les tribunaux, et avant que ceux-ci aient définitivement prononcé (*b*).

2356. Alors l'instruction est continuée et l'adoption admise, s'il y a lieu (*c*).

2357. Les héritiers de l'adoptant peuvent, dans cette hypothèse, s'ils croient l'adoption inadmissible, remettre au procureur du roi tous mémoires et observations à ce sujet (*d*). Il est permis de craindre, dans cette circonstance, que l'adoption ne soit le fruit de l'obsession, de l'empire exercé sur un vieillard affaibli par la maladie qui l'a conduit au tombeau. L'inquiétude de la loi s'éveille. D'un côté, l'adoptant n'est plus là pour défendre la sagesse et la liberté de son choix. De l'autre, les héritiers du sang ont une qualité que leur défère l'ouverture de la succession ; ils

(*a*) Art. 359 c. c. — (*b*) Art. 360. — (*c*) *Id*. — (*d*) *Id*.

sont vivement intéressés à repousser l'expropriation. Il était donc juste de les mettre à portée de se faire entendre.

2558. La nullité d'une adoption peut se
poursuivre par action principale, sans former
tierce-opposition à l'arrêt (a).

(a) Colmar, Nancy, 28 juil. 1821; 13 juin 1826 : *J. P. t.* 62,
p. 409 ; *J. A. t.* 31, *p.* 267.

—

2559. Pour prendre une juste idée de la tutelle officieuse, il faut se placer dans les circonstances qui peuvent y donner lieu. Un homme a dessein d'adopter ; mais l'adoption ne saurait s'effectuer qu'à la majorité, et après six ans au moins de soins reçus en minorité. L'enfant peut bien, sans tutelle ni aucun contrat préalable, être confié aux soins officieux d'un tiers, et acquérir, par là, l'aptitude à l'adoption future. Mais il est possible que la famille de l'enfant ne se décide à le remettre qu'en obtenant pour lui une assurance de secours pendant le temps difficile de la minorité, assurance sans laquelle l'enfant courrait la chance d'être gardé ou renvoyé, au gré de la personne qui l'aurait recueilli ; en sorte qu'il resterait dans la situation la plus précaire. D'autre part, le désir que l'on vient de supposer à la famille de l'enfant, peut bien être partagé par la personne même qui s'en est chargée. Ce désir naît souvent de la prévoyance d'un décès qui laisserait l'enfant sans secours, et sans titre pour en obtenir. Dans l'une et l'autre de ces suppositions, qu'y a-t-il de plus favorable qu'un contrat ayant pour objet de garantir une assistance au mineur, et de le rendre capable de gagner sa vie? Faciliter de telles conventions, et même y inviter, voilà le but de la tutelle officieuse. Ce n'est ni une promesse d'adopter, ni un moyen préliminaire d'adoption, puisque les soins sans tutelle suffisent pour y parvenir (2468—2470). C'est un contrat renfermé strictement dans les secours promis au mineur ; c'est un acte qui, sans attribuer aucun des effets de l'adoption, ni en être la voie nécessairement préparatoire, en est plus exactement l'auxiliaire. Néanmoins, comme cet acte indique le désir d'adopter, on l'a soumis à la plupart des règles de l'adoption.

2560. Si l'adoption n'a lieu qu'entre deux majeurs (2483) parce qu'elle impose des obligations à l'adoptant et à l'adopté, le bienfait de la tutelle officieuse n'a lieu qu'envers un mineur, parce qu'elle est entièrement à l'avantage de celui-ci.

2561. La tutelle officieuse imite la tutelle légale, comme l'adoption imite la paternité naturelle.

2562. Tout individu âgé de plus de cinquante ans, qui veut, durant la minorité d'un individu, se l'attacher par un titre légal, peut devenir son tuteur officieux (*a*).

2563. S'il est sans enfans ni descendans lé-

____

(*a*) Art. 361 c. c.

gitimes (*a*), comme pour le cas de l'adoption (2462. 2480).

2564. En obtenant le consentement des père et mère de l'enfant (*b*), puisqu'il se charge de les remplacer.

2565. Ou du survivant d'entre eux (*c*), qui réunit alors les droits de l'un et de l'autre (1101. 1102).

2566. Ou, à leur défaut, d'un conseil de famille (*d*).

2567. Ou enfin, si l'enfant n'a point de parens connus, en obtenant le consentement des administrateurs de l'hospice où il a été recueilli (*e*).

2568. Ou de la municipalité du lieu de sa résidence. (*f*).

2569. Un époux ne peut devenir tuteur officieux qu'avec le consentement de l'autre conjoint (*g*), comme pour l'adoption (2467).

2570. Le juge de paix du domicile de l'enfant dresse procès-verbal des demandes et consentemens relatifs à la tutelle officieuse (*h*). Il est là moins magistrat que notaire, puisqu'il reçoit les conventions des parties.

2571. Cette tutelle ne peut avoir lieu qu'au profit d'enfans âgés de moins de quinze ans (*i*). Sans cette condition, la tutelle officieuse, qui

____

(*a*) Art. 361 c. c. — (*b*) *Id.* — (*c*) *Id.* — (*d*) *Id.* — (*e*) *Id.* — (*f*) *Id.* — (*g*) Art. 362. — (*h*) Art. 363. — (*i*) Art. 364.

a essentiellement l'enfance pour objet, perdrait le caractère qui lui convient.

2572. La tutelle officieuse emporte avec soi l'obligation de nourrir le pupille (*a*).

2573. De l'élever (*b*).

2574. De le mettre en état de gagner sa vie (*c*)

2575. Sans préjudice de toutes stipulations particulières (*d*).

2576. La loi ne pose de règle sur ce point qu'autant que nulle stipulation spéciale n'accompagnerait la tutelle officieuse. Dans le silence de l'homme, aider et non enrichir le pupille, tel est le principe consacré.

2577. Si le pupille a quelque bien, et s'il était antérieurement en tutelle, l'administration de ses biens, comme celle de sa personne, passe au tuteur officieux (*e*).

2578. Ce tuteur ne peut néanmoins imputer les dépenses de l'éducation sur les revenus du pupille (*f*), parce que la tutelle officieuse est, de sa nature, un bienfait continuel.

2579. Si le tuteur officieux, dans la prévoyance de son décès avant la majorité du pupille, lui confère l'adoption par acte testamentaire, cette disposition est valable (*g*).

2580. Tel homme, souvent sexagénaire, a

(*a*) Art. 364 c. c. — (*b*) *Id.* — (*c*) *Id.* — (*d*) *Id.* — (*e*) Art. 565. — (*f*) *Id.* — (*g*) Art. 566.

recueilli un jeune enfant, à qui il a, pendant huit ou dix ans, prodigué les soins les plus tendres. Celui-ci y a répondu par un naïf attachement, orné de tout ce que l'enfance a d'aimable. Ce vieillard sent sa fin approcher, et voudrait consommer son ouvrage. Le pupille n'est point majeur encore. Placés l'un et l'autre dans le vestibule du temple, ils n'avaient plus que quelques mois, quelques jours peut-être, à passer pour qu'il s'ouvrît entièrement à leurs yeux. Qu'un testament puisse en ce cas écarter les obstacles de la nature, et remplacer l'acte bienfaisant qui allait s'accomplir.

2581. Dans l'espèce présente, l'adoption est valable comme si elle eût été faite entre majeurs ; et le consentement de l'autre époux n'est plus nécessaire, puisque l'adoption n'a son effet qu'après la dissolution du mariage.

2582. Mais ce testament ne peut avoir lieu qu'après cinq ans révolus depuis la tutelle (a). L'adoption conférée par un testament de date antérieure serait nulle.

2583. Pour que la disposition soit valable, il faut que le tuteur officieux ne laisse point d'enfans légitimes (b). Ainsi, quoique le testament fût fait depuis les cinq ans, l'adoption y contenue serait encore nulle, si lors du décès il existait des descendans.

(a) Art. 366 c. c. — (b) Id.

2584. La survenance d'enfans annulle l'adoption testamentaire (2583), tandis qu'elle n'annulle pas l'adoption entre vifs (2504—2507). Cela tient à la différence de ces deux espèces de dispositions. L'une, étant une sorte de contrat, a son effet de suite, et demeure irrévocable. L'autre, comme disposition par testament, n'a d'effet qu'à la mort du testateur et reste révocable par l'effet de sa volonté ou d'une incapacité survenue dans sa personne.

2585. Dans le cas où le tuteur officieux meurt soit avant les cinq ans, soit après ce temps, sans avoir adopté son pupille, il est fourni à celui-ci des moyens de subsister (*a*).

2586. Durant sa minorité (*b*) seulement.

2587. La quotité et l'espèce de ces moyens sont réglées soit amiablement entre les représentans respectifs du tuteur et du pupille (*c*).

2588. Soit judiciairement, en cas de contestation (*d*).

2589. S'il n'y a été antérieurement pourvu par une convention formelle (*e*).

2590. Si, à la majorité du pupille, son tuteur officieux veut l'adopter, et que le premier y consente, il est procédé à l'adoption selon les formes (2523 et suivans) prescrites ci-dessus (*f*).

2591. Les effets en sont, en tous points, les mêmes (*g*).

(*a*) Art. 567 c. c. — (*b*) Id. — (*c*) Id. — (*d*) Id. — (*e*) Id. — (*f*) Art. 568. — (*g*) Id.

2592. Comme on veut empêcher l'obligation d'être illusoire, le tuteur officieux peut être condamné à indemniser le pupille de l'incapacité où celui-ci peut se trouver de pourvoir à sa subsistance (*a*).

2593. Si, dans les trois mois qui suivent la majorité du pupille, les réquisitions par lui faites à son tuteur officieux, à fin d'adoption, sont restées sans effet (*b*).

2594. Et que le pupille ne se trouve point en état de gagner sa vie (*c*).

2595. Cette indemnité se résout en secours propres à lui procurer un métier (*d*).

2596. Le tout sans préjudice des stipulations qui ont pu avoir lieu dans la prévoyance de ce cas (*e*).

2597. La loi revient au principe général qu'elle a établi, car elle n'a plus de raison pour s'en écarter. Elle laisse au tuteur officieux la liberté d'adopter ou de ne pas adopter son pupille, comme elle laisse à celui-ci la faculté de consentir ou non à l'adoption. Mais elle statue particulièrement, et avec une grande équité, pour le cas où le tuteur ne veut point adopter, et où le pupille n'est point en état de gagner sa vie, que le tuteur, qui doit s'imputer le tort de cette incapacité, est tenu de fournir une in-

***

(*a*) Art. 369 c. c. — (*b*) Id. — (*c*) Id. — (*d*) Id. — (*e*) Id.

demnité propre à assurer, pour le moment et
pour l'avenir, des moyens de subsistance.

2598. Le tuteur officieux qui a eu l'administration de quelques biens pupillaires (3243
et suivans), en doit compte dans tous les cas (*a*),
c'est-à-dire soit qu'il y ait adoption ou non : le
tuteur officieux ne pouvant faire entrer dans
son compte aucune de ses dépenses pour la
personne du pupille (2578).

(*a*) Art. 370 c. c.

ADOPTIONS

FAITES AVANT LA PUBLICATION DE LA PARTIE DU CODE CIVIL SUR CETTE MATIÈRE.

2599. En sentant le besoin de rapprocher entre elles les adoptions organisées par le Code et celles qui ont eu lieu antérieurement, en reconnaissant même la possibilité de les assimiler dans quelques parties, on en a aperçu d'autres qui n'admettaient pas d'application commune; et l'on a reconnu que le passé et l'avenir ne pouvaient, en cette matière, s'allier sans plusieurs modifications.

2600. Toutes adoptions faites par actes authentiques depuis le 18 janvier 1792, époque de la première loi sur cette matière, jusqu'à la publication des dispositions du Code civil relatives à l'adoption, sont valables (*a*).

2601. Quand elles ne seraient accompagnées d'aucune des conditions depuis imposées pour adopter et être adopté (*b*). Nulle forme spéciale n'était commandée jusqu'au Code : les adoptions faites jusqu'à cette époque, devaient donc être déclarées valables, pourvu qu'elles

---

(*a*) Art. 1er, loi 25 germ. an XI : B. 271, n° 2700, 5e s. — (*b*) *Id.*

fussent établies par un titre authentique. Nulle condition n'était imposée : ainsi, et sauf les règles générales qui frapperaient de nullité ceux de ces actes que l'on prouverait avoir été extorqués par la violence, ou être l'ouvrage d'un esprit aliéné, les adoptions consommées avant la publication du Code, doivent obtenir leur effet, sans consulter la loi nouvelle, et sans examiner si l'adoptant était d'ailleurs capable de conférer le bénéfice de l'adoption, ou l'adopté capable de le recevoir ; car l'un et l'autre étaient habiles, puisque la législation ne contenait alors aucune prohibition, et n'offrait au contraire qu'une autorisation indéfinie.

2602. Est valable l'adoption d'un enfant naturel reconnu, faite avant le Code (*a*).

2603. Le consentement de l'adopté n'était pas nécessaire avant le Code (*b*).

2604. Un père, après avoir reconnu un enfant naturel, a pu, dans l'intervalle de la loi du 18 janvier 1792 à la publication du Code, adopter valablement cet enfant, quoiqu'il en eût alors un légitime, si d'ailleurs l'adoption a été faite par acte authentique (*c*).

2605. L'adoption d'un enfant adultérin,

(*a*) Paris, 13 juil. 1812 : *J. P. t.* 64, *p.* 106. — (*b*) Nismes, 14 mars 1812 : *J. P. t.* 55, *p.* 49. — (*c*) Cas. 24 juil 1811 ; Toulouse, 5 mars 1817 : *Den.* 1811, *p.* 375 ; *J. P. t.* 54, *p.* 97.

faite par acte authentique antérieur au Code, est-elle valable? — Jugé diversement (*a*).

2606. L'adoption authentique faite, avant le Code, par une femme mariée, est valable, quoique le mari n'ait pas concouru à l'acte, ni autorisé à le passer (*b*).

2607. Nonobstant ce que dessus (2600. 2601), celui qui a été adopté en minorité, et qui se trouvait majeur lors de la publication de la loi du 25 germinal an XI, a pu renoncer à l'adoption (*c*).

2608. Dans les trois mois de cette même publication (*d*).

2609. La même faculté a pu être exercée par tout adopté mineur lors de la publication de cette loi (*e*).

2610. Dans les trois mois qui ont suivi sa majorité (*f*).

2611. Dans l'un et l'autre cas, la renonciation a dû être faite devant l'officier de l'état civil du domicile de l'adopté (*g*).

2612. Elle a dû être notifiée à l'adoptant dans un autre délai de trois mois (*h*).

(*a*) Cas. Besançon, Aix, Nancy, 26 fruct. an XII, 4 août 1808, 10 janv. 1809, 18 août 1814, 23 déc. 1816, 9 fév. 1824, 13 juil. 1826 : *Den. an* 13, *p.* 9; 1809, *sup. p.* 71; *Sir.* 1809, *sup. p.* 258; *J. P. t.* 40, *p.* 349; *t.* 48, *p.* 225; *t.* 69, *p.* 5; *t.* 77, *p.* 222. — (*b*) Cas. 13 déc. 1809 : *Den.* 1809, *p.* 528. — (*c*) Art. 2, loi 25 germ. an XI : *B.* 271, *n°* 2700, 3ᵉ s. — (*d*) *Id.* — (*e*) *Id.* — (*f*) *Id.* — (*g*) *Id.* — (*h*) *Id.*

2613. Suivant le nouveau système, toute adoption est irrévocable, même de la part de l'adopté, parce que le contrat ne se forme avec celui-ci que lorsqu'il est devenu majeur. Mais les anciennes adoptions ont pour la plupart été dirigées sur des mineurs, non à titre de tutelle officieuse, institution dont l'idée est neuve, et dont le nom n'avait pas encore été prononcé, mais à titre d'adoption parfaite. Dans cette situation, il a paru juste, non d'assimiler les anciennes adoptions à la tutelle officieuse, ce qui tendrait à dénaturer le contrat qu'on a voulu former; mais, en laissant subsister l'adoption, de réserver au mineur la faculté d'y renoncer.

2614. Lorsqu'un enfant, adopté avant le Code, réclame la succession de son père adoptant, on ne peut la lui refuser sous prétexte qu'étant encore mineur, il a le droit de renoncer à l'adoption dans les trois mois de sa majorité (*a*).

2615. Les adoptions auxquelles l'adopté n'a point renoncé, produisent les effets suivans (*b*).

2616. Si ces droits ont été réglés par acte ou contrat authentique, disposition entre vifs ou à cause de mort, faits sans lésion de légitime d'enfant, transaction ou jugement passé en

______

(*a*) Paris, 9 niv. an XIII : *J. C. C.* t. 5, *p.* 420. — (*b*) Art. 5, loi 25 germ. an XI : *B.* 271. n° 2700. 3ᵉ *s.*

force de chose jugée, il n'est porté aucune atteinte auxdits acte, contrat, disposition, transaction ou jugement (*a*).

2617. Ils sont exécutés selon leur forme et teneur (*b*).

2618. L'enfant adoptif qui, par l'acte d'adoption, a été appelé à la succession de l'adoptant, *conformément aux lois*, mais à qui il a été fait depuis, par celui-ci, un simple legs, ne peut jouir des droits que le Code accorde aux adoptés (*c*).

2619. L'adoptant qui n'a pas lui-même expliqué ou limité sa libéralité, a voulu qu'elle eût le plus d'étendue possible, ou du moins n'a voulu la soumettre qu'aux limitations que la loi pourrait y apporter. En l'absence ou à défaut de toute espèce d'actes authentiques spécifiant ce que l'adoptant a voulu donner à l'adopté, celui-ci jouit de tous les droits accordés par le Code civil (*d*).

2620. Si, dans les six mois qui ont suivi la publication de la loi du 25 germinal an XI, l'adoptant ne s'est présenté devant le juge de paix de son domicile, pour y affirmer que son intention n'a pas été de conférer à l'adopté tous les droits de successibilité qui appartien-

---

(*a*) Art. 3, loi 25 germ. an XI : *B.* 271, *n*° 2700, 3ᵉ *série.* — (*b*) *Id.* — (*c*) Cas. 6 oct. 1808 : *Den.* 1808, *p.* 511. — (*d*) Art. 4, loi 25 germ. an XI : *B.* 271, *n*° 2700, 3ᵉ *série.*

draient à un enfant légitime (*a*). Quelque juste que soit la présomption légale, ce n'est pourtant qu'une présomption; et l'on ne saurait envisager sans effroi la situation dans laquelle se trouverait un homme dont la loi viendrait étendre les bienfaits au-delà de sa volonté. Toutes les passions que peut déchaîner un faux calcul n'empoisonneraient-elles pas sa vie, n'altéreraient-elles pas les douces affections sur lesquelles l'adoption doit reposer, et ne rendraient-elles pas l'adopté un objet de haine pour l'adoptant?

2621. Cette faculté d'affirmer l'intention est un droit personnel à l'adoptant (*b*).

2622. Elle n'appartient point à ses héritiers (*c*).

2623. Dans le cas où l'adoptant a fait l'affirmation dans le délai (2620), les droits de l'adopté sont, quant à la successibilité, limités au tiers de ceux qui appartiendraient à un enfant légitime (*d*).

2624. S'il résulte de l'un des actes maintenus (2616. 2617) que les droits de l'adopté soient inférieurs à ceux accordés par le Code civil, ceux-ci peuvent lui être conférés en entier par une nouvelle adoption (*e*).

(*a*) Art. 4, loi 25 germ. an xi : B. 271, n° 2700, 3ᵉ s. — (*b*) *Id* — (*c*) *Id.* — (*d*) Art. 5. — (*e*) Art. 6.

2625. L'instruction de cette adoption a lieu conformément aux dispositions du Code (*a*).

2626. Mais sans autres conditions de la part de l'adoptant, que d'être sans enfans ni descendans légitimes (*b*).

2627. D'avoir quinze ans de plus que l'adopté (*c*).

2628. Et, si l'adoptant est marié, d'obtenir le consentement de l'autre époux (*d*).

2629. Les dispositions relatives aux six années de services non interrompus rendus à l'enfant pendant sa minorité, et au titre légal qui s'obtient par la tutelle officieuse, sont des conditions auxquelles il aurait été injuste d'assujettir l'adoptant, puisqu'il lui avait été impossible de les prévoir.

2630. Le droit de porter le nom de l'adoptant et de rester dans sa famille naturelle, les prohibitions de mariage, l'obligation alimentaire, le droit de retour (2491—2499. 2501. 2510—2512. 2514—2519), sont au surplus communs à tous les individus adoptés depuis le décret du 18 janvier 1792, et autres lois y relatives (*e*).

(*a*) Art. 6; loi 25 germ. an xi : B. 271, n° 2700. 5ᵉ s. — (*b*) *Id.* — (*c*) *Id.* — (*d*) *Id.* — (*e*) Art. 7.

PUISSANCE PATERNELLE.

—

2631. La nature et la raison exigent l'établissement et l'exercice de la puissance paternelle. C'est un droit qui donne au père et à la mère, pendant un temps limité, et sous certaines conditions, la surveillance de la personne, l'administration et la jouissance des biens de leurs enfans.

2632. Que le pouvoir des pères dérive du droit naturel ou du droit civil, ou plutôt qu'il participe en même temps de l'un et de l'autre, il suffit qu'il soit reconnu par tous les peuples policés, qu'il soit l'un des plus fermes liens de la société, pour qu'il ne s'élève pas le moindre doute sur la nécessité de le maintenir. L'autorité sur les enfans est toute de défense et de protection dans le premier âge ; elle acquiert ensuite une intensité proportionnée aux besoins de l'adolescence, que les passions assiègent et environnent d'écueils. *Patria potestas in pietate debet, non in atrocitate, consistere.*

2633. On ne lit ici qu'une partie de ce qui constitue la plénitude de cette puissance. Pour le surplus il faut recourir à ce qui est dit du consentement pour le mariage, et aux passages relatifs aux donations et testamens. A l'exception de la règle suivante, la puissance paternelle n'est traitée en ce moment que sous le point de vue de la minorité.

2634. L'enfant, à tout âge, doit honneur et respect à ses père et mère (*a*). Quoique ceci ne contienne pas, à proprement parler, un précepte législatif, et que, sous ce rapport, il ait été proposé de le rejeter, on a observé avec raison que les rédacteurs avaient cru utile de placer en tête les devoirs que la qualité de fils impose, de même que, dans le titre du mariage, on a inséré une maxime qui retrace les devoirs des époux ; et que ce passage, renfermant d'ailleurs le principe dont les autres ne font que développer les conséquences, devient pour les juges un point d'appui en beaucoup d'occasions, telles, par exemple, que des contestations d'intérêt entre des enfans et leurs parens, où ceux-là, passant, dans leurs moyens d'attaque ou de défense, les bornes que le respect leur impose, auraient besoin d'y être ramenés par des admonitions ou des actes d'animadversion plus ou moins sévères, selon la gravité de l'offense. *Filio semper honesta et sancta persona patris videri debet.*

2635. Cependant, le concours d'un fils majeur à la délibération qui exclut son père de

____

(*a*) Art. 371 c. c.

l'administration légale, ne suffit pas pour faire annuler cette délibération (*a*).

2636. L'enfant reste sous l'autorité de ses père et mère jusqu'à sa majorité (*b*), fixée à vingt-un ans (2729. 3400).

2637. Ou jusqu'à son émancipation (*c*). Quand l'âge de vingt-un ans paraît trop reculé, eu égard à la maturité d'esprit de quelques enfans, le remède est dans la loi même: l'émancipation obvie à pareil inconvénient. *Emancipatione quoque desinunt liberi in potestate parentum esse. Emancipatio à patriâ potestate liberat.*

2638. Le père seul exerce cette autorité durant le mariage (*d*). Il est chef de la famille. Un pouvoir partagé s'affaiblit par cela même, et tourne souvent en sens contraire de l'objet de son institution. La loi n'entend pourtant pas écarter la mère de cette magistrature. Elle l'exerce à son tour, et prend la place du père, s'il vient à manquer.

2639. L'enfant ne peut quitter la maison paternelle sans la permission de son père (*e*). Ce serait se soustraire à son autorité.

2640. Un père veuf n'est pas contraint d'envoyer son enfant visiter son aïeul maternel, subrogé tuteur de cet enfant (*f*).

(*a*) Cas. 16 déc. 1829 : *J. P. t.* 86 , p. 135. — (*b*) Art. 372 c. c. — (*c*) Id. — (*d*) Art. 373. — (*e*) Art. 374. — (*f*) Nîmes, 10 juin 1824 : *J. P. t.* 74 , p. 548.

2641. L'enfant qui croit avoir à se plaindre de son père, n'est pas libre de le quitter, sans autorisation préalable du tribunal (*a*). Reprendre ailleurs (1468. 1469).

2642. Il y a exception si c'est pour enrôlement militaire (*b*).

2643. Après l'âge de dix-huit ans révolus (*c*). S'il est émancipé pour ce seul acte, ce n'est qu'à l'âge où il aurait pu l'être par un conseil de famille, et trois ans après celui où ses propres parens auraient pu l'émanciper.

2644. De ce pouvoir des parens sur leurs enfans doivent sortir tous les moyens de correction nécessaires pour le rendre utile et profitable aux enfans même. La loi fondamentale de la puissance paternelle serait incomplète, si elle n'organisait pas les voies de répression. Le législateur a dû prévoir que quelquefois les exemples, les exhortations d'un père, les privations qu'il impose, les peines légères qu'il fait subir, seraient insuffisans pour maintenir dans le devoir un enfant non heureusement né, et pour corriger de perverses inclinations. Il appelle alors l'autorité publique au secours de la magistrature domestique. Dans certains cas, le juge ne fait que légaliser, pour ainsi dire, ne fait qu'ordonner l'exécution pure et simple de la volonté du pere.

(*a*) Caen, 51 déc. 1811 : *J. C. C. t.* 19, *p.* 226 — (*b*) Art. 374 c. c. — (*c*) *Id.*

2645. La loi du 24 août 1790 établissait dans cette occasion un tribunal de famille, qui pouvait admettre, mais qui pouvait rejeter la plainte du père. La décision de ce tribunal n'était exécutoire qu'en vertu de l'ordonnance du juge, rendue en connaissance de cause. Cet ordre de choses était inconvenant, inefficace. Il créait un procès entre le père et le fils, procès que le père ne pouvait perdre sans compromettre son autorité. Il n'établissait aucune différence relativement à l'âge et à la situation de l'enfant.

2646. Le Code admet ces distinctions. Il règle le pouvoir du père par des considérations prises de l'âge de l'enfant. Autant il est raisonnable de donner au père le droit de faire enfermer, de sa seule autorité et pour quelques jours, un enfant de douze ans, autant il serait injuste de lui abandonner, et de laisser, pour ainsi dire, à sa discrétion un adolescent d'une éducation soignée, et qui annoncerait des talens précoces. Quelque vénération que méritent les pères, la loi ne doit cependant pas être basée sur la fausse supposition que tous sont également bons et vertueux. La loi doit tenir la balance avec équité, et le législateur ne doit pas oublier que trop de dureté prépare des révolutions.

2647. Le père qui a des sujets de mécontentement très-graves sur la conduite d'un enfant, a les moyens de correction suivans (*a*).

2648. Si l'enfant est âgé de moins de seize ans commencés, le père peut le faire détenir (*b*).

2649. Pendant un temps qui ne peut excéder un mois (*c*).

2650. A cet effet, le président du tribunal d'arrondissement doit, sur sa demande, délivrer l'ordre d'arrestation (*d*).

2651. Depuis l'âge de seize ans commencés jusqu'à la majorité ou l'émancipation, le père peut seulement requérir la détention de son enfant (*e*).

2652. Pendant six mois au plus (*f*).

2653. Il s'adresse au président dudit tribunal (*g*).

2654. Ce président délivre l'ordre d'arrestation (*h*), quand elle lui paraît nécessaire.

2655. Ou le refuse (*i*), s'il trouve qu'il y ait abus.

2656. Après en avoir conféré avec le procureur du roi (*j*), lequel n'a là que voix délibérative.

2657. Il peut, dans le premier cas (2654), abréger le temps de la détention requis par le père (*k*). Les pères inspirent sans doute beaucoup de confiance, mais la loi a dû trouver un moyen

(*a*) Art. 375 c. c. — (*b*) Art. 376. — (*c*) *Id.* — (*d*) *Id.* — (*e*) Art. 377. — (*f*) *Id.* — (*g*) *Id.* — (*h*) *Id.* — (*i*) *Id.* — (*j*) *Id.* — (*k*) *Id.*

de prévenir les abus du pouvoir qu'elle leur accorde.

2658. Il n'y a, dans l'un et l'autre cas (2654 — 2657, aucune écriture (*a*) telle que requête, défenses, conclusions.

2659. Ni formalité judiciaire (*b*), comme assignation, sommation, protestation, etc.

2660. Si ce n'est l'ordre même d'arrestation (*c*).

2661. Ainsi le veut la nature même de cet ordre, qui est absolu. La puissance paternelle s'évanouirait, s'il s'établissait un procès entre le père et l'enfant.

2662. Dans l'ordre ne sont pas énoncés les motifs de l'arrestation (*d*). Les erreurs des enfans doivent être étouffées dans le sein des familles. Donner de la publicité à des travers de jeunesse, en éterniser le souvenir, serait marcher directement contre le but qu'on se propose, et de ces punitions même, qui ne sont infligées à l'enfance que pour épargner des tourmens à l'âge mûr, faire des chagrins qui flétriraient le reste de la vie.

2663. Le père est seulement tenu de souscrire une soumission de payer tous les frais (*e*). Puisqu'il invoque le secours de l'autorité publique, il doit l'indemniser des dépenses qu'elle fait pour le servir.

2664. Il est encore tenu de fournir les ali-

(*a*) Art. 378 c. c. — (*b*) Id. — (*c*) Id. — (*d*) Id. — (*e*) Id.

mens convenables (*a*). Le père, quelque part que soit son enfant, doit lui procurer le nécessaire (1435).

2665. Le père est toujours maître d'abréger la durée de la détention par lui ordonnée ou requise (*b*). La loi se prête, pour ainsi dire, au repentir des enfans et à la bonté des pères. Elle est imitative de leur tendresse.

2666. Si, après sa sortie, l'enfant tombe dans de nouveaux écarts, la détention peut être de nouveau ordonnée (*c*).

2667. De la manière prescrite ci-dessus (*d*), et sauf les diverses restrictions exprimées (2648 —2657).

2668. L'expérience ne prouve que trop que les secondes noces sont ordinairement funestes aux enfans d'un premier mariage. Le secours de l'autorité pour l'arrestation du fils de famille n'est accordé qu'avec de grandes précautions, si le père qui se plaint est remarié. La loi ne lui suppose plus alors la même tendresse ni la même impartialité, et elle l'oblige, pour faire détenir son enfant du premier lit, lors même qu'il serait âgé de moins de seize ans, à se conformer à ce qui est prescrit quand l'enfant a passé cet âge (*e*); c'est à dire que l'ordre d'arrestation n'est délivré qu'après le plus sévère examen avec le procureur du roi ; que le président n'est pas forcé de le donner;

(*a*) Art. 378 c. c. — (*b*) Art. 379. — (*c*) *Id.* — (*d*) *Id.* — (*e*) Art. 380.

qu'il peut, en l'accordant, abréger la durée de la détention.

2669. Peut faire détenir un enfant la mère survivante (*a*).

2670. Si elle n'est pas remariée (*b*), car un second mariage lui ravit ce droit.

2671. Mais ce n'est qu'avec le concours des deux plus proches parens paternels (*c*). Une veuve sans défense, dont toutes les actions sont exposées à la critique de la malignité, trouve à se ménager, dans ce concours, des témoins impartiaux, faits pour attester la nécessité d'une mesure de rigueur, et garantir la bonne administration.

2672. La mère ne peut alors agir que par voie (2651—2657) de réquisition (*d*). Trop faible ou trop légèrement alarmée, la mère pourrait trop facilement recourir aux moyens extrêmes.

2673. Il faut des précautions plus sérieuses encore lorsque l'enfant dont le père demande l'arrestation, a des biens personnels, ou exerce déjà un état dans la société. La détention ne peut alors, même au-dessous de seize ans, avoir lieu que par voie de réquisition (*e*)

2674. En la forme prescrite (2651—2657) ci-dessus (*f*). Si cet enfant a pour père un dissipateur, ce père cherchera à le dépouiller, et

---

(*a*) Art. 381 c. c. — (*b*) Id. — (*c*) Id. — (*d*) Id. — (*e*) Art. 382. — (*f*) Id.

se vengera des refus, en faisant acheter la liberté.

2675. Il est de toute justice, dans cette dernière supposition, que l'enfant détenu puisse adresser, contre la décision provisoirement exécutoire, un mémoire au procureur général près la cour royale (*a*).

2676. Celui-ci se fait rendre compte par le procureur du roi près le tribunal de première instance (*b*).

2677. Il fait son rapport au président de la cour royale (*c*).

2678. Ce président peut révoquer l'ordre délivré par le président du tribunal de première instance (*d*).

2679. Ou le modifier (*e*), d'après les considérations déjà présentées (2657).

2680. Après en avoir donné avis au père (*f*).

2681. Et après avoir recueilli tous les renseignemens (*g*).

2682. On a objecté que le recours du fils au procureur général ne serait pas sans inconvénient; qu'il devait, pour être utile, amener une discussion en connaissance de cause, et que dès lors on retombait dans les écueils qu'on avait voulu éviter. Mais il a été répondu que ces craintes disparaissaient lorsqu'il est clairement exprimé que tout doit être traité, en cas

(*a*) Art. 382 c. c. — (*b*) *Id.* — (*c*) *Id.* — (*d*) *Id.* — (*e*) *Id.* — (*f*) *Id.* — (*g*) *Id.*

de pourvoi, comme devant le président et le procureur du roi de première instance, c'est-à-dire secrètement ; que le pourvoi ne suspend pas l'ordre d'arrestation ; et que l'on cherche à prévenir, à paralyser les surprises, les intrigues de localité, à empêcher qu'il ne s'établisse entre les mains des père et mère un moyen de despotisme contre leurs enfans.

2683. Les moyens de correction ci-dessus (2648—2667) sont communs aux pères et mères des enfans naturels légalement reconnus (*a*).

2684. Quand un enfant naturel est reconnu par ses père et mère, à qui des deux, sur la demande qu'en font l'un et l'autre, doivent être confiées sa garde et son éducation ? — A celui dont les soins promettent pour l'enfant un plus grand avantage (*b*).

2685. Le père, durant le mariage, a la jouissance des biens de ses enfans (*c*). *Quodcumque filius ex liberalitate fortunæ acquirit, patri acquiritur usque ad usumfructum solum.*

2686. Jusqu'à l'âge de dix-huit ans accomplis (*d*).

2687. Ou jusqu'à l'émancipation qui peut avoir lieu avant l'âge de dix-huit ans (*e*).

2688. Si les pères jouissaient des biens de leurs enfans jusqu'à la majorité de ces derniers, on aurait à craindre que, pour se con-

(*a*) Art. 383 c. c. — (*b*) Agen, 16 frim. an xiv : *Den.* 1806, *déc. div. p.* 66. — (*c*) Art. 384 c. c. — (*d*) *Id.* — (*e*) *Id.*

server cet avantage dans toute son étendue, ils ne se refusassent à une émancipation ou à un mariage dont pourraient dépendre le bonheur et la fortune de leurs enfans.

2689. Après la dissolution du mariage, cette même jouissance appartient au survivant des père et mère (*a*), sans distinction de sexe.

2690. Elle n'appartient point au père de l'enfant naturel reconnu (*b*).

2691. En prononçant que la mère jouit des mêmes droits que le père (2689), on établit une égale indemnité là où la nature a établi une égalité de peines, de soins et d'affections; on répare l'injustice de plusieurs siècles; on fait, s'il est permis de le dire, entrer pour la première fois la mère dans la famille; on la réintègre dans des droits imprescriptibles : droits sacrés, trop méprisés par les législations anciennes; reconnus, accueillis par quelques-unes de nos coutumes, et notamment par celle de Paris; mais qui, effacés de nos Codes, auraient dû se retrouver dans le cœur des enfans bien nés. *Pietas parentibus, etsi inæqualis est eorum potestas, æqua debetur.*

2692. Du terme fixé à la jouissance des père et mère il ne résulte pas qu'elle passe, à cette époque, aux enfans, et qu'ils puissent gérer et administrer par eux-mêmes, s'ils ne

(*a*) Art. 384 c. c. — (*b*) Pau, 13 fév. 1822 : *J. P. t.* 64, *p.* 496.

sont pas émancipés. Il s'ensuit seulement que les pères et mères n'acquièrent plus les fruits en propriété, et sont obligés d'en compter.

2693. Les charges de la jouissance accordée aux père et mère sont 1° celles auxquelles sont tenus les usufruitiers (*a*) : ce titre est effectivement le leur (2685).

2694. Excepté pourtant l'obligation de fournir caution, comme on le verra au titre de l'usufruit (4156).

2695. 2° La nourriture des enfans (*b*), charge déjà inhérente au mariage (1433).

2696. Leur entretien (*c*). Ils en seraient tenus par la seule force du sang, lors même que les enfans n'auraient pas de biens.

2697. Leur éducation (*d*), dette aussi naturelle que légale.

2698. Le tout selon leur fortune (*e*), et dans la proportion qu'elle permet.

2699. 3° Le paiement des arrérages ou intérêts des capitaux (*f*), comme pour tout autre usufruit (4197—4227).

2700. 4° Les frais funéraires (*g*).

2701. Ceux de dernière maladie (*h*).

2702. 5° Le soin de tout ce qui regarde les biens, c'est-à-dire la conservation des droits, le recouvrement des créances, la poursuite et

(*a*) Art. 385 c. c. — (*b*) *Id.* — (*c*) *Id.* — (*d*) *Id.* — (*e*) *Id.* — (*f*) *Id.* — (*g*) *Id.* — (*h*) *Id.*

défense des causes, les dépenses nécessaires, et en général tout ce que demande une juste administration.

2703. Cette jouissance n'a pas lieu au profit de celui des père et mère contre lequel le divorce a été prononcé (*a*). Il a, par un délit grave, brisé les nœuds les plus sacrés. Pour lui il n'y a plus de famille.

2704. Cette jouissance cesse à l'égard de la mère dans le cas d'un second mariage (*b*). Quelques motifs parlent en faveur des mères qui ne se remarient que pour conserver à leurs enfans l'établissement formé par le père. Mais cette exception ne détruit pas l'inconvenance qu'il y aurait à établir en principe que la mère peut porter dans une autre famille les revenus des enfans du premier lit, et enrichir ainsi son nouvel époux à leur préjudice.

2705. La mère ainsi privée de la jouissance, n'est obligée de nourrir à ses frais ses enfans mineurs (1433) qu'autant que leurs biens ne peuvent y suffire (*c*).

2706. La veuve qui vit dans le désordre, perd-elle la jouissance ou seulement l'administration des biens de ses enfans ? — Jugé diversement (*d*).

2707. Dans le cas de perte par second ma-

***

(*a*) Art. 386 c. c. — (*b*) *Id.* — (*c*) Nismes, 1ᵉʳ mai 1826 : *J. G.* 1826, 2ᵉ *part. p.* 156. — (*d*) Limoges, Aix, 2 avril 1810, 30 juil. 1813 : *J. C. C. t.* 15, *p.* 279 ; *J. P. t.* 39, *p.* 39.

riage (2704), les charges cessent avec la jouissance (a).

2708. Cette même jouissance ne s'étend pas aux biens que les enfans peuvent acquérir par un travail et une industrie séparés (b). Cet encouragement leur est dû.

2709. Ni à ceux qui leur sont donnés ou légués sous la condition expresse que les père et mère n'en jouiront pas (c). C'est une suite du respect pour les volontés raisonnables consignées dans un acte de libéralité. *Excipitur quod filio datur sub eâ conditione ne ad patrem perveniat ususfructus : hæc enim et extraneis relinquere poterant.*

2710. Est-elle réputée non écrite la clause par laquelle un testateur déclare ne pas vouloir que le père du mineur légataire administre les biens légués ? — Jugé diversement (d).

2711. Pour les autres causes qui font perdre cet usufruit légal, voir les effets de l'indignité, sous le titre des qualités requises pour succéder; et ceux du défaut d'inventaire, au titre de la dissolution de communauté. Voir aussi plus bas (2725. 3036).

2712. Un avis du conseil d'état (e) du 30

***

(a) Trèves, 20 janv. 1812 : *J. C. C.* t. 19, p. 220. — (b) Art. 387 c. c. — (c) *Id.* — (d) Cas. 11 nov. 1828 ; Caen, 11 août 1825 : *J. P.* t. 76, p. 190 ; t. 84, p. 199. — (e) B. 349, n° 6505, 4ᵉ série.

janvier 1811, règle la manière de pourvoir à l'administration et à l'emploi du revenu des majorats, pendant la minorité des titulaires.

2713. Le fils de famille n'est point admis à prouver que de son industrie personnelle proviennent et doivent lui appartenir les acquêts faits par son père (*a*).

2714. Si le père qui a joui de l'usufruit légal, en a fait des acquisitions, ou autrement augmenté ses biens, il peut disposer à sa volonté de ce qui en est provenu ; et ce qui s'en trouve rester dans sa succession est commun à tous ses enfans, sans que celui dont les biens ont produit cette jouissance, en ait plus que les autres ; car c'était un droit acquis au père, et qui lui était propre comme le surplus de sa fortune.

2715. Au contraire, si le père qui a l'usufruit des biens d'un de ses enfans, ne se prévaut pas de ce droit, les autres ne peuvent, après sa mort, rien demander pour cet usufruit, ni pour ce qui en serait provenu. Il a été libre au père de s'en abstenir, et d'en laisser jouir le fils à qui les biens appartenaient.

2716. Tout père de famille ayant sept enfans vivans, peut en désigner un parmi les mâles (*b*).

(*a*) Turin, 16 août 1806 : *J. C. C. t.* 8, *p.* 130. — (*b*) Loi 29 niv. an XIII : *B.* 58, *n°* 480, 4ᵉ *s.*

2717. L'enfant désigné est élevé dans un collége ou dans une école d'arts et métiers (*a*).

2718. Aux frais de l'État (*b*).

2719. Lorsqu'il est arrivé à l'âge de dix ans révolus (*c*).

2720. Le choix du père doit être déclaré au sous-préfet (*d*).

2721. Dans le délai de trois mois de la naissance du dernier enfant (*e*).

2722. Ce délai expiré, la déclaration n'est plus admise (*f*).

2723. Si le père décède dans l'intervalle des trois mois, le choix appartient à la mère (*g*).

2724. Si la mère décède dans le même intervalle, le choix appartient au tuteur (*h*).

2725. Les père et mère qui ont excité, favorisé ou facilité la prostitution ou corruption de leurs enfans, sont privés des avantages et droits résultant de la puissance paternelle (*i*).

(*a*) Loi 29 niv. an XIII : *B.* 58, n° 480, 4ᵉ s. — (*b*) *Id.* — (*c*) *Id.* — (*d*) *Id.* — (*e*) *Id.* — (*f*) *Id.* — (*g*) *Id.* — (*h*) *Id.* — (*i*) Art. 335 c. P.

LÉGISLATION TRANSITOIRE.

2726. L'usufruit légal des père et mère (2685—2687. 2689) s'applique aux immeubles dont les enfans étaient, lors de la publication du Code, en jouissance d'après la coutume locale (*a*).

2727. Les dispositions du Code qui ont changé les droits du père à l'usufruit des biens de son fils, sont applicables au cas même où le père se trouvait déjà en possession de cet usufruit lors de la publication du Code (*b*).

2728. Le père contre qui le divorce a été prononcé sous la loi du 20 septembre 1792, peut être privé de l'usufruit légal, quoique ce divorce ait été prononcé pour cause autre que celles admises par le Code (*c*).

(*a*) Cas. 11 mai 1819 : *J. P. t.* 55, *p.* 346. — (*b*) Turin, 7 fruct. an XII : *Sir. et Den.* 1807, *Déc. div. p.* 37. — (*c*) Cas. 5 janv. 1829 : *J. P. t.* 83, *p.* 237.

—

MINORITÉ.

2729. LE mineur est l'individu de l'un et de l'autre sexe qui n'a point encore l'âge de vingt-un ans accomplis (*a*). *Hominis appellatione tàm masculum quàm feminam contineri non dubitatur.* Cette règle a été maintenue, quoiqu'elle se trouvât en opposition avec des souvenirs récens; car, avant la loi du 20 septembre 1792, la minorité durait jusqu'à l'âge de vingt-cinq ans, sur presque tous les points du territoire français. L'exemple de plusieurs états voisins, où la minorité cessait à un âge moins avancé; celui, plus frappant encore, de quelques-unes de nos provinces, comme l'Anjou et le Maine, où la minorité s'arrêtait à vingt ans, sans que l'ordre public ni les intérêts privés en souffrissent; les développemens de notre organisation morale, qui se trouvent avancés en proportion des progrès que les lumières ont faits depuis plusieurs siècles : toutes ces circonstances sollicitaient une réforme. Mais peut-être n'eussent-elles point prévalu contre d'antiques habitudes, sans la révolution, qui, en ébranlant tout, dut froisser beaucoup d'intérêts, mais détruisit aussi beaucoup de préjugés. Alors on osa exa-

(*a*) Art. 388 c. c.

miner la question, et l'on reconnut que l'incapacité civile résultant de la minorité, portée au-delà du vrai, mettait la société en perte réelle de toute la somme de travaux et de transactions qu'y eût versée l'individu paralysé par la loi. On reconnut aussi que la capacité naturelle était la vraie mesure de la capacité légale; et comme on ne pouvait méconnaître que cette capacité existait, sinon chez tous les individus, au moins chez le plus grand nombre, à vingt-un ans, le terme de la minorité fut fixé à cet âge.

2730. La majorité est acquise le premier jour de la vingt-deuxième année. Elle ne l'est qu'à cette époque, car la loi dit vingt-un ans accomplis : or, la vingt-unième année n'est accomplie que par la révolution de son dernier jour. Mais la majorité est acquise au premier instant du premier jour de la vingt-deuxième année, suivant la maxime que, dans tous les termes fixés pour les intérêts et la liberté du citoyen, le jour commencé est censé accompli. *Dies inceptus pro completo habetur.*

2731. Cette majorité est pleine et entière comme autrefois celle de vingt-cinq ans. Elle rend celui qui l'a acquise, parfaitement habile à toute sorte d'actes et de traités, sauf trois exceptions, relatives, l'une au mariage, l'autre au divorce par consentement mutuel, et la dernière à l'adoption.

TUTELLE.

—

2732. La tutelle est le pouvoir donné par la loi à un citoyen, pour défendre celui à qui la faiblesse de son âge ne permet pas de se défendre lui-même. *Tutela est vis ac potestas ad tuendum eum qui, propter ætatem suam, sponte se defendere nequit, jure civili data ac permissa.*

2733. Tout mineur n'est pas nécessairement en tutelle. Celui dont les père et mère sont vivans, trouve en eux des protecteurs naturels (1433. 2636. 2637); et s'il a quelques biens personnels, l'administration en appartient à son père (2735). La tutelle commence au décès du père et de la mère : cette perte réclame en faveur du mineur une protection plus spéciale.

2734. Le tuteur est celui à qui est commis le soin de la personne et des biens du mineur.

2735. LE père est, durant le mariage, administrateur des biens personnels de ses enfans mineurs *(a)*, et leur tient lieu, à cet égard, de tuteur légitime. *Patrem habenti tutor non datur.*

2736. Il est comptable, quant à la propriété et aux revenus, des biens dont il n'a pas la jouissance *(b)*.

2737. Il l'est, quant à la propriété seulement, de ceux des biens dont la loi lui donne l'usufruit *(c)*.

2738. L'enfant mineur a-t-il sur les biens de son père hypothèque légale pour raison de cette administration (2735—2737)? — Jugé diversement *(d)*.

2739. Dans une grande partie de la France, toute tutelle était dative, c'est-à-dire donnée par le juge, d'après le choix fait par la famille assemblée. Dans d'autres contrées du territoire français, et plus spécialement dans les pays de droit écrit, on admettait la tutelle légitime et la tutelle testamentaire : ainsi le père avait de droit la tutelle de son fils; et l'ascendant celle

---

(a) Art. 389 c. c. — *(b) Id.* — *(c) Id.* — *(d)* Cas. 3 déc. 1821; Toulouse, Lyon, 23 déc. 1818. 3 juil. 1827 : *J. P. t.* 56, *p.* 510; *t.* 62, *p.* 337; *t.* 79, *p.* 502.

du petit-fils, si le père n'avait, par son testament, désigné un autre tuteur. Le Code adopte ce dernier système, comme plus conforme au vœu de la nature, et comme honorant davantage ce qu'il y a de plus sacré parmi les hommes, le caractère de père de famille. Mais en même temps il a paru juste de faire participer les mères aux honneurs de la tutelle légitime. Autrefois elles pouvaient être tutrices de leurs enfans, mais ce n'était que par une espèce de dérogation au droit commun. Cependant avaient-elles pour leurs enfans moins de tendresse que les pères ? En leur accordant comme un droit ce qu'elles n'obtenaient que comme une grace, n'est-ce pas leur rendre justice, et relever leur caractère trop long-temps méconnu ? Cette disposition a d'ailleurs une connexion intime avec celle relative à la puissance paternelle, qui accorde à la mère survivante les fruits provenant des biens de son enfant jusqu'à ce que celui-ci ait atteint l'âge de dix-huit ans (2685. 2686. 2689) : car, en jouissant pour elle, elle administre pour son enfant; et l'ancienne objection, tirée du défaut de capacité qu'on lui supposait pour administrer des biens, se réduit à peu de chose, quand on réfléchit que la mère doit avoir l'usufruit légal de ces mêmes biens dont on avait craint précédemment de lui confier l'administration.

2740. Après la dissolution du mariage arrivée par la mort naturelle ou civile de l'un des époux, la tutelle des enfans mineurs et non émancipés appartient de plein droit au survivant des père et mère (*a*). Qui choisirait-on de plus affectionné pour les intérêts du pupille? Quelle plus forte garantie que l'amour paternel? *Quis talis affectus extraneus invenietur, ut vincat paternum?*

2741. La tutelle d'un enfant naturel est-elle légale ou dative? — Jugé diversement (*b*).

2742. Un testateur peut ôter au père l'usufruit des biens qu'il donne à l'enfant (*c*) : application d'une règle précédente (2709).

2743. Mais non leur administration (*d*), laquelle fait partie du droit de tutelle.

2744. Un père dissipateur ne peut, durant le mariage, être destitué de l'administration de la personne de ses enfans mineurs (*e*).

2745. Mais il peut être privé de l'administration de leurs biens personnels (*f*).

2746. La femme divorcée qui a convolé à un second mariage, n'est pas de plein droit, au cas de décès du mari, tutrice des enfans provenus de leur union (*g*).

(*a*) Art. 390 c. c. — (*b*) Brux. Paris, Pau, 4 fév. et 9 août 1811, 13 fév. 1822 : *J. P. t.* 29, *p.* 568; *t.* 30, *p.* 549; *t.* 64, *p.* 496. — (*c*) Besançon, 15 nov. 1807 : *J. C. C. t.* 10, *p.* 20. — (*d*) Besançon, Caen, 15 nov. 1807, 11 août 1825 : *J. C. C. t.* 10, *p.* 20; *J. G.* 1826, 2ᵉ *part. p.* 159. — (*e*) Paris, 29 août 1825 : *J. P. t.* 76, *p.* 395. — (*f*) *Id.* — (*g*) Paris, 5 mars 1808 : *Sir.* 1808, *déc. div. p.* 124.

2747. La tutelle peut, du consentement du tuteur naturel, être confiée à un étranger (*a*).

2748. L'affection ne suffit pas pour la bonne gestion des affaires; il faut encore des connaissances, qui manquent souvent à une femme. C'est pourquoi le père peut nommer à la mère survivante et tutrice un conseil spécial (*b*).

2749. Sans l'avis de ce conseil elle ne peut faire aucun acte relatif à la tutelle (*c*).

2750. Si le père spécifie les actes pour lesquels le conseil est nommé, la tutrice est habile à faire les autres sans son assistance (*d*). Le conseil ne peut s'immiscer dans les affaires de l'enfant plus que le père ne l'a voulu. En désignant les actes que la mère ne fera pas seule, le père lui a reconnu assez de capacité pour le reste. *Exclusio unius est admissio alterius.*

2751. Ce conseil ne peut, même avec le subrogé tuteur, défendre à une action intentée contre les mineurs par leur mère (*e*).

2752. Cette nomination de conseil ne peut être faite que de l'une des manières suivantes (*f*).

2753. 1° Par acte de dernière volonté (*g*).

(*a*) Riom, 15 avril 1809 : *Den.* 1810, *sup. p.* 11. — (*b*) Art. 391 c. c. — (*c*) *Id.* — (*d*) *Id.* — (*e*) Douai, 17 janv. 1820 : *J. P. t.* 59, *p.* 516. — (*f*) Art. 392 c. c. — (*g*) *Id.*

2754. 2° Par une déclaration faite ou devant le juge de paix (*a*).

2755. Assisté de son greffier (*b*).

2756. Ou devant notaires (*c*).

2757. Un père ne peut enlever à son épouse survivante la tutelle légale (*d*).

2758. Celui qui est encore dans le sein de sa mère, n'a pas d'état réglé, et ne l'obtient que par la naissance. Jusques là, il n'est pas compté au nombre des enfans, pas même pour acquérir au père les droits que lui donne tel ou tel nombre (2716—2724). Mais l'espérance qu'il naîtra vivant fait qu'on le considère, en ce qui le regarde lui-même, comme s'il était déjà né. *Qui in utero est, pro jam nato habetur, quoties de ejus commodo agitur.* Ainsi on lui conserve les successions échues avant sa naissance. *Pro superstite habetur is qui in utero est.* Ainsi on punit la mère qui se fait avorter (*e*).

2759. Voilà pourquoi si, lors du décès du mari, la femme est enceinte, il lui est nommé un curateur au ventre (*f*). *Non intelligitur sine liberis decessisse, qui prægnantem uxorem reliquit. Qui in utero est, perindè ac si in rebus humanis*

______

(*a*) Art. 392 c. c. — (*b*) *Id.* — (*c*) *Id.* — (*d*) Brux. Gênes, 21 mai 1806, 10 août 1811 : *J. C. C. t.* 7, *p.* 280; *t.* 19, *p.* 455. — (*e*) Art. 317 c. P. — (*f*) Art. 393 c. c.

*esset custoditur, quoties de commodo ipsius partûs
quæritur.*

2760. Ce curateur est nommé par le conseil
de famille (*a*), pour exercer les droits et régir
les biens appartenans à cet enfant.

2761. A la naissance de l'enfant, la mère en
devient tutrice (*b*), par la force du principe ci-
dessus (2740).

2762. Le curateur en est de plein droit le
subrogé tuteur (*c*). Il en a déjà rempli les fonctions, et a été nommé dans les mêmes formes.

2763. On appelle posthume l'enfant ainsi né
après la mort de son père. *Posthumos dicimus
eos duntaxat qui post mortem parentis nascuntur.*

2764. On doit nommer un curateur au ventre, sur la simple déclaration de la femme
qu'elle est enceinte (*d*).

2765. La fonction de ce curateur est d'empêcher la supposition d'enfant : il est le surveillant créé par la loi pour dévoiler la faus-
seté et la simulation de grossesse (*e*).

2766. Si le curateur au ventre a été envoyé
en possession de la succession, il n'y a pas lieu
d'ordonner la restitution pour saisir les héritiers légitimes (*f*).

2767. La mère n'est point tenue d'accep-

(*a*) Art. 393 c. c. — (*b*) *Id.* — (*c*) *Id.* — (*d*) Aix, 19 mars
1807 : *J. C. C. t.* 8. *p.* 425. — (*e*) *Id.* — (*f*) *Id.*

ter la tutelle (*a*), si elle reconnaît elle-même son incapacité d'administrer.

2768. Néanmoins, et en cas qu'elle la refuse, elle doit en remplir les devoirs jusqu'à ce qu'elle ait fait nommer un tuteur (*b*), afin que le mineur ne reste pas sans défense.

2769. Quand la mère a confié à un conseil l'administration de la tutelle, elle est libre de révoquer ce mandat (*c*).

2770. Si la mère tutrice veut se remarier, elle doit convoquer le conseil de famille (*d*).

2771. Avant l'acte de mariage (*e*).

2772. Ce conseil décide si la tutelle doit lui être conservée (*f*), d'après le caractère de la mère, celui du mari à qui elle veut s'unir, la difficulté de la gestion, le danger d'y commettre des fautes aisées à couvrir.

2773. Cette décision n'a pas besoin d'être motivée (*g*).

2774. A défaut de cette convocation, la mère perd la tutelle de plein droit (*h*).

2775. Sans qu'il soit nécessaire de faire prononcer cette déchéance (*i*).

2776. Néanmoins, les actes passés avec elle, ou les arrêts rendus contre elle, en sa qua-

---

(*a*) Art. 394 c. c. — (*b*) *Id.* — (*c*) Brux. 21 mai 1806 : *J. C. C. t.* 7 , *p.* 280. — (*d*) Art. 395 c. c. — (*e*) *Id.* — (*f*) *Id.* — (*g*) Cas. 17 nov. 1813 : *J. P. t.* 39 , *p.* 321. — (*h*) Art. 395 c. c. — (*i*) Turin, 25 juin 1810 : *J. P. t.* 27, *p.* 571.

lité de tutrice, entre le convol et la nomination
d'un nouveau tuteur, sont susceptibles d'exécution contre les pupilles (*a*).

2777. Sont valides les actes que, pendant
cet intervalle, les deux époux ont faits dans
l'intérêt des mineurs (*b*).

2778. Le nouveau mari est solidairement
responsable de toutes les suites de la tutelle que
la mère a indûment conservée (*c*). Les motifs
sont les mêmes que ci-après (2787).

2779. Il peut être condamné par corps (*d*).

2780. Ces mineurs ont hypothèque légale
sur les biens de leur beau-père (*e*).

2781. Et sur ceux de leur mère, en vertu de
la tutelle de fait (*f*).

2782. L'obligation de convoquer est imposée à la femme divorcée qui a contracté un
nouveau mariage avant l'époque où la tutelle
eût pu lui être déférée (*g*).

2783. La mère déchue de plein droit de la
tutelle pour s'être remariée sans avoir convoqué le conseil de famille, ne peut, depuis son
mariage, être réélue tutrice (*h*).

(*a*) Turin, 25 juin 1810 : *J. P. t.* 27, *p.* 571. — (*b*) Limoges,
17 juil. 1822 : *J. P. t.* 64, *p.* 347. — (*c*) Art. 395 c. c. —
(*d*) Cas. 12 août 1828 : *J. P. t.* 83, *p.* 184. — (*e*) Paris, Poitiers.
28 déc. 1822, 28 déc. 1824 : *J. P. t.* 67, *p.* 63; *t.* 75, *p.* 167.
— (*f*) Cas. 15 déc. 1825 : *J. P. t.* 76, *p.* 42. — (*g*) Paris, 5
mars 1808 : *Sir.* 1808, *déc. div. p.* 124. — (*h*) Nismes, 19 prair.
au XIII : *J. C. C. t.* 5, *p.* 75.

2784. Quoique la mère, depuis son convol, ne soit plus tutrice, elle n'en conserve pas moins le droit de surveiller l'éducation de son enfant *(a)*.

2785. Il est de certaines positions où les veuves, pour l'intérêt même de leurs mineurs, sont obligées de se remarier. La loi (2772) tempère donc sagement la rigueur du droit romain, qui dépouillait la mère de la tutelle par le seul fait des secondes noces.

2786. Lorsque le conseil de famille, dûment convoqué, conserve la tutelle à la mère, il lui donne nécessairement pour cotuteur le second mari *(b)*.

2787. Ce second mari devient solidairement responsable, avec sa femme, de la gestion postérieure au mariage *(c)*, comme chef de la nouvelle société conjugale, et principal administrateur des biens, et parce que sa femme ne peut rien faire sans son autorisation.

(a) Poitiers, 15 fév. 1811 : *J. C. C. t.* 16, *p.* 101. — *(b)* Art. 396 c. e. — *(c) Id.*

TUTELLE

DÉFÉRÉE PAR LE PÈRE OU LA MÈRE.

—

2788. Le droit individuel de choisir un tuteur, parent ou même étranger, n'appartient qu'au dernier mourant des père et mère (*a*), à cause de sa tendresse présumée, et de la vive sollicitude qu'elle doit lui inspirer pour le temps où il ne sera plus.

2789. Ce droit ne peut être exercé que dans les formes (2753—2756) ci-dessus prescrites (*b*).

2790. Sous les exceptions et modifications ci-après (*c*).

2791. Le père ou la mère peut révoquer la nomination. Fût-elle faite devant le juge de paix ou devant notaire, la tutelle déférée n'en semble pas moins testamentaire, puisqu'elle n'est donnée qu'en vue de la mort de celui qui la défère, et de manière à ne produire effet qu'après son décès.

2792. La mère remariée et non maintenue dans la tutelle des enfans de son premier mariage, ne peut leur choisir un tuteur (*d*). Outre le motif résultant de la décision du conseil de famille, qui n'a pas cru devoir conserver la

(*a*) Art. 397 c. c. — (*b*) Art. 398. — (*c*) *Id.* — (*d*) Art. 399.

tutelle à la mère (2772), il y a cette autre raison que, par son convol, elle a perdu la puissance maternelle (2669—2671. 2673).

2793. Lorsque la mère remariée, et maintenue dans la tutelle, a fait choix d'un tuteur
aux enfans de son premier mariage, ce choix
n'est valable qu'autant qu'il est confirmé par
le conseil de famille (*a*). La loi, dans ce cas, se
défie du jugement de la mère, et craint que
son choix n'ait été influencé.

2794. Le tuteur élu par le père ou la mère
n'est pas tenu d'accepter la tutelle (*b*).

2795. S'il n'est d'ailleurs dans la classe des
personnes qu'à défaut de cette élection spéciale
le conseil de famille eût pu en charger (*c*). A
cet égard, les père et mère n'ont pas plus d'autorité que le conseil (2978. 2979).

____

(*a*) Art. 400 c. c. — (*b*) Art. 401. — (*c*) *Id.*

TUTELLE DES ASCENDANS.

—

2796. L'amour des aïeux pour leurs descendans n'est guères moins vif que celui des père et mère. Ils se voient revivre en eux, surtout s'ils portent le même nom. Il semble que cette circonstance devienne un lien de plus. Lorsqu'il n'a pas été choisi au mineur un tuteur par le dernier mourant de ses père et mère, la tutelle appartient de droit à son aïeul paternel (a).

2797. A défaut de celui-ci, à son aïeul maternel (b).

2798. Et ainsi en remontant, de manière que l'ascendant paternel soit toujours préféré à l'ascendant maternel du même degré (c). Cette prédilection pour la ligne paternelle est une suite nécessaire de l'organisation de la famille (1100. 1105. 1274. 1475. 1476).

2799. Cette tutelle légitime est nouvelle en ce sens qu'elle n'est déférée qu'à défaut de la tutelle testamentaire ; en sorte que le tuteur nommé par le père ou la mère doit toujours être préféré, à moins qu'il n'y ait de justes raisons de l'écarter. *Semper legitima tutela testamentariæ cedit.* Au reste, cette tutelle n'est accordée à l'ascendant paternel, exclusivement à

____

(a) Art. 402 c. c. — (b) *Id.* — (c) *Id.*

l'ascendant maternel, qu'autant qu'ils se trouvent au même degré. Mais s'il y avait un bisaïeul paternel et un aïeul maternel, la tutelle appartiendrait au second (2798). Il faut suivre la même règle en remontant dans les degrés supérieurs

1800. Ce qui précède (2796—2798) ne s'applique pas au cas où la mère remariée est dépouillée de la tutelle des enfans de son premier mariage (*a*).

2801. Si, à défaut de l'aïeul paternel et de l'aïeul maternel du mineur, la concurrence se trouve établie entre deux ascendans du degré supérieur qui appartiennent tous deux à la ligne paternelle du mineur, la tutelle passe de droit à celui des deux qui se trouve être l'aïeul paternel du père du mineur (*b*). L'application est facile à faire. Supposez que, les aïeuls paternel et maternel du mineur étant décédés, il reste les deux bisaïeuls paternels, c'est-à-dire le père du grand-père, et celui de la grand'mère. Dans ce cas, la tutelle appartiendra au premier, qui est l'aïeul paternel du père du mineur.

2802. Si la même concurrence a lieu entre deux bisaïeuls de la ligne maternelle (*c*), il faut ou leur laisser conjointement l'administration,

____

(*a*) Cas. 26 fév. 1807 : *Sir. et Den.* 1807, p. 156. — (*b*) Art. 403 c. c. — (*c*) Art. 404.

ou la confier à l'un d'eux. C'est ce dernier parti que le législateur adopte, parce que l'unité dans l'administration des biens du mineur est plus avantageuse à celui-ci que sa division. Deux tuteurs ne sont pas toujours d'accord, et ce conflit de volontés peut nuire au mineur.

2803. La nomination est faite par le conseil de famille *(a)*.

2804. Ce conseil ne peut néanmoins choisir que l'un de ces deux ascendans *(b)*.

2805. Ce cas est inverse du précédent (2801), puisqu'il ne reste que le père du grand-père maternel, et celui de la grand'mère du mineur. Ce sont deux ascendans maternels au même degré. Ils ont droit égal à la tutelle, à moins qu'il ne se rencontre des motifs graves de les écarter, ou qu'ils ne proposent de justes raisons d'excuse.

2806. Les ascendans du sexe féminin ont-ils droit à la tutelle légale? — La loi se sert d'un mot qui peut s'appliquer aux deux sexes (2798). Mais la question se trouve décidée ci-contre (2809), où l'on voit que l'intention du législateur a été de n'appeler que les ascendans mâles. Ceux du sexe féminin peuvent, à défaut des autres, être nommés par le conseil de famille; mais la tutelle ne leur est pas déférée de droit (2804).

(*a*) Art. 404 c. c. — (*b*) Id.

TUTELLE

DÉFÉRÉE PAR LE CONSEIL DE FAMILLE.

—

2807. Il est pourvu, par un conseil de famille, à la nomination d'un tuteur, lorsqu'un enfant mineur et non émancipé reste sans père ni mère (*a*); car, autrement, il se trouve déjà pourvu (2740).

2808. Ni tuteur élu par ses père ou mère (*b*), malgré le droit qu'ils avaient d'en désigner un (2788—2795).

2809. Ni ascendans mâles (*c*), à qui serait dévolue la tutelle légale (2796—2806).

2810. Comme aussi lorsque le tuteur de l'une des qualités ci-dessus exprimées se trouve ou dans le cas des exclusions dont il sera parlé ci-après (*d*), et qui se rapportent au sexe, à la condition, aux qualités morales, etc. (3013—3065).

2811. Ou valablement excusé (*e*), à raison de ses fonctions, de son état, de son âge, de ses infirmités (2955—3012).

2812. En attribuant à ce conseil la nomina-

(*a*) Art. 405 c. c. — (*b*) *Id.* — (*c*) *Id.* — (*d*) *Id.* — (*e*) *Id.*

tion du tuteur, sans l'assujettir à homologation, la loi, par là même, l'interdit aux tribunaux (a).

2813. Ainsi, quand les juges annullent cette nomination, ils doivent en ordonner une autre, et non y procéder eux-mêmes (b).

2814. Ce conseil est convoqué soit sur la réquisition et à la diligence des parens du mineur (c).

2815. De ses créanciers (d).

2816. Ou d'autres parties intéressées (e).

2817. Soit même d'office et à la poursuite du juge de paix du domicile du mineur (f), parce qu'il en est le défenseur-né.

2818. Ce domicile est celui du dernier décédé des père et mère (g).

2819. Non le lieu de la situation de la fortune immobilière du mineur (h).

2820. Toute personne peut dénoncer à ce juge de paix le fait qui donne lieu à la nomination d'un tuteur (i).

2821. Est nulle la délibération du conseil convoqué devant un juge de paix autre que celui du domicile réel et habituel du mineur (j).

(a) Cas. 27 nov. 1816 : J. P. t. 47, p. 392. — (b) Id. — (c) Art. 406 c. c. — (d) Id. — (e) Id. — (f) Id. — (g) Cas. 10 août 1825 : J. P. t. 74, p. 364. — (h) Cas. 18 juil. 1826 : J. P. t. 76, p. 121. — (i) Art. 406 c. c. — (j) Turin, 15 mai 1811 : J. P. t. 44, p. 202.

2822. Quand le décès du tuteur rend nécessaire une nouvelle nomination, il doit y être procédé devant le juge de paix du domicile qu'avait le mineur lors de la mort de ses père et mère, et non devant celui du domicile de son dernier tuteur (*a*).

2823. Ceux qui ont des droits à exercer contre un mineur non encore pourvu de tuteur, doivent faire procéder à cette nomination avant de former aucune demande. Autrement, leur procédure serait nulle.

2824. Pour parvenir à une bonne organisation des conseils de famille, il a paru nécessaire de les rendre peu nombreux, de n'y admettre que les plus proches parens de chaque ligne, et d'obvier à l'influence d'une ligne sur l'autre par l'appel d'un nombre égal de parens pris dans chacune. Ainsi disparaissent beaucoup d'intrigues, et principalement celles à la faveur desquelles on portait souvent sur un parent éloigné et peu affectionné la charge qui doit naturellement incomber au parent le plus proche. *Ubi successionis emolumentum, ibi tutelæ onus.*

2825. On n'a pourtant pas érigé en principe que le plus proche parent serait toujours et nécessairement tuteur. C'eût été étendre la tutelle légale au-delà de ses justes limites; et quelque-

______
(*a*) Cas. 25 mars 1819 : *J. P. t.* 54. *p.* 558.

fois il arrive qu'un cousin convienne mieux qu'un oncle, ou que l'emploi soit plus facile ou moins onéreux pour lui. Cependant il a été jugé que la tutelle devait se déférer au parent le plus proche (*a*).

2826. Le conseil de famille est composé de six parens (*b*).

2827. Ou alliés (*c*), à défaut de parens (2841).

2828. La circonstance que le veuf d'une tante n'en a pas eu d'enfans, et s'est remarié, ne fait pas cesser sa qualité d'allié (*d*).

2829. Il en est de même d'un beau-frère dont la femme est décédée sans laisser d'enfans, et qui a contracté un nouveau mariage (*e*). Consulter ci-après (2858).

2830. Cette composition (2826. 2827) s'entend non compris le juge de paix (*f*).

2831. Les parens ou alliés sont pris tant dans la commune où la tutelle est ouverte que dans la distance de deux myriamètres (*g*). Ce cercle, assez étendu pour y trouver communément un nombre suffisant de parens, est assez rétréci pour que ceux qui l'habitent connaissent les affaires du mineur, et ne regardent pas comme un fardeau leur transport au lieu du conseil.

(*a*) Lyon, 16 mai 1811 : *J. C. C. t.* 16, *p.* 415. — (*b*) Art. 407 c. c. — (*c*) *Id.* — (*d*) Brux. 11 juin 1812 : *J. C. C. t.* 19, *p.* 212. — (*e*) Cas. 24 fév. 1825 : *J. P. t.* 75, *p.* 187. — (*f*) Art. 407 c. c. — (*g*) *Id.*

2832. Pour soumettre à la convocation le parent ou allié, la loi n'exige pas qu'il réside habituellement dans les distances qu'elle détermine. Il suffit qu'il s'y trouve actuellement. En exemptant les parens domiciliés trop loin, on n'a voulu que leur éviter le déplacement : or, il n'y en a plus quand ils se rencontrent fortuitement sur les lieux.

2833. Moitié des membres est prise du côté paternel (*a*).

2834. Moitié du côté maternel (*b*).

2835. En suivant l'ordre de proximité dans chaque ligne (*c*).

2836. La délibération est nulle, s'il n'y a pas eu citation des six parens les plus proches (*d*).

2837. Le conseil composé de quatre parens d'un côté et deux de l'autre, est illégal, et sa délibération nulle (*e*).

2838. Le parent qui a concouru à la délibération, est recevable à l'attaquer (*f*).

2839. Le juge de paix du domicile du mineur ne peut être exclu du conseil de famille (*g*).

2840. Lors même que la délibération d'une première assemblée qu'il a présidée, a été annullée (*h*).

(*a*) Art. 407 c. c. — (*b*) *Id.* — (*c*) *Id.* — (*d*) Rouen, 7 avril 1827 : *J. P. t.* 80, *p.* 390. — (*e*) Liége, 4 janv. 1811 : *J. C. C. t.* 16, *p.* 186. — (*f*) *Id.* — (*g*) Cas. 13 oct. 1807 : *Sir. et Den.* 1807, *p.* 475. — (*h*) *Id.*

2841. Le parent est préféré à l'allié du même degré (*a*).

2842. Parmi les parens du même degré, le plus âgé est préféré à celui qui l'est moins (*b*).

2843. Les parens qui ont délibéré pour conférer la tutelle, dans une assemblée tenue illégalement, sont encore capables de délibérer dans une nouvelle assemblée (*c*).

2844. Quoique le conseil de famille ne soit pas composé des plus proches parens, il n'en est pas moins régulier, si ces parens n'étaient pas connus (*d*).

2845. La bonne composition du conseil de famille a paru justifier assez le silence que garde la loi sur les cautions à demander au tuteur, ainsi que l'exigeaient dans certains cas les lois romaines. La tutelle est un fardeau : il était devenu sans motif de l'aggraver.

2846. Le subrogé tuteur peut être membre du conseil de famille (*e*).

2847. Les règles sur la composition du conseil de famille (2826. 2827. 2830. 2831. 2833 —2835. 2841. 2842. 2859. 2860) ne s'appliquent point au cas où il s'agit d'un enfant naturel (*f*).

***

(*a*) Art. 407 c. c. — (*b*) *Id.* — (*c*) Paris, 9 flor. an XIII : *J. C. C. t.* 4, *p.* 169. — (*d*) Brux. 15 mars 1806 : *J. C. C. t.* 7, *p.* 505. — (*e*) Cas. 3 sept. 1806 : *Den.* 1806, *p.* 633. — (*f*) Cas. 3 sept. 1806, 7 juin 1820 : *Den.* 1806, *p.* 633 ; *J. P. t.* 58, *p.* 409.

2848. Les frères germains du mineur et les maris des sœurs germaines sont seuls exceptés de la limitation de nombre (2826. 2827) posée plus haut (*a*).

2849. S'ils sont six, ou au-delà, ils sont tous membres du conseil de famille (*b*). Pourquoi en exclure un? Ce serait une espèce d'injure : ce serait le soupçonner d'avoir pour son frère ou sa sœur moins d'affection que les autres.

2850. Ils composent seuls le conseil (*c*), sans autres collatéraux.

2851. Avec les veuves d'ascendans (*d*), par l'effet d'une exception dont la cause sera déduite (3015. 3017. 3018).

2852. La délibération à laquelle la grand'mère n'a pas été appelée est nulle, lors même que cette aïeule y a acquiescé (*e*).

2853. Même nullité, si la mère du mineur n'a pas fait partie du conseil (*f*).

2854. Avec encore les ascendans valablement excusés, s'il y en a (*g*).

2855. S'ils sont en nombre inférieur, les autres parens ne sont appelés que pour compléter le conseil (*h*).

2856. Le conseil peut être entièrement com-

(*a*) Art. 408 c. c. — (*b*) *Id.* — (*c*) *Id.* — (*d*) *Id.* — (*e*) Colmar, 27 avril 1813 : *J. C. C. t.* 21, *p.* 218. — (*f*) Toulouse, 5 juin 1829 : *J. P. t.* 86, *p.* 67. — (*g*) Art. 408 c. c. — (*h*) *Id.*

posé de frères germains ou de maris de sœurs germaines (*a*).

2857. Il n'est pas indispensable que les frères germains soient également répartis dans les deux lignes (*b*).

2858. L'alliance du mari de la sœur germaine décédée conserve ses effets, même après le convol, s'il reste des enfans du premier mariage (*c*). Reprendre plus haut (2829).

2859. Lorsque les parens ou alliés de l'une ou de l'autre ligne se trouvent en nombre insuffisant sur les lieux, ou dans la distance de deux myriamètres, le juge de paix appelle, soit des parens ou alliés domiciliés à de plus grandes distances (*d*).

2860. Soit, dans la commune même, des citoyens connus pour avoir eu des relations habituelles d'amitié avec le père ou la mère du mineur (*c*). L'affection supplée souvent au défaut de parenté ou d'alliance.

2861. Le défaut de mention, dans le procès-verbal, que certains parens ou amis y ont été appelés à défaut de plus proches parens, ou à défaut de parens, n'opère pas nullité (*f*).

2862. Il y a nullité dans la délibération du

(*a*) Cas. 16 juil. 1810 : *Den.* 1810, p. 373. — (*b*) Cas. 10 août 1815 : *J. P. t.* 44, *p.* 446. — (*c*) Cas. 16 juil. 1810 : *Den.* 1810. p. 373. — (*d*) Art. 409 c. c. — (*c*) *Id.* — (*f*) Turin, 5 mai, 1810 : *Den.* 1811, *sup. p.* 33.

conseil, lorsque celui qui en provoque la tenüe convoque lui-même (et non le juge de paix) des amis à défaut de parens (*a*).

2863. Lors même qu'il y a sur les lieux un nombre suffisant de parens ou alliés, le juge de paix peut permettre de citer des parens ou alliés plus proches en degrés (*b*).

2864. Ou de mêmes degrés que les parens ou alliés présens (*c*), si le bien être du mineur exige cette mesure : par exemple, s'il s'agit de personnes qui aient une connaissance plus particulière de ses intérêts.

2865. A quelque distance qu'ils soient domiciliés (*d*).

2866. De manière toutefois que cela s'opère en retranchant quelques-uns des parens ou alliés présens (*e*).

2867. Et sans excéder le nombre réglé ci-dessus (*f*).

2868. Une assemblée composée de six parens. et d'un ami, serait nulle (*g*).

2869. Des amis ne peuvent être admis dans un conseil de famille, lorsque des parens, domiciliés hors la distance de deux myriamètres, demandent à en faire partie (*h*).

(*a*) Besançon, 9 avril 1808 : *J. C. C. t.* 11, *p.* 201. — (*b*) Art. 410 c. c. — (*c*) *Id.* — (*d*) *Id.* — (*e*) *Id.* — (*f*) *Id.* — (*g*) Amiens, 11 fruct. an XIII : *J. C. C. t.* 5 , *p.* 214. — (*h*) Besançon , 26 août 1808 : *Den.* 1808 , *sup. p.* 193.

2870. L'inobservation des règles sur la composition des conseils de famille, opère nullité (*a*).

2871. Cette nullité peut se proposer pour la première fois sur l'appel (*b*).

2872. Le délai pour comparaître est réglé par le juge de paix (*c*).

2873. A jour fixe (*d*).

2874. Mais de manière qu'il y ait toujours entre la citation notifiée et le jour indiqué pour la réunion du conseil, un intervalle de trois jours au moins, quand toutes les parties citées rési dentdans la commune (*e*).

2875. Ou dans la distance de deux myriamètres (*f*).

2876. Toutes les fois que, parmi les parties citées, il s'en trouve de domiciliées au-delà de cette distance, le délai est augmenté d'un jour par trois myriamètres (*g*).

2877. Malgré les règles sur la composition des conseils de famille et les délais pour comparaître (2826. 2827. 2830. 2831. 2833—2835. 2841. 2842. 2859. 2860. 2872—2876), un mariage n'est pas essentiellement nul pour avoir été contracté par un mineur, avec le consentement d'un conseil de famille convoqué sans ob-

(*a*) Angers, 29 mars, 1821 : *J. P. t.* 60, *p.* 394. — (*b*) Cas. 24 fév. 1825 : *J. G.* 1825, *p.* 119. — (*c*) Art. 411 c. c. — (*d*) *Id.* — (*e*) *Id.* — (*f*) *Id.* — (*g*) *Id.*

servation de délais, et composé de parens ou alliés autres que les proches indiqués par la loi (*a*).

2878. Comme le législateur ne veut rien en vain, les parens, alliés ou amis, ainsi convoqués, sont tenus de se rendre en personne (*b*).

2879. Ou de se faire représenter par un mandataire spécial (*c*), mâle et majeur, sans égard à la règle générale, qui permet aux femmes et mineurs d'accepter procuration : attendu qu'il ne s'agit point ici de l'intérêt du mandant, mais de celui de l'incapable qui donne lieu à la réunion.

2880. Le fondé de pouvoir ne peut représenter plus d'une personne (*d*), parce qu'il faut compter les voix, et que le nombre des membres doit être complet.

2881. Il n'est pas nécessaire que la procuration contienne le vœu personnel de celui qui la donne (*e*).

2882. Tout parent, allié ou ami, convoqué, doit au mineur sa protection, son appui, ses lumières. Si, sans excuse légitime, il ne comparaît point pour composer le conseil de famille, il témoigne une insouciance coupable, et encourt une amende (*f*), destinée à empêcher l'obligation de devenir illusoire.

(*a*) Cas. 22 juil. 1807 : *Sir. et Den.* 1807, *p.* 520. — (*b*) Art. 412 c. c. — (*c*) *Id.* — (*d*) *Id.* — (*e*) Metz, 24 brum. an XIII : *Sir.* 1806, *déc. div. p.* 5. — (*f*) Art. 413 c. c.

2883. Cette amende ne peut excéder cinquante francs (*a*).

2884. Elle est prononcée par le juge de paix (*b*).

2885. Sans appel (*c*), mais non sans droit d'opposition.

2886. Cette amende (2882—2885) n'est pas applicable au membre qui refuse de délibérer (*d*).

2887. Le juge de paix peut ajourner l'assemblée (*e*).

2888. Ou la proroger (*f*), c'est-à-dire la continuer.

2889. Dans tous les cas où l'intérêt du mineur semble l'exiger (*g*).

2890. Par exemple, s'il y a excuse suffisante (*h*).

2891. Et qu'il convienne, soit d'attendre le membre absent (*i*).

2892. Soit de le remplacer (*j*).

2893. Quelles sont les excuses valables, sur le fondement desquelles un des membres convoqués peut se dispenser d'assister à l'assemblée? La loi, ne s'expliquant point à cet égard, s'en rapporte au juge de paix. On placerait avec raison au nombre de ces excuses, d'abord le défaut d'observation du délai dans la cita-

(*a*) Art. 415 c. c. — (*b*) Id. — (*c*) Id. — (*d*) Cas. 10 déc. 1828 : J. P. t. 84, p. 115. — (*e*) Art. 414 c. c. — (*f*) Id. — (*g*) Id. — (*h*) Id. — (*i*) Id. — (*j*) Id.

tion ; ensuite une maladie, un accident grave, qui aurait apporté à la présence du membre convoqué un obstacle insurmontable.

2894. L'assemblée se tient de plein droit chez le juge de paix *(a)*.

2895. A moins qu'il ne désigne lui-même un autre local *(b)*.

2896. La présence des trois quarts au moins de ses membres convoqués est nécessaire pour qu'elle délibère *(c)*.

2897. Cette disposition n'est applicable que lorsque le conseil est formé du nombre requis (2826. 2827. 2830. 2831. 2833. 2834), et qu'un de ses membres ne se présente pas ou est absent *(d)*.

2898. Il n'y a pas moins nécessité de convoquer six parens *(e)*.

2899. La règle (2896) n'est pas moins observée, quoique plusieurs des parens présens refusent de délibérer *(f)*.

2900. Le conseil de famille est présidé par le juge de paix *(g)*. Toute assemblée a besoin d'un chef chargé d'y maintenir l'ordre, d'exposer le sujet de la délibération, de recueillir les suffrages.

2901. Ce juge y a voix délibérative *(h)*.

(a) Art. 415 c. c. — (b) *Id.* — (c) *Id.* — (d) Agen, 24 mars 1810 : *J. P. t.* 27, *p.* 269. — (e) Rouen, 7 avril 1827 : *J. P. t.* 80, *p.* 390. — (f) Brux. 15 mars 1806 : *J. C. C. t.* 7, *p.* 305. — (g) Art. 416 c. c. — (h) *Id.*

2902. Sa voix est prépondérante en cas de partage (*a*).

2903. L'opinion du juge de paix n'a pas besoin d'être énoncée dans le procès-verbal (*b*).

2904. De ce qui précède il résulte que la présence réelle des sept personnes appelées à composer le conseil de famille n'est pas nécessaire pour qu'il délibère, puisqu'il suffit des trois quarts (2896). Mais si ce conseil se trouvait composé de plus de membres, comme dans le cas où des frères, beaux-frères et ascendans y sont appelés (2848—2851. 2854), il faudrait la présence des trois quarts de toutes ces personnes.

2905. N'importe dans quelle hypothèse, la présence du juge de paix ne peut jamais se suppléer. C'est lui qui communique au conseil le caractère de l'autorité publique. Ce n'est pas un simple officier, destiné à constater le vœu de l'assemblée, et à en décerner acte : il est membre nécessaire.

2906. Ainsi le juge de paix doit prendre part aux délibérations du conseil de famille (*c*).

2907. Elles sont nulles, s'il ne fait que présider le conseil (*d*).

2908. Le tuteur doit être nommé à la majorité absolue (*e*).

(*a*) Art. 416 c. c. — (*b*) Turin, 5 mai 1810 : *Den.* 1811, *sup.* p. 33. — (*c*) Bordeaux, 21 juil. 1808 : *Sir.* 1808, *déc. div.* p. 268. — (*d*) *Id.* — (*e*) Metz, 6 fév. 1812 : *J. P. t.* 55. p. 156

2909. A peine de nullité (*a*).

2910. On peut nommer à un seul mineur un ou plusieurs tuteurs, selon sa condition et l'étendue de ses biens. Les tuteurs exercent ou toute la tutelle, ou chacun ce qui lui est séparément commis. Dans ce dernier cas, l'administration est distincte, et aucun n'est tenu de celle des autres. Mais si la tutelle entière est confiée à plusieurs, ils en sont tenus solidairement, puisque c'est une charge commune.

2911. Quand le mineur, domicilié en France, possède des biens dans les colonies, ou réciproquement, l'administration spéciale de ces biens est donnée à un protuteur (*b*). *Simul plures tutores dari possunt.*

2912. En ce cas, le tuteur et le protuteur sont indépendans, et non responsables l'un envers l'autre pour leur gestion respective (*c*). *Si tutela divisa fuerit vel in partes vel in regiones, unusquisque tutorum exceptione summovebitur pro eâ parte vel regione quam non administrat.*

2913. Le tuteur agit et administre, en cette qualité, du jour de sa nomination, si elle a lieu en sa présence (*d*). Il n'a point de motif raisonnable pour différer.

2914. Sinon, du jour qu'elle lui a été no-

(*a*) Metz, 6 fév. 1812 : *J. P. t.* 35, *p.* 156. — (*b*) Art. 417 c. e — (*c*) *Id.* — (*d*) Art. 418.

tifiée (*a*). Les soins que le mineur exige ne sauraient s'ajourner.

2915. La tutelle est une charge personnelle (*b*). *Personale munus est tutela.* Les qualités qui font nommer tuteur sont inhérentes à l'individu.

2916. Elle ne passe point aux héritiers du tuteur (*c*). *Sciendum nullam tutelam hereditario jure ad alium transire. Pacta personalia ad alium non pertinent, quamvis heredem.*

2917. Ces héritiers sont seulement responsables de la gestion de leur auteur (*d*). Ils sont garans des dommages causés par son dol, sa négligence, ses omissions. Ils doivent rendre compte pour lui, comme il l'aurait fait lui-même. *Tutelæ actio tàm heredibus quàm etiam contra successores competit.*

2918. S'ils sont majeurs, ils sont tenus de continuer la gestion jusqu'à la nomination d'un nouveau tuteur (*e*). S'ils y manquaient par mauvaise foi ou négligence, ils en répondraient. *Quamvis heres tutoris tutor non est, tamen ea quæ per defunctum inchoata sunt, per heredem, si legitimæ ætatis et masculus sit, explicari debent, in quibus dolus ejus admitti potest.*

2919. Quel que soit le sexe de ces héritiers (*f*).

____

(*a*) Art. 418 c. c. — (*b*) Art. 419. — (*c*) *Id.* — (*d*) *Id.* — (*e*) *Id.*
—(*f*) Pau, 3 mars 1818 : *J. P. t.* 51, *p.* 540.

SUBROGÉ TUTEUR.

—

2920. Le législateur ne devait pas laisser la fidélité aux prises avec l'intérêt. Il arrive souvent que les tuteurs en ont un contraire à celui de leur pupille. On a d'ailleurs pensé qu'il était utile, pour le plus grand avantage des mineurs, de placer, même à côté des père, mère, ascendant, auxquels on confère la tutelle de droit, un subrogé tuteur, qui, sans s'immiscer dans l'administration, fût là pour surveiller le tuteur et lui porter secours.

2921. Dans toute tutelle, il y a un subrogé tuteur (*a*).

2922. Il est nommé par le conseil de famille (*b*), non par le survivant des père et mère, à la différence du tuteur (2788—2795).

2923. Ses fonctions consistent à agir pour les intérêts du mineur, lorsqu'ils sont en opposition avec ceux du tuteur (*c*).

2924. C'est contre le tuteur, et non contre le subrogé tuteur, qu'il faut poursuivre la saisie des immeubles du mineur, quoique ce tuteur ait pris inscription sur iceux (*d*).

(*a*) Art. 420 c. c. — (*b*) *Id.* — (*c*) *Id.* — (*d*) Gênes, 28 juil. 1812 : *J. P. t.* 37, *p.* 197.

2925. Le subrogé tuteur ne doit point être appelé en cause, lorsque le tuteur a des intérêts seulement communs avec le mineur (*a*).

2926. Il remplace le tuteur lorsque celui-ci ne peut agir; et que l'impuissance n'est qu'accidentelle et momentanée (2923). Si elle devient constante et définitive, il faut nommer un autre tuteur (2945—2948).

2927. Ce n'est pas au juge de paix, mais au tribunal civil, à connaître des difficultés nées entre le tuteur et le subrogé tuteur (*b*).

2928. Lorsque les fonctions du tuteur sont dévolues aux père ou mère, ou à la personne choisie par le dernier mourant, ou aux ascendans, ce tuteur doit faire convoquer un conseil de famille (*c*).

2929. Pour la nomination du subrogé tuteur (*d*).

2930. Avant d'entrer en fonctions (*e*).

2931. Ce conseil est composé comme il est dit pour la tutelle élective (*f*).

2932. S'il s'ingère dans la gestion avant d'avoir rempli cette formalité, le conseil de famille peut lui retirer la tutelle (*g*).

2933. S'il y a eu dol de la part du tuteur (*h*).

2934. A cet effet, le conseil de famille est

(*a*) Paris, 3o pluv. an XIII : *J. C. C. t.* 4, *p.* 33. — (*b*) Amiens, 11 fruct. an XIII : *J. C. C. t.* 5, *p.* 214. — (*c*) Art. 421 c. c. — (*d*) *Id.* — (*e*) *Id.* — (*f*) *Id.* — (*g*) *Id.* — (*h*) *Id.*

convoqué soit sur la réquisition des parens (*a*).

2935. Créanciers (*b*) de la succession ou du pupille.

2936. Ou autres parties intéressées (*c*).

2937. Soit d'office par le juge de paix (*d*).

2938. Sans préjudice des indemnités dues au mineur (*e*), si le défaut de nomination lui a causé dommage.

2939. Cependant le père tuteur n'est pas obligé de prouver, avant d'entamer une action mobilière, que ses mineurs ont été pourvus d'un subrogé tuteur (*f*).

2940. Dans les autres tutelles, la nomination du subrogé tuteur a lieu immédiatement après celle du tuteur (*g*) par le conseil.

2941. Il est pris des mesures pour garantir l'indépendance du subrogé tuteur. En aucun cas, le tuteur ne vote pour la nomination de ce surveillant (*h*). La même précaution est employée pour le cas de destitution (2952. 2953).

2942. Le subrogé tuteur est pris dans celle des deux lignes à laquelle le tuteur n'appartient point (*i*). En conséquence s'il ne se trouve pas de parens dans cette ligne, ou s'il n'y en a point que l'on puisse nommer à cette charge, il faut choisir un étranger.

(*a*) Art. 421 c. c. — (*b*) Id. — (*c*) Id. — (*d*) Id. — (*e*) Id. — (*f*) Riom, 1ᵉʳ mars 1817 : J. P. t. 50, p. 124. — (*g*) Art. 422 c. c. — (*h*) Art. 423. — (*i*) Id.

2943. Il y a exception pour le cas de frères germains (*a*), parce que si le tuteur et le subrogé tuteur sont frères germains du mineur, on ne peut leur soupçonner une intelligence nuisible aux intérêts de ce dernier.

2944. Deux délibérations paraissent nécessaires : la première pour la nomination du tuteur, la seconde pour celle du subrogé tuteur. Si chaque membre opinait en même temps sur l'un et l'autre choix, et que le tuteur fût pris parmi les membres de l'assemblée, il se trouverait avoir voté pour la nomination du subrogé tuteur, ce que le Code défend (2941). Il faut donc commencer par élire le tuteur, et alors il se trouve exclu pour le choix du subrogé tuteur. Si, par là, le conseil de famille ne reste plus en nombre suffisant pour délibérer, on indique une autre réunion.

2945. Le subrogé tuteur ne remplace pas de plein droit le tuteur, lorsque la tutelle devient vacante (*b*).

2946. Ou qu'elle est abandonnée par absence (*c*).

2947. Mais il doit, en ce cas, provoquer la nomination d'un nouveau tuteur (*d*).

2948. Sous peine des dommages-intérêts qui peuvent en résulter pour le mineur (*e*).

(*a*) Art. 425 c. c. — (*b*) Art. 424. — (*c*) Id. — (*d*) Id. — (*e*) Id.

2949. Les fonctions du subrogé-tuteur cessent à la même époque que la tutelle (*a*), puisqu'elle n'en est que l'accessoire.

2950. Pourtant cette charge ne finit qu'avec la tutelle même, comme à l'époque de la majorité ou de l'émancipation, ou enfin de la mort du mineur. Elle ne cesse point quand la tutelle ne finit que de la part du tuteur, et qu'elle continue à l'égard du pupille. Si, par exemple, le tuteur vient à mourir; s'il acquiert quelqu'une des causes qui excusent de la tutelle, même commencée; ou s'il est destitué, la charge de subrogé tuteur n'en subsiste pas moins. C'est même lui qui, dans ces circonstances, doit provoquer la nomination du nouveau tuteur (2945—2948). En y procédant, on n'a point de nouveau subrogé tuteur à nommer.

2951. Les dispositions concernant la dispense, l'incapacité, l'exclusion et destitution de tutelle, s'appliquent aux subrogés-tuteurs (*b*). *Ubi eadem ratio, ibi idem jus.*

2952. Néanmoins le tuteur ne peut provoquer la destitution du subrogé-tuteur (*c*), son surveillant légal.

2953. Ni voter dans les conseils de famille qui sont convoqués pour cet objet (*d*) : suite naturelle de l'indépendance établie (2941. 2942).

(*a*) Art. 425 c. c. — (*b*) Art. 426. — (*c*) *Id.* — (*d*) *Id.*

2954. Si le subrogé tuteur gère les affaires des mineurs, à l'exclusion du tuteur, cette gestion est soumise à toutes les règles qui gouvernent l'administration de la tutelle (a).

(a) Paris, 19 avril 1823 : *J. P. t. 67, p.* 105.

—

2955. Il est de principe que la tutelle est une charge publique, et que généralement on ne peut se dispenser d'en accepter et remplir les fonctions. *Tutelam et curam placuit publicum munus esse.* Cependant l'intérêt social et des considérations majeures nécessitent quelquefois des exceptions. Les moyens d'excuse, comme les incapacités, sont fondés sur quelque empêchement naturel ou sur quelque loi.

2956. Sont dispensés de la tutelle les membres de la famille royale (*a*).

2957. Le grand amiral (*b*).

2958. Les maréchaux de France (*c*).

2959. Les inspecteurs et colonels généraux de l'artillerie et du génie, des troupes à cheval et de la marine (*d*).

2960. Les grands officiers civils de la couronne (*e*).

2961. Les conseillers d'état (*f*). *Remittuntur à tutelâ in consilium principis assumpti.*

2962. Les membres du corps législatif (*g*)

2963. Les présidens et conseillers à la cour de cassation (*h*).

(*a*) Art. 427 c. c. — (*b*) *Id.* — (*c*) *Id.* — (*d*) *Id.* — (*e*) *Id.* — (*f*) *Id.* — (*g*) *Id.* — (*h*) *Id.*

2964. Le procureur général et les avocats généraux en la même cour (*a*).

2965. Les membres de la cour des comptes (*b*).

2966. Les préfets (*c*).

2967. Tous citoyens exerçant une fonction publique dans un département autre que celui où la tutelle s'établit (*d*).

2968. Cette dispense (2967) est applicable non-seulement aux ecclésiastiques desservant des cures ou des succursales (*e*).

2969. Mais à toutes personnes exerçant pour les cultes des fonctions qui exigent résidence, dans lesquelles elles sont agréées par le roi, et pour lesquelles elles prêtent serment (*f*).

2970. Sont également dispensés de la tutelle les militaires en activité de service (*g*). *Militiæ occupatus tutor fieri non potest. Qui militat, excusatur.*

2971. Tous autres citoyens qui remplissent, hors du territoire du royaume, une mission du roi (*h*).

2972. Si la mission est non authentique, et contestée, la dispense n'est prononcée qu'après la représentation faite par le réclamant, du

(*a*) Art. 427 c. c. — (*b*) Art. 7, loi 16 sept. 1807 : B. 161. n° 2792, 4ᵉ s. — (*c*) Art. 427 c. c. — (*d*) Id. — (*e*) Av. du cons. d'Ét. 20 nov. 1806 : B. 126, n° 2047. 4ᵉ s. — (*f*) Id. — (*g*) Art. 428 c. c. — (*h*) Id.

certificat du ministre dans le département dùquel se place la mission articulée comme excuse (*a*).

2973. Les citoyens de la qualité exprimée ci-dessus, qui ont accepté la tutelle postérieurement aux fonctions, services ou missions qui en dispensent, ne sont plus admis à s'en faire décharger pour cette cause (*b*). Ils sont censés avoir renoncé à la faveur qui leur était accordée. *Qui jam administravit non excusatur, nec periculum administrationis vitare potest.*

2974. Ceux, au contraire, à qui lesdites fonctions, services ou missions, ont été conférés postérieurement à l'acceptation et gestion d'une tutelle, peuvent, s'ils ne veulent la conserver, faire convoquer un conseil de famille (*c*).

2975. Dans le mois (*d*) de la collation des fonctions.

2976. Pour y être procédé à leur remplacement (*e*).

2977. Si, à l'expiration de ces fonctions, services ou missions, le nouveau tuteur réclame sa décharge, ou que l'ancien redemande la tutelle, elle peut lui être rendue par le conseil de famille (*f*).

2978. La tutelle est une charge publique ;

(*a*) Art. 429 c. c. — (*b*) Art. 430. — (*c*) Art. 431. — (*d*) *Id.* — (*e*) *Id.* — (*f*) *Id.*

mais c'est aussi, et d'abord, une charge de famille. Tout citoyen non parent ni allié ne peut être forcé de l'accepter (*a*).

2979. Si ce n'est dans le cas où il n'existe pas, dans la distance de quatre myriamètres, des parens ou alliés en état de la gérer (*b*). Sur quoi, voir un arrêt de la cour de cassation (*c*) du 1ᵉʳ février 1825.

2980. La loi qui charge un individu de la tutelle, doit vouloir qu'il ait les moyens d'atteindre le but qu'elle se propose. Tout individu âgé de soixante-cinq ans accomplis peut refuser d'être tuteur (*d*).

2981. Celui qui a été nommé avant cet âge, peut se faire décharger de la tutelle (*e*).

2982. Mais à soixante-dix ans (*f*) seulement.

2983. Tout individu atteint d'une infirmité grave et dûment justifiée, est dispensé de la tutelle (*g*). Tels sont les aveugles, les sourds, les muets, les personnes habituellement malades. *Adversa valetudo excusat, sed ea quæ impedimento est quominus quis suis rebus superesse possit.*

2984. La cécité n'est pas une cause d'incapacité, mais une excuse dont le tuteur a la faculté de ne pas user (*h*). *Luminibus captus tutelæ excusationem habet. Post susceptam tutelam, cæcus deponere tutelam potest.*

(*a*) Art. 432 c. c. — (*b*) *Id.* — (*c*) J. P. t. 72, *p.* 262. — (*d*) Art. 433 c. c. — (*e*) *Id.* — (*f*) *Id.* — (*g*) Art. 434. — (*h*) Cas. ᵗ juin 1820 : *J. P. t.* 58, *p.* 409.

2985. L'infirme peut même se faire décharger de la tutelle, si l'infirmité est survenue depuis sa nomination (*a*). *Non tantùm ne incipiant, sed et à cœptâ excusari possunt.* A moins que la maladie ne soit que temporaire.

2986. Une attention trop partagée nuit à l'administration. Deux tutelles sont, pour toutes personnes, une juste dispense d'en accepter une troisième (*b*). C'est un adoucissement à la rigueur des lois romaines, qui exigeaient trois tutelles pour donner lieu à l'excuse.

2987. On ne regarde pas comme plusieurs tutelles celle de plusieurs mineurs, lorsque leurs biens se régissent par une seule administration.

2988. On ne met pas au rang des tutelles qui servent d'excuse, l'engagement des tuteurs honoraires, parce qu'ils n'ont point à remplir de fonctions proprement dites, et que leur titre n'est que de pure déférence.

2989. Ni celui des cautions de tuteurs, parce qu'ils n'administrent point, mais seulement sont responsables des effets de l'administration.

2990. Celui qui, époux ou père, est déjà chargé d'une tutelle, ne peut être tenu d'en accepter une seconde (*c*).

2991. Excepté celle de ses enfans (*d*).

2992. La femme est regardée comme un en-

(*a*) Art. 434 c. c. — (*b*) Art. 435. — (*c*) *Id.* — (*d*) *Id.*

fant de la tutelle de qui le mari est chargé. Ainsi l'homme marié ayant une tutelle est considéré comme en ayant deux, ce qui rentre dans l'exception générale (2986). Le père chargé de la tutelle d'un de ses enfans ne peut se voir forcé d'accepter une tutelle étrangère. La loi suppose que l'intérêt de son pupille absorbe toute son attention. Il en est différemment de la tutelle d'un autre de ses enfans, parce qu'il doit également ses soins à tous.

2993. Ceux qui ont cinq enfans légitimes, sont dispensés de toute tutelle (*a*). Cette faveur est due à la fécondité conjugale, que l'on trouve d'ordinaire avec les mœurs et l'amour du travail, ces honorables principes de la prospérité des nations. *Quinque liberorum numerus excusat.*

2994. Cette dispense s'entend de toute tutelle autre que celle desdits enfans (*b*), mais non de la tutelle d'un nouvel enfant qui survient.

2995. Les enfans morts en activité de service dans les armées du roi, sont toujours comptés pour opérer cette dispense (*c*). *Bello amissi ad excusationem prosunt.*

2996. Les autres enfans morts ne sont comptés qu'autant qu'ils ont eux-mêmes laissé des enfans actuellement existans (*d*), et par les-

______

(*a*) Art. 456 c. c. — (*b*) Id. — (*c*) Id. — (*d*) Id.

quels, en cela comme pour le reste, ils sont également représentés.

2997. La survenance d'enfans pendant la tutelle ne peut autoriser à l'abdiquer (*a*).

2998. Si le tuteur nommé est présent à la délibération qui lui défère la tutelle, il doit proposer ses excuses (*b*).

2999. Sur-le-champ (*c*), la personne ni les biens du mineur ne pouvant rester abandonnés.

3000. Sous peine d'être déclaré non recevable dans toute réclamation ultérieure (*d*).

3001. Le conseil de famille en délibère (*c*).

3002. Si le tuteur nommé n'a pas assisté à la délibération qui lui a déféré la tutelle, il peut convoquer le conseil de famille pour délibérer sur ses excuses (*f*).

3003. Ses diligences à ce sujet doivent avoir lieu dans le délai de trois jours (*g*) : le cas requiert évidemment célérité.

3004. A partir de la notification qui lui a été faite de sa nomination (*h*).

3005. Ce délai est augmenté d'un jour par trois myriamètres de distance du lieu de son domicile à celui de l'ouverture de la tutelle (*i*).

3006. Passé ce délai, il est non recevable (*j*), et réputé avoir renoncé à invoquer les moyens d'exemption.

(*a*) Art. 437 c. c. — (*b*) Art. 438. — (*c*) *Id.* — (*d*) *Id.* — (*c*) *Id.* — (*f*) Art. 459. — (*g*) *Id.* — (*h*) *Id.* — (*i*) *Id.* — (*j*) *Id.*

3007. Si ces excuses sont rejetées, il peut se pourvoir devant les tribunaux pour les faire admettre (*a*).

3008. Mais il est, pendant le litige, tenu d'administrer provisoirement (*b*). Il répondrait non-seulement de ce qu'il aurait mal géré, mais aussi de ce qu'il aurait manqué de gérer.

3009. S'il parvient à se faire exempter de la tutelle, ceux qui ont rejeté l'excuse peuvent être condamnés aux frais de l'instance (*c*), quand leur résolution est regardée comme inexcusable.

3010. S'il succombe, il y est condamné lui-même (*d*), pour avoir tenté d'éluder un devoir sacré.

3011. Si celui qui avait une excuse, a accepté la tutelle, ou géré volontairement avant de s'excuser, il n'est plus recevable à réclamer (2973. 3000. 3006.)

3012. Pour completter cette partie de la législation, il faut ajouter ce qui, au Code de procédure civile, est dit de la dispense d'essai de conciliation et sur les avis de parens.

(*a*) Art. 440 c. c. — (*b*) *Id.* — (*c*) Art. 441. — (*d*) *Id.*

INCAPACITÉ,

EXCLUSIONS ET DESTITUTIONS DE LA TUTELLE.

—

3013. L'INCAPACITÉ exclut de la tutelle ceux même qui voudraient l'accepter; les moyens d'excuse en dispensent ceux qui pouraient être tuteurs, s'ils y consentaient. Les causes d'incapacité ont leur fondement ou dans l'équité naturelle ou dans quelque loi.

3014. Ne peuvent être tuteurs, ni membres des conseils de famille, 1° les mineurs (*a*). Privés eux-mêmes de l'exercice des droits civils, et, à cause de la faiblesse de leur âge, sous la puissance d'autrui, ils sont incapables de tenir personne dans leur dépendance. *Absurdum est ut alios regat qui se ipsum regere nequit.*

3015. Excepté le père ou la mère (*b*). Cette exception a éprouvé quelque difficulté. Cependant, comme on a admis la tutelle de droit à leur égard (2740), il a paru injuste de les en priver, quoique mineurs. D'abord, cette circonstance est rare, le mariage n'étant permis qu'à dix-huit ans, du moins aux hommes. Ce serait donc tout au plus à dix-neuf ans qu'il leur arriverait d'être tuteurs. Fera-t-on les frais d'une

---

(*a*) Art. 442 c. c. — (*b*) Id.

tutelle extraordinaire, qui n'aurait d'exercice que pendant un an ou deux! Le mariage émancipe les époux, les affranchit de la puissance paternelle, les rend chefs d'une famille. Ils peuvent bien sans inconvénient être tuteurs de droit de leurs enfans, pendant un aussi court espace.

3016. 2° Les interdits (*a*), parce qu'ils sont aussi privés de leurs droits civils, et aussi sous la puissance d'autrui.

3017. 3° Les femmes (*b*). *Fœminæ tutores dari non possunt.*

3018. Autres que la mère et les ascendantes (*c*). L'autorité et l'affection que leur donne la nature, suffisent pour motiver l'exception. *Mulieribus interdicimus tutelæ subire officium, nisi mater aut avia fuerit. Matri et aviæ tutelam subire permittitur.*

3019. Le mineur ayant besoin d'un protecteur affectionné à la tutelle, on ne saurait lui choisir quelqu'un qui ait, par lui-même ou ses proches, de grands différends à démêler avec le pupille. Ainsi ne peuvent encore être tuteurs 4° tous ceux qui ont, ou dont les père ou mère ont, avec le mineur, un procès dans lequel l'état de ce mineur, sa fortune, ou une partie notable de ses biens, sont compromis (*d*). On craint un choix qui favorise des prétentions

______

(*a*) Art. 442 c. c. — (*b*) Id. — (*c*) Id. — (*d*) Id.

contraires aux intérêts du pupille. *Removetur qui inimicus pupillo parentibusve ejus est.*

3020. Il en serait autrement, si le procès était de peu d'importance. *Propter litem quam quis cum pupillo habet, excusare se à tutelâ non potest, nisi fortè de omnibus bonis aut plurimâ parte eorum controversia sit.*

3021. Il faut que le procès existe : il ne suffirait pas qu'il fût imminent (*a*).

3022. La condamnation à une peine afflictive ou infamante emporte de plein droit l'exclusion de la tutelle (*b*), regardée comme une charge publique, et dont par conséquent l'exercice est incompatible avec une tache d'infamie. *Capitis diminutione tutoris, per quam libertas vel civitas amittitur, omnis tutela perit.*

3023. Elle emporte de même la destitution, dans le cas où il s'agit d'une tutelle antérieurement déférée (*c*).

3024. Ceci (3022. 2023) s'applique même aux tuteurs légitimes, père, mère, ascendans. *Omnis generis tutores suspecti fieri possunt.*

3025. La condamnation aux peines correctionnelles produit quelquefois des effets semblables (*d*).

3026. Il en est de même de l'attentat aux mœurs (*e*).

(*a*) Pau, 21 juin 1823 : *J. P. t.* 69, *p.* 346. — (*b*) Art. 443 c. c
(*c*) *Id.* — (*d*) Art. 42. 43 c. P. — (*e*) Art. 355 c. P.

3027. De la condamnation pour calomnie (*a*).

3028. De la condamnation pour vols, larcins, filouteries (*b*).

3029. Enfin, de la condamnation pour avoir tenu maison de jeux de hasard, ou loteries non autorisées (*c*).

3030. Sont aussi exclus de la tutelle, et même destituables, s'ils sont en exercice, 1° les gens d'une inconduite notoire (*d*) : ce qui s'entend non-seulement du désordre dans l'administration, mais aussi de la dissolution des mœurs. Le cœur du pupille n'est pas moins précieux que sa fortune. *Suspectum tutorem eum putamus, qui moribus talis est ut suspectus sit. Tutorum mores præcipuè investigandi sunt.*

3031. Le fait que la mère tutrice a eu un enfant naturel, constitue l'inconduite notoire (*e*).

3032. 2° Ceux dont la gestion atteste l'incapacité (*f*).

3033. Ou l'infidélité (*g*): comme si, par prévarication, le tuteur laisse périr les droits du mineur ; s'il s'absente, abandonnant la tutelle dans le désordre ; si, ayant en mains les fonds du mineur, il ne fournit pas à ses alimens. *Sus-*

____

(a) Art. 374 c. P. — (b) Art. 401. 405. 406 c. P. — (c) Art. 410 c. P. — (d) Art. 444 c. c. — (e) Brux. 24 août 1809 : J. P. t. 27, p. 93. — (f) Art. 444 c. c. — (g) Id.

pectus est qui non ex fide tutelam gerit , licèt solvendo sit.

3034. La destitution ou exclusion s'applique aussi bien au père administrateur légal des biens de ses mineurs, qu'au père tuteur (*a*).

3035. La faillite et la séparation de biens sont contre le père une cause d'exclusion de la tutelle de son fils (*b*).

3036. Le père destitué de la tutelle de ses enfans, ne perd pas, pour cela, la jouissance usufruitière de leurs biens (*c*).

3037. Un Français devenu étranger et ayant cessé de jouir des droits civils en France, ne peut conserver la tutelle légale des mineurs français, qui lui avait été déférée à une époque où le pays qu'il habite faisait partie de la France (*d*).

3038. Néanmoins, tant qu'il n'a pas été remplacé, il est capable de faire des actes conservatoires dans l'intérêt de ses pupilles (*e*).

3039. Tout individu qui a été exclu ou destitué d'une tutelle, ne peut être membre d'un conseil de famille (*f*), attendu que les fonctions de ce conseil ne se bornent pas à la nomination du tuteur, mais participent à l'administration

______

(*a*) Cas. 16 déc. 1829 : *J. P. t.* 86, *p.* 155. — (*b*) Dijon, 28 prair. an XII : *J. C. C. t.* 2, *p.* 317. — (*c*) Paris, 28 déc. 1810 : *J. P. t.* 29, *p.* 217. — (*d*) Colmar, 25 juil. 1817 : *J. P. t.* 51, *p.* 277. — (*e*) *Id.* — (*f*) Art. 445 c. c.

des biens du mineur (3082. 3103. 3118—3122.
3124. 3126. 3137. 3144—3149. 3176. 3185.
3190. 3198. 3218).

3040. Il semble néanmoins qu'il faudrait
distinguer celui qui a été écarté de la tutelle
pour son ignorance et impéritie, de celui qui
l'a été à raison d'infidélité ou de dol. Le défaut
de savoir, l'imprudence même, ne sont pas in-
compatibles avec la probité. On peut d'ailleurs
être incapable d'administrer, et très-capable de
faire choix d'un bon administrateur.

3041. Les parens ou alliés plus proches ne
peuvent être exclus des conseils de famille que
dans les cas d'incapacité ou d'indignité (3014.
3016. 3017. 3019. 3039) prévus ci-dessus (a).

3042. Les parens qui ont antérieurement
donné leur avis sur les questions soumises au
conseil, ne sont pas pour cela exclus de concourir à sa délibération (b).

3043. L'ascendant qui a renoncé à la tutelle
légale, ne peut, pour cette cause et pour inconduite, être exclu du conseil de famille (c).

3044. La mère remariée qui, par l'effet de
son convol, a perdu la tutelle des enfans de son
premier lit, peut être membre du conseil de

______

(a) Cas. 13 oct. 1807 : *Sir. et Den.* 1807, *p.* 473. — (b) Paris,
27 janv. 1820 : *J. P. t.* 58, *p.* 103. — (c) Besançon, 26 août
1808 : *Den.* 1809, *sup. p.* 195.

famille chargé de nommer le nouveau tuteur (*a*).

3045. Toutes les fois qu'il y a lieu à une destitution de tuteur, elle est prononcée par le conseil de famille (*b*). Les motifs qui ont induit à lui laisser le droit de nomination, sont les mêmes pour lui permettre de destituer.

3046. Ce conseil est convoqué à la diligence du subrogé tuteur (*c*), comme surveillant de la tutelle (2920).

3047. Ou d'office par le juge de paix (*d*), autre défenseur de l'incapable.

3048. Le juge de paix ne peut se dispenser de faire cette convocation, quand elle est formellement requise par un ou plusieurs parens ou alliés du mineur au degré de cousin germain ou à des degrés plus proches (*e*).

3049. Le subrogé tuteur qui provoque la destitution, peut être admis à concourir à la délibération du conseil de famille assemblé pour statuer sur la demande en destitution (*f*).

3050. Toute délibération du conseil de famille qui prononce l'exclusion ou la destitution du tuteur, est motivée (*g*), parce que c'est un jugement, et un jugement de condamnation.

3051. Elle ne peut être prise qu'après avoir

(*a*) Brux. 3o mai 1810 : *Den.* 1810, *sup. p.* 131. — (*b*) Art. 446 c. c. — (*c*) *Id.* — (*d*) *Id.* — (*e*) *Id.* — (*f*) Rouen, 17 nov. 1810 : *Den.* 1811, *sup. p.* 35. — (*g*) Art. 447 c. c.

entendu ou appelé le tuteur (*a*), puisqu'elle porte atteinte à sa réputation, le déclare infidèle ou incapable, et peut avoir pour cause la haine ou la prévention.

3052. L'inobservation des formalités relatives à la convocation du conseil, et à la nécessité d'appeler le tuteur (3046. 3047. 3051), entraîne nullité (*b*).

3053. L'obligation de motiver (3050) ne s'applique point au cas où le conseil refuse de conférer la tutelle (*c*).

3054. Si le tuteur adhère à la délibération, il en est fait mention (*d*), pour constater l'acquiescement à la chose jugée.

3055. Le nouveau tuteur entre aussitôt en fonctions (*e*), la tutelle devant, autant que possible, ne rester jamais vacante.

3056. S'il y a réclamation, le subrogé tuteur poursuit l'homologation de la délibération devant le tribunal de première instance (*f*). Voir un arrêt de la cour de cassation (*g*) du 16 décembre 1829.

3057. Ce tribunal prononce sauf l'appel (*h*) à la cour royale.

3058. Le tuteur exclu ou destitué peut lui-même, en ce cas, assigner le subrogé tuteur,

(*a*) Art. 447 c. c. — (*b*) Colmar, 8 nov. 1811 : *J. C. C. t.* 17, p. 490. — (*c*) Paris, 5 mars 1808 : *Sir.* 1808, *déc. div. p.* 124. — (*d*) Art. 448 c. c. — (*e*) *Id.* — (*f*) *Id.* — (*g*) J. P. t. 86, p. 135. — (*h*) Art. 448 c. c.

son contradicteur légal, pour se faire déclarer maintenu en la tutelle (*a*).

3059. Les parens ou alliés qui ont requis la convocation, peuvent intervenir dans la cause (*b*), pour faire maintenir la destitution.

3060. Le nouveau tuteur nommé pour remplacer le destitué, peut intervenir dans l'instance sur cette destitution, quoiqu'il n'ait pas fait partie du conseil de famille (*c*).

3061. La cause est instruite et jugée comme affaire urgente (*d*). Elle en a effectivement tous les caractères.

3062. Si le subrogé tuteur néglige ou refuse de poursuivre l'homologation de l'avis de famille portant destitution du tuteur, les parens ont droit de le faire (*e*).

3063. Si le juge de paix prononce lui-même, par conséquent mal à propos, l'homologation d'un avis de famille, le tribunal de première instance, en réformant cette décision, ne peut statuer en dernier ressort (*f*).

3064. Le tuteur destitué qui se prétend fondé à reprendre la tutelle, doit s'adresser au conseil de famille, pour être réintégré, s'il y a lieu (*g*).

(*a*) Art. 448 c. c. — (*b*) Art. 449. — (*c*) Angers, 29 mars 1821 : J. P. t. 60, p. 394. — (*d*) Art. 449 c. c. — (*e*) Orléans, ... prair. an XII : J. C. C. t. 3, p. 582. — (*f*) Cas. 15 vent. an XIII : J. C. C. t. 4, p. 178. — (*g*) Besançon, 18 déc. 1806 : J. C. C. t. 8, p. 91.

3065. Les délibérations du conseil de famille relativement à la tutelle n'ont pas besoin d'être homologuées. Si autrefois cette homologation était nécessaire, c'est que le juge n'était, dans les assemblées de famille, qu'un officier passif, se bornant à recevoir et constater leur avis. Voilà pourquoi il fallait recourir au tribunal pour rendre la délibération exécutoire. Depuis le Code, le juge de paix est membre du conseil de famille. Il concourt activement à la délibération. Il est en même temps magistrat ayant juridiction en cette partie, et son ordonnance imprime à la décision le caractère de l'autorité.

ADMINISTRATION DU TUTEUR.

—

3066. Le tuteur prend soin de la personne du mineur (*a*) : ce qui comprend la conduite et l'éducation. *Tutoris præcipuum est officium, ne indefensum pupillum relinquat. Tutores moribus pupilli proponuntur.* Voir un arrêt de la cour de Paris (*b*) du 22 mars 1824.

3067. L'éducation et la garde du pupille n'appartiennent pas tellement au tuteur, qu'il ait le droit de les réclamer contre un ascendant (*c*).

3068. Le conseil de famille ne peut prescrire au tuteur le mode d'éducation du mineur (*d*).

3069. Au tribunal seul appartient ce droit (*e*).

3070. Les mères des mineurs ont leur éducation, quoiqu'elles ne soient pas tutrices.

3071. A moins qu'il n'y ait de justes causes de les en priver.

3072. Ce qui est réglé par le juge.

3073. De l'avis des parens, réunis en conseil de famille (*f*).

(*a*) Art. 450 c. c. — (*b*) J. P. t. 70, p. 124. — (*c*) Cas. 8 août 1815 : J. P. t. 44, p. 154. — (*d*) Turin, 9 déc. 1808 : *Den.* 1809, sup. p. 70. — (*e*) *Id.* — (*f*) Lyon, 5 avril 1827 : J. P. t. 79, p. 298.

3074. Si la mère convole en secondes noces, l'éducation lui est ôtée ou laissée avec son nouveau mari, selon les circonstances (2770-2787).

3075. Le tuteur représente le mineur dans tous les actes civils (*a*). *Pupillus nec velle nec posse in eâ ætate creditur.*

3076. Il administre ses biens en bon père de famille (*b*). Il répond du dol et des fautes contraires à ce soin, mais non des cas fortuits, ni des mauvais succès d'une bonne gestion. *A tutoribus et curatoribus pupillorum eadem diligentia exigenda est circa administrationem rerum pupillarium, quam paterfamiliâs rebus suis ex bonâ fide præbere debet. Sufficit tutori bene et diligenter negotia gessisse, etsi eventum adversum habuit.*

3077. A lui seul appartient de consentir les baux (*c*).

3078. Ils n'ont pas besoin d'être adjugés aux enchères publiques (*d*).

3079. Le tuteur répond des dommages-intérêts qui peuvent résulter d'une mauvaise gestion (*e*). *Quod adversus alium præstare debet tutor pupillo suo, id adversus se quoque præstare debet. Non pupillus videtur defendi, nisi factum sit quod quivis paterfamiliâs idoneus fecisset.*

3080. Il ne peut acheter les biens du mineur (*f*), ni en son nom, ni par personnes

(*a*) Art. 450 c. c. — (*b*) *Id.* — (*c*) Cas. 11 août 1818 : *J. P. t.* 54, *p.* 513. — (*d*) *Id.* — (*e*) Art. 450 c. c. — (*f*) *Id.*

interposées, ainsi qu'on le verra au titre de la vente; car, outre qu'il ne saurait être à la fois vendeur et acheteur, il lui serait aisé de frauder et d'obtenir à vil prix ce qu'il ferait vendre. *Ipse tutor et emptoris et venditoris officio fungi non potest.*

3081. Ni les prendre à ferme (*a*). Il faut éviter de mettre l'intérêt personnel en lutte avec le devoir. *Nemo potest esse author in rem suam.*

3082. A moins que le conseil de famille n'ait autorisé le subrogé tuteur à lui en passer bail (*b*). *Pupillus obligari tutori, eo auctore non potest.*

3083. Il ne peut accepter la cession d'aucun droit ou créance contre son pupille (*c*), puisqu'il représente et doit défendre ce dernier.

3084. Autrement, il perd la créance cédée, attendu la nullité d'un contrat synallagmatique où ne figure qu'une partie.

3085. A moins que les circonstances ne le justifient, comme s'il payait pour faire cesser une saisie exercée sur les biens du mineur.

3086. La prohibition (3083) ne s'étend pas au subrogé tuteur (*d*).

3087. Le tuteur peut faire toutes les dépenses nécessaires, utiles, honnêtes, pour répara-

______

(*a*) Art. 450 c. c. — (*b*) *Id.* — (*c*) *Id.* — (*d*) Rouen, 27 avril 1814 : *J. P. t.* 48, *p.* 410.

tions, frais de procès, voyages, et autres sem-blables, selon que la qualité des biens, la na-ture des affaires et les circonstances y obligent (3257. 3258). Dans le doute de l'utilité ou né-cessité de ces dépenses, il les fait régler. Mais elles ne peuvent excéder les revenus, si ce n'est en des cas de grande nécessité pour le bien du mineur.

3088. Il est tenu de payer la pension de son pupille, même au-delà de la majorité, s'il n'a manifesté d'intention contraire (*a*).

3089. Il doit payer les dettes liquides, ac-quitter les charges, exiger les créances, faire les réparations. *Tutor præstat quantam in rebus suis diligentiam.*

3090. Son autorité s'exerce de deux ma-nières : ou en autorisant son mineur présent; ou en agissant comme tuteur, en présence ou absence du mineur. En l'un et l'autre cas, il répond et de ce qu'il autorise et de ce qu'il fait.

3091. L'autorité du tuteur a cet effet que tout ce qu'il gère est considéré comme le fait propre du mineur. *Factum tutoris, factum pu-pilli.* Soit qu'il s'oblige pour le mineur, comme son tuteur; soit que d'autres s'obligent envers lui, en cette qualité; qu'il obtienne des con-damnations, ou qu'il soit condamné, c'est le mineur qui devient créancier ou débiteur, et

(*a*) Paris, 22 août 1825 : *J. P. t.* 74 ; *p.* 229.

les obligations ou condamnations ont leur effet pour ou contre lui.

3092. L'obligation souscrite par un père, au nom de son fils mineur, pour remplacement militaire, lie ce dernier, devenu majeur (a).

3093. Si le mineur se trouve sans biens, ou n'en a pas assez pour ses besoins, le tuteur n'est pas obligé d'y suppléer. Sa charge ne consiste qu'à administrer.

3094. Dans les dix jours qui suivent celui de sa nomination, dûment connue de lui, le tuteur requiert la levée des scellés, s'ils ont été apposés (b). Il faut que les biens passent entre ses mains, puisqu'il en devient l'administrateur.

3095. Il fait procéder immédiatement à l'inventaire des biens du mineur (c), avant de s'immiscer dans l'exercice de la tutelle, afin de savoir de quoi il est chargé, et pour se mettre en état de rendre compte à la fin de sa gestion. Cependant si, avant l'inventaire, il survenait quelque affaire qui ne souffrît point de retard, le tuteur devrait y pourvoir. *Si inventarium non fecit tutor, dolo fecisse videtur, nisi necessaria et justissima causa allegari possit. Non antea tutorem oportet gerere, nisi id quod dilationem nec modicam expectare possit.*

3096. L'inventaire se fait en présence du

(a) Paris, 3 juin 1829 : *J. P. t.* 85, *p.* 232. — (b) Art. 451 c. c. — (c) *Id.*

subrogé tuteur (*a*), contradicteur nécessaire de cet acte conservatoire.

3097. S'il est dû quelque chose au tuteur par le mineur, il doit le déclarer dans l'inventaire (*b*), afin que n'ayant plus, dans sa gestion subséquente, de démêlés d'intérêts avec son pupille, il ne sente pas ralentir son zèle.

3098. A peine de déchéance (*c*) de son droit de créancier.

3099. Sur la réquisition que l'officier public est tenu de lui en faire (*d*).

3100. Mention de cette réquisition est faite au procès-verbal (*e*). Un tuteur, créancier légitime de son mineur, pourrait oublier ou négliger de se déclarer tel dans l'inventaire. Il avait d'abord paru injuste de le priver de sa créance; mais au moyen de ce que le notaire doit l'interpeller à ce sujet, il n'y a plus à prétexter oubli ou ignorance, il n'y a plus rien à reprocher à la rigueur de la loi.

3101. Cette injonction (3097—3100) ne s'applique point au subrogé tuteur (*f*).

3102. Comme le mobilier peut périr ou se perdre, et ne produit aucun revenu, il importe de l'aliéner, pour en employer les deniers en fonds ou rentes. Dans le mois qui suit la clôture de l'inventaire, le tuteur fait vendre tous les meubles (*g*) inutiles.

(*a*) Art. 451 c. c. — (*b*) *Id.* — (*c*) *Id.* — (*d*) *Id.* — (*e*) *Id.* — (*f*) Paris, 14 fév. 1817 : *J. P. t.* 49. *p.* 358. — (*g*) Art. 452 c. c.

3103. Autres que ceux que le conseil de famille l'a autorisé à conserver en nature (*a*) : ce qui arrive quand il s'en trouve dont l'usage est nécessaire au mineur, comme des bestiaux dans une ferme, des cuves pour la vendange etc., ou lorsqu'il s'agit d'objets d'affection, tels que tableaux de famille.

3104. La vente se fait en présence du subrogé tuteur (*b*).

3105. Aux enchères reçues par un officier public (*c*).

3106. Après des affiches ou publications dont le procès-verbal de vente fait mention (*d*).

3107. Ici l'on n'entend par meubles que les meubles meublans (*e*).

3108. Non les marchandises de commerce (*f*).

3109. Le délai fixé au tuteur (3102) est subordonné aux causes de retard. Comme on ne devrait point excuser une négligence répréhensible, on ne pourrait non plus imputer de n'avoir pas fait une diligence précipitée (*g*).

3110. Les père et mère, tant qu'ils ont la jouissance propre et légale des biens du mineur (2685—2687. 2689), sont dispensés de vendre les meubles, s'ils préfèrent les garder pour les

______

(*a*) Art. 452 c. c. — (*b*) *Id.* — (*c*) *Id.* — (*d*) *Id.* — (*e*) Aix : J. C. C. t. 7, p. 264. — (*f*) *Id.* — (*g*) Cas. 8 déc. 1824 : J. P. t. 71, p. 497.

remettre en nature (*a*), à la fin de l'usufruit ou de la tutelle.

3111. Dans ce cas, ils en font faire une estimation à juste valeur (*b*).

3112. Par un expert (*c*).

3113. A leurs frais (*d*).

3114. Cet expert est nommé par le subrogé tuteur (*e*).

3115. Il prete serment devant le juge de paix (*f*).

3116. Les père et mère rendent la valeur estimative de ceux des meubles qu'ils ne peuvent représenter en nature (*g*).

3117. Ces dispositions (3102—3116) empêchent-elles le père d'ordonner la vente après son décès? — Jugé diversement (*h*).

3118. Le conseil de famille règle par aperçu la somme à laquelle peut s'élever la dépense annuelle du mineur (*i*).

3119. Ainsi que celle d'administration de ses biens (*j*).

3120. Selon l'importance des biens régis (*k*).

3121. Ce réglement a lieu lors de l'entrée en exercice de toute tutelle (*l*).

3122. Autre que celle des père et mère (*m*).

(*a*) Art. 455 c. c. — (*b*) *Id.* — (*c*) *Id.* — (*d*) *Id.* — (*e*) *Id.* — (*f*) *Id.* — (*g*) *Id.* — (*h*) Aix, Gênes : *J. C. C. t.* 7, *p.* 264 : *t.* 17, *p.* 465. — (*i*) Art. 454 c. c. — (*j*) *Id.* — (*k*) *Id.* — (*l*) *Id.* — (*m*) *Id.*

La confiance en leur affection les fait excepter de la règle.

3123. Il faut déterminer les dépenses de telle sorte que rien d'honnête et de nécessaire ne manque au mineur, selon sa condition et sa fortune, et de manière aussi à ne pas consommer tous les revenus. Même pour les mineurs qui ont de grandes propriétés, on doit modérer les dépenses, qui, en général, se fixent proportionnellement à l'augmentation ou diminution que les biens du mineur éprouvent. *Sumptus in pupillum necessariò et ex justis honestisque causis, etiam sine decreto, probantur* (3257. 3258).

3124. Le même acte (3118—3122) spécifie si le tuteur est autorisé à s'aider, dans sa gestion, d'un ou plusieurs administrateurs particuliers, salariés (*a*).

3125. Et gérant sous sa responsabilité (*b*).

3126. Ce conseil détermine positivement la somme à laquelle commence, pour le tuteur, l'obligation d'employer l'excédant des revenus sur la dépense (*c*), pour en faire un capital, et l'employer en fonds ou rentes quand il y aura somme suffisante.

3127. Cet emploi doit être fait dans le délai de six mois (*d*), suffisant pour ôter tout prétexte d'avoir manqué d'occasion de placement.

______

(*a*) Art. 454 c. c. — (*b*) *Id.* — (*c*) Art. 455. — (*d*) *Id.*

3128. Passé ce délai, le tuteur doit les intérêts à défaut d'emploi (*a*). Ils ne courent donc
pas contre le tuteur du moment même qu'il
touche les deniers. *Usuræ à tutoribus exiguntur,
si intra sex primos menses pecuniam pupillarem
non collocaverint.*

3129. Si le tuteur n'a pas fait déterminer
par le conseil de famille la somme à laquelle
doit commencer l'emploi, il doit les intérêts de
toute somme non employée (*b*).

3130. Quelque modique qu'elle soit (*c*),
étant présumé l'avoir fait tourner à son propre
usage.

3131. Après le délai de six mois (*d*). *Pecuniæ
quam in usus suos convertit usuras præstat tutor.*

3132. L'héritier grevé d'un legs au profit de
son pupille, sous l'obligation d'employer la
somme à son éducation, doit, s'il ne la remplit
pas, les intérêts depuis le décès du testateur,
et en outre des dommages-intérêts (*e*).

3133. Le père tuteur ne peut être astreint à
fournir caution pour les capitaux qu'il reçoit (*f*).

3134. Le tuteur ne peut emprunter pour le
mineur (*g*).

3135. Ni aliéner ses biens immeubles (*h*).

(*a*) Art. 455 c. c. — (*b*) Art. 456. — (*c*) *Id.* — (*d*) *Id.* —
(*e*) Cas. 25 avril 1817 : *J. P. t.* 52, *p.* 90. — (*f*) Toulouse, 2
juil. 1821 : *J. P. t.* 61, *p.* 116. — (*g*) Art. 457 c. c. — (*h*) *Id.*

3136. Ou les hypothéquer (*a*), l'hypothèque conduisant à l'aliénation.

3137. Sans y être autorisé par un conseil de famille (*b*).

3138. La règle s'applique même aux père ou mère (*c*).

3139. Une tutrice n'a pas besoin d'autorisation pour céder une créance mobilière appartenant à ses enfans mineurs (*d*).

3140. La prorogation du terme de réméré est une aliénation qui excède les bornes des pouvoirs du tuteur (*e*).

3141. Mais il n'a pas besoin d'autorisation pour faire des offres réelles afin de conserver la faculté du réméré (*f*).

3142. Un tuteur ne peut renoncer gratuitement à l'inscription requise dans l'intérêt de son pupille (*g*). Rapprochez ce qui sera dit au titre des radiations d'inscriptions.

3143. Ni consentir une translation d'hypothèque (*h*).

3144. Cette autorisation (3137) ne doit être accordée que pour cause d'une nécessité absolue (*i*) : comme pour payer des dettes pressantes

---

(*a*) Art. 457 c. c. — (*b*) *Id.* — (*c*) *Id.* — (*d*) Paris, 18 fév. 1826 : *J. P. t.* 77, *p.* 41. — (*e*) Cas. 18 mai 1813 : *J. P. t.* 38, *p.* 54. — (*f*) Cas. 5 déc. 1826 : *J. P. t.* 78, *p.* 251. — (*g*) Cas. 22 juin 1818 : *J. P. t.* 53, *p.* 428. — (*h*) Metz, 18 juin 1824 : *J. P. t.* 73, *p.* 503. — (*i*) Art. 457 c. c.

ou onéreuses, lorsque les deniers, revenus, créances et effets mobiliers n'y suffisent.

3145. Ou d'un avantage évident (*a*). Sur quoi, voir un arrêt de la cour de Trèves (*b*) du 10 mars 1813.

3146. Dans le premier cas, le conseil de famille n'accorde son autorisation qu'après qu'il a été constaté que les deniers, effets mobiliers et revenus du mineur sont insuffisans (*c*).

3147. Cette insuffisance se constate par un compte sommaire que présente le tuteur (*d*). On ne saurait guères, sans pareille vérification, reconnaître la nécessité de l'aliénation ou de l'emprunt.

3148. Le conseil de famille indique, dans tous les cas, les immeubles qui doivent être vendus de préférence (*e*), comme les moins précieux et pouvant servir à acquitter les dettes.

3149. Il indique aussi toutes les conditions qu'il juge utiles (*f*) dans l'intérêt du mineur.

3150. Les délibérations du conseil de famille relatives à cet objet, ne sont exécutées qu'après que le tuteur en a demandé et obtenu l'homologation devant le tribunal de première instance (*g*).

3151. Ce tribunal y statue en la chambre du conseil (*h*).

<hr>

(*a*) Art. 457 c. c. — (*b*) J. P. t. 42, *p.* 206. — (*c*) Art. 457 c. c. — (*d*) Id. — (*e*) Id. — (*f*) Id. — (*g*) Art. 458. — (*h*) Id.

3152. Après avoir entendu le procureur du roi (*a*).

3153. Il ne peut, en homologuant, ordonner d'office que la vente sera faite sous des conditions que la délibération n'a pas prévues (*b*).

3154. La vente se fait publiquement (*c*), afin d'en recueillir le plus haut prix.

3155. En présence du subrogé tuteur (*d*).

3156. Aux enchères (*e*). La concurrence améliore le sort du vendeur.

3157. Elles sont reçues par un membre du tribunal de première instance (*f*).

3158. Ou par un notaire à ce commis (*g*), comme pour les partages et licitations.

3159. A la suite de trois affiches (*h*), pour avertir les intéressés et les enchérisseurs.

3160. Apposées aux lieux accoutumés dans le canton (*i*).

3161. Par trois dimanches consécutifs (*j*).

3162. Chacune de ces affiches est visée et certifiée par le maire des communes où elles ont été apposées (*k*).

3163. Il faut que l'accomplissement (3159 —3162) soit constaté par procès-verbal d'huissier : l'attestation du notaire vendeur ne suffit pas (*l*).

(*a*) Art. 458 c. c. — (*b*) Colmar, 11 avril 1822 : *J. P. t.* 64, p. 199. — (*c*) Art. 459 c. c. — (*d*) *Id.* — (*e*) *Id.* — (*f*) *Id.* — (*g*) *Id.* — (*h*) *Id.* — (*i*) *Id.* — (*j*) *Id.* — (*k*) *Id.* — (*l*) Bourges, 27 avril 1828 : *J. P. t.* 85, p. 157.

3164. Pour le surplus des formalités, recourir au Code de procédure civile, titre 6 du livre 2 de la 2ᵉ partie.

3165. S'il s'agit non d'une vente, mais d'un échange, la minutieuse observation des formalités (3156—3164) n'est pas indispensable : il suffit que l'échange présente pour le mineur un avantage évident (*a*).

3166. En cas de demande en nullité de la vente d'un bien de mineur, consentie sans formalités de justice, les juges ne peuvent ajourner l'action à la majorité du pupille, sous prétexte de son plus grand intérêt (*b*).

3167. L'action en nullité de la vente des biens d'un mineur, faite par son tuteur sans les formalités légales, ne se prescrit pas par dix ans (*c*).

3168. L'acquéreur a son recours contre le tuteur, pour les sommes qu'il lui a payées par suite de l'acquisition (*d*).

3169. Les notaires qui ont procédé aux ventes des biens d'un mineur, en vertu de la délégation d'un tribunal, doivent conserver les minutes de ces ventes, et non les déposer au greffe (*e*).

(*a*) Toulouse, 9 août 1827 : *J. P. t.* 85, *p.* 50. — (*b*) Paris, 6 juil. 1816 : *J. P. t.* 46, *p.* 469. — (*c*) Metz, 1ᵉʳ juin 1821 : *J. P. t.* 67, *p.* 441. — (*d*) *Id.* — (*e*) Lettre du ministre de la Justice, 28 flor. an XII : *J. C. C. t.* 9, *p.* 484.

3170. Ils sont tenus de présenter l'acte à la formalité de l'enregistrement, et d'en acquitter les droits, sous les peines prononcées par la loi (*a*).

3171. Quelle que soit la faveur due au pupille, elle ne peut s'étendre jusqu'à nuire aux majeurs copropriétaires. Les formalités exigées (3135. 3137. 3144—3152) pour l'aliénation des biens du mineur, ne s'appliquent point au cas où un jugement a ordonné la licitation sur la provocation d'un copropriétaire par indivis (*b*). C'est une opération forcée. Quoique la licitation soit regardée comme une aliénation, le mineur ne peut l'empêcher, parce qu'aucun des copropriétaires d'une chose indivise ne saurait être contraint à rester dans l'indivision.

3172. Seulement, et en ce cas, la licitation ne peut se faire que dans la forme (3154—3162) prescrite ci-dessus (*c*). Le majeur y trouve également son avantage.

3173. Les étrangers y sont nécessairement admis (*d*), pour mieux empêcher tout concert nuisible entre les colicitans.

3174. Le tuteur ne peut accepter une succession échue au mineur (*e*). Ce serait lui faire contracter une obligation dont on n'aperçoit

______

(*a*) Lettre du ministre des Finances, 2 juin 1807 : *J. C. C.* *t.* 9, *p.* 484. — (*b*) Art. 460 c. c. — (*c*) *Id.* — (*d*) *Id.* — (*e*) Art. 461.

pas l'étendue, et capable de compromettre toute sa fortune.

3175. Il ne peut non plus la répudier (*a*). Outre que cet abandon peut être très-nuisible, il pourrait aussi tourner au profit du tuteur ou des siens.

3176. Le tout (3174. 3175) à moins d'une autorisation préalable du conseil de famille (*b*).

3177. Cette autorisation n'a pas besoin d'être homologuée (*c*).

3178. L'acceptation même autorisée, n'a lieu que sous bénéfice d'inventaire (*d*). Par là, le mineur ne peut jamais perdre.

3179. L'obligation contractée par le tuteur de payer les dettes d'une succession léguée à ses pupilles, ne l'empêche pas de renoncer ultérieurement à ce legs, avec l'autorisation du conseil de famille (*e*).

3180. Dans le cas où la succession répudiée au nom du mineur n'a pas été acceptée par un autre, elle peut être reprise soit par le tuteur (*f*).

3181. Autorisé à cet effet par une nouvelle délibération du conseil de famille (*g*).

3182. Soit par le mineur devenu majeur (*h*).

3183. Mais dans l'état où elle se trouve lors

(*a*) Art. 461 c. c. — (*b*) *Id.* — (*c*) Toulouse, 5 et 11 juin 1829 : *J. P. t.* 86, *p.* 67. 192. — (*d*) Art. 461 c. c. — (*e*) Cas. 23 mars 1825 : *J. P. t.* 73, *p.* 259. — (*f*) Art. 462 c. c. — (*g*) *Id.* — (*h*) *Id.*

de la reprise (*a*), afin de ne pas nuire à des tiers irréprochables.

3184. Sans pouvoir attaquer les ventes et autres actes qui ont été légalement faits durant la vacance (*b*), encore par respect pour les droits acquis.

3185. La donation faite au mineur ne peut être acceptée par le tuteur qu'avec l'autorisation du conseil de famille (*c*).

3186. N'est cependant pas nulle l'acceptation faite par le tuteur seul (*d*).

3187. La donation a, à l'égard du mineur, le même effet qu'à l'égard du majeur (*e*).

3188. Aucun tuteur ne peut introduire en justice une action relative aux droits immobiliers du mineur (*f*).

3189. Ni acquiescer à une demande relative aux mêmes droits (*g*) : ce serait une aliénation indirecte (3135. 3136).

3190. Sans l'autorisation du conseil de famille (*h*). *Nullus major defectus quàm defectus potestatis.*

3191. Règle qui s'applique au père (*i*).

3192. Mais qui ne dispose que dans l'intérêt des mineurs, et ne peut être invoquée à leur

(*a*) Art. 462 c. c. — (*b*) *Id.* — (*c*) Art. 463. — (*d*) Colmar, Bruxelles, 13 déc. 1808, 20 mars 1811 : *J. C. C. t.* 12, *p.* 262 ; *t.* 16, *p.* 477. — (*e*) Art. 463 c. c. — (*f*) Art. 464. — (*g*) *Id.* — (*h*) *Id.* — (*i*) Metz, 3 avril 1811 : *J. C. C. t.* 20, *p.* 290.

préjudice (*a*). *Beneficium legis non debet esse captiosum. Minoribus ætas in damnis subvenire, non in rebus prosperè gestis obesse, consuevit.*

3193. Le tuteur peut, sans l'autorisation du conseil de famille, intenter une poursuite en expropriation forcée (*b*).

3194. Ou appeler d'un jugement rendu contre son mineur (*c*), défendeur en première instance (*d*).

3195. Il ne peut, sans autorisation, se désister d'un appel en matière immobilière (*e*).

3196. Les actions mobilières du mineur peuvent s'exercer par le tuteur légal ou judiciaire, malgré l'opposition du conseil de famille (*f*).

3197. La demande d'une pension alimentaire, par le tuteur d'un enfant naturel, contre le père de ce dernier, n'est qu'une action mobilière, pour laquelle l'autorisation n'est pas nécessaire, quoique la résistance du père se fonde sur la nullité de la reconnaissance (*g*).

3198. La même autorisation (3190) est nécessaire au tuteur pour provoquer un par-

---

(*a*) Cas. 11 déc. 1810, 24 août 1813, 4 juin 1818 : *Den.* 1811, p. 28 ; *J. C. C. t.* 21, p. 294 ; *J. P. t.* 55, p. 203. — (*b*) Brux. 12 nov. 1806 : *J. C. C. t.* 7, p. 485. — (*c*) Cas. 17 nov. 1813 : *J. P. t.* 39, p. 331. — (*d*) Nismes, 2 juil. 1829 : *J. P. t.* 85, p. 381. — (*e*) Douai, 17 janv. 1820 : *J. P. t.* 59, p. 516. — (*f*) Riom, 15 avril 1809 : *Den.* 1810, *sup. p.* 11. — (*g*) Metz, 19 août 1824 : *J. P. t.* 73, p. 545.

tage (*a*). Partager, c'est disposer, par conséquent aliéner. Or, les lois interdisent au mineur toute disposition volontaire de ses immeubles. *Prohibiti sunt tutores et curatores prædia distrahere, quoquo modo sit, sine decreto.*

3199. Mais il peut, sans cette autorisation, répondre à une demande en partage, dirigée contre le mineur (*b*) : le refus du conseil de famille ne pouvant forcer le majeur à rester dans l'indivis. *Prædium commune dividere potest tutor, si socius ad divisionem provocet, et major vigenti annis socius sit.* Il y a ici nécessité de consentir, et disposition forcée.

3200. Pour obtenir à l'égard du mineur tout l'effet qu'il aurait entre majeurs, le partage doit être fait en justice (*c*), comme moyen de conservation de droits. *Fundi sine decreto distracti dominium non amittit minor.*

3201. Il doit être précédé d'une estimation faite par experts (*d*), pour éviter la lésion.

3202. Ces experts sont nommés par le tribunal de première instance du lieu de l'ouverture de la succession (*e*).

3203. Les experts procèdent à la division des héritages (*f*).

3204. Et à la formation des lots (*g*).

(*a*) Art. 465 c. c. — (*b*) *Id.* — (*c*) Art. 466. — (*d*) *Id.* — (*e*) *Id.* — (*f*) *Id.* — (*g*) *Id.*

3205. Après avoir prêté le serment de bien et fidèlement remplir leur mission (*a*).

3206. Devant le président du même tribunal (*b*) de l'ouverture (3202).

3207. Ou autre juge par lui délégué (*c*).

3208. Ces lots sont tirés au sort (*d*), afin d'écarter toute injuste préférence.

3209. En présence soit d'un membre du tribunal (*e*).

3210. Soit d'un notaire par lui commis (*f*).

3211. Lequel fait la délivrance des lots (*g*).

3212. Tout autre partage n'est considéré que comme provisionnel (*h*), et ne peut nuire au mineur. *Deceptis, non decipientibus, jura subveniunt.*

3213. Mais il est définitif à l'égard des majeurs qui y ont concouru (*i*).

3214. A ce qui précède il convient d'ajouter d'autres règles de procédure, expliquées au Code de ce nom, titre 7, livre 2, 2ᵉ partie.

3215. Une transaction sur droits successifs, faite en minorité, ne peut produire effet que comme partage provisionnel (*j*).

3216. Le partage de meubles indivis avec

(*a*) Art. 466 c. c. — (*b*) *Id.* — (*c*) *Id.* — (*d*) *Id.* — (*e*) *Id.* — (*f*) *Id.* — (*g*) *Id.* — (*h*) *Id.* — (*i*) Cas. Lyon, 4 avril 1810, 30 août 1815 : *J. C. C. t.* 18, *p.* 16 ; *J. P. t.* 44, *p.* 107. — (*j*) Turin, 26 mai 1807 : *J. C. C. t.* 10. *p.* 190.

des mineurs doit être fait en justice comme celui des immeubles (*a*).

3217. Le tuteur ne peut transiger au nom du mineur (*b*) : ce serait disposer et aliéner ; or, un tuteur n'a que le droit d'administration.

3218. Si ce n'est après y avoir été autorisé par le conseil de famille (*c*).

3219. De l'avis de trois jurisconsultes (*d*).

3220. Désignés par le procureur du roi près le tribunal de première instance (*e*).

3221. La transaction n'est valable qu'autant qu'elle a été homologuée par le tribunal de première instance (*f*).

3222. Après avoir entendu le procureur du roi (*g*).

3223. En observant ces formalités (3218—3222), le tuteur peut transiger sur la forme d'un partage (*h*). *Tutoris pactum pupillo prodest.*

3224. Les principes admis avant l'émission du Code, sans repousser ces transactions, en rendaient l'usage impraticable ; car elles ne pouvaient valoir qu'autant qu'elles profitaient au pupille, et qu'il s'en contentait. Ce point de fait, toujours subordonné à la volonté future du mineur, écartait nécessairement un contrat aussi peu solide. De cette manière, toutes les difficultés dans lesquelles un mi-

(*a*) Paris, 13 pluv. an XII : *J. C. C. t.* 1, *p.* 285. — (*b*) Art. 467 c. c. — (*c*) *Id.* — (*d*) *Id.* — (*e*) *Id.* — (*f*) *Id.* — (*g*) *Id.* — (*h*) Cas. 30 août 1815 : *J. P. t.* 44, *p.* 107.

neur était engagé devenaient un dédale d'où
l'on ne pouvait sortir qu'à grands frais, parce
que les issues conciliatoires étaient fermées,
et que si le tuteur n'osait rien faire qui eût
l'air d'altérer un droit équivoque, de son côté
l'adversaire du pupille ne voulait point traiter avec un homme dont le caractère ne lui
offrait aucune garantie. De là, la ruine de
plus d'un mineur; de là aussi, de nombreuses
entraves pour beaucoup de majeurs.

3225. La transaction passée sans l'avis de
trois jurisconsultes peut être attaquée par voie
de nullité (a).

3226. Lors même qu'elle a été homologuée
par le tribunal (b).

3227. Les dispositions qui interdisent aux
tuteurs toute aliénation, tout partage, toute
transaction, sans l'entier et préalable accomplissement des formalités prescrites, sont abso-
lues et exclusives de toute exception (c).

3228. Les soins d'un tuteur sont ceux d'un
père : il faut donc qu'il en ait l'autorité. Mais
comme il ne présente point la même garantie
contre l'abus, il est statué que le tuteur qui a
des sujets de mécontentement graves sur la
conduite du mineur, peut porter ses plaintes à
un conseil de famille (d).

(a) Turin, 29 juil. 1809 : *Den.* 1810, *sup. p.* 66. — (b) *Id.* —
(c) Cas. 26 août 1807 : *Sir. et Den.* 1807, *p.* 437. — (d) Art.
468 c. c.

3229. Il ne peut provoquer la réclusion du mineur (*a*).

3230. Conformément à ce qui est statué à ce sujet (2647, etc.) au titre de la puissance paternelle (*b*).

3231. S'il y est autorisé par ce conseil (*c*).

3232. Voyez sur les formalités relatives au transfert d'inscriptions de cinq pour cent consolidés, ou d'actions de la banque de France, appartenant à des mineurs ou interdits, la loi du 24 mars 1806 (*d*) et le décret du 25 septembre 1813 (*e*).

(*a*) Art. 468 c. c. — (*b*) *Id.* — (*c*) *Id.* — (*d*) B. 85, n° 1440, 4ᵉ s. — (*e*) B. 526, n° 9737, 4. s.

3233. La tutelle finit 1° par la majorité du pupille (2729. 3400. 3401).

3234. S'il y a deux ou plusieurs mineurs, sous une seule tutelle, elle finit pour chacun à sa majorité ; et celui qui est devenu majeur peut obliger le tuteur à lui rendre compte, quoique la tutelle dure encore à l'égard des autres.

3235. Cependant, malgré la survenance de majorité, le tuteur doit continuer sa gestion dans les choses qui ne pourraient se négliger ou souffrir de retard sans causer perte ou dommage.

3236. 2° Par la mort naturelle du mineur.

3237. Mais dans ce cas le tuteur doit continuer ses soins jusqu'à remise des affaires et papiers aux héritiers, et jusqu'à décharge de ces derniers.

3238. 3° Par la mort naturelle du tuteur, laquelle met fin à la tutelle, même à l'égard des héritiers de ce tuteur, sauf restriction (2915—2919).

3239. 4° Par la mort civile du tuteur, qui le rend incapable de cette charge (258. 259).

3240. 5° Par la mort civile du pupille : celui-ci ne possédant plus rien, sa succession étant ouverte, et sa personne en quelque sorte hors de la société (243—256. 263—265).

3241. 6° Par la décharge du tuteur pour causes d'excuse.

3242. 7° Par son exclusion ou destitution.

3243. Il est dans la nature des choses et dans la justice que tout administrateur soit comptable. Tout tuteur, étant un véritable administrateur, est comptable de sa gestion lorsqu'elle finit (*a*); c'est-à-dire doit répondre de ce qu'il a mal géré ou manqué de faire, acquitter les sommes dont il se trouve reliquataire, rendre les fruits dont il a joui. Cet engagement est tellement indispensable, que si le père, nommant un tuteur, l'avait déchargé de rendre compte, il ne laisserait pas d'y être obligé. Autrement, les malversations d'un tuteur pourraient rester impunies, ce qui blesserait les bonnes mœurs et l'ordre public (72). *Officio tutoris incumbit rationes actûs sui conficere, et pupillo reddere.*

3244. S'il y a eu plusieurs tutelles successives, le dernier tuteur doit un compte général, sauf à lui à exiger du tuteur précédent un compte particulier (*b*).

______

(*a*) Art. 469 c. c. — (*b*) Bourges, 15 mars 1826 : *J. G.* 1826, 2ᵉ part. p. 219.

3245. Tout tuteur peut être tenu, même durant la tutelle, de remettre au subrogé tuteur des états de situation de sa gestion (*a*). Le but de cette mesure est de vérifier si le tuteur est fidèle et capable.

3246. Aux époques que le conseil de famille a jugé à propos de fixer (*b*).

3247. Sans néanmoins que le tuteur puisse être astreint à en fournir plus d'un chaque année (*c*). En exiger davantage serait contrarier le tuteur sans utilité réelle.

3248. Cette obligation (3245) n'atteint point les père et mère (*d*). On ne doit rien supposer d'injurieux à leur égard.

3249. Ces états de situation sont rédigés et remis sans frais (*e*).

3250. Sur papier non timbré (*f*).

3251. Et sans aucune formalité de justice (*g*).

3252. Le tuteur est encore obligé de rendre compte, au cours de son administration, lorsqu'il survient quelque circonstance qui mérite d'y donner lieu. Par exemple, lorsque des créanciers veulent faire saisir et vendre les immeubles du mineur, le tuteur doit faire connaître s'il n'existe pas de deniers pour acquitter les dettes (3144—3149).

(*a*) Art. 470 c. c. — (*b*) *Id.* — (*c*) *Id.* — (*d*) *Id.* — (*e*) *Id.* — (*f*) *Id.* — (*g*) *Id.*

3253. Le compte définitif de tutelle est rendu lorsque le mineur a atteint sa majorité (*a*), puisqu'elle finit la tutelle (3233-3235).

3254. Ou quand le mineur a obtenu son émancipation (*b*) : même motif.

3255. Ce compte est rendu aux dépens du mineur (*c*), parce qu'il s'agit de sa fortune, et que la tutelle n'est pas salariée.

3256. Le tuteur en avance les frais (*d*).

3257. On y alloue au tuteur toutes dépenses suffisamment justifiées (*e*).

3258. Et dont l'objet est utile (*f*). *Sumptus litis et viatica necessaria tutor reputabit.*

3259. Tout traité qui peut intervenir entre le tuteur et le mineur devenu majeur, est nul, s'il n'a été précédé de la reddition d'un compte détaillé (*g*).

3260. Et de la remise des pièces justificatives (*h*).

3261. Le tout constaté par un récépissé de l'oyant-compte (*i*).

3262. Dix jours au moins avant le traité (*j*), temps nécessaire à l'examen et à la vérification, pour que tout soit réputé fait avec connaissance de cause.

3263. Serait également nulle (3259—3262)

(*a*) Art. 471 c. c. — (*b*) Id. — (*c*) Id. — (*d*) Id. — (*e*) Id. — (*f*) Id. — (*g*) Art. 472. — (*h*) Id. — (*i*) Id. — (*j*) Id.

la main-levée que le mineur donnerait de son hypothèque légale (*a*).

3264. Ces règles (3259—3262) sont de rigueur (*b*).

3265. Elles s'appliquent à celui qui, sans avoir eu le titre de tuteur, a géré la tutelle (*c*).

3266. Une quittance définitive donnée depuis la majorité, ne dispense pas le tuteur de rendre compte, s'il n'est point établi que cette quittance a été précédée d'un compte régulier (*d*).

3267. Les compte et remise (3259. 3260) sont exigés même quand le traité comprend à la fois des biens étrangers au compte de tutelle et des objets qui en font partie (*e*).

3268. La nullité s'étendrait-elle à un traité sur droits de communauté, entre un père ex-tuteur et ses enfans? — Jugé diversement (*f*).

3269. Le mineur qui figure dans son contrat de mariage sous l'assistance et l'autorisation de son père tuteur, ne peut renoncer, en faveur de ce dernier, à la reddition du compte de tutelle, ni consentir avec lui d'autres traités, si

______

(*a*) Caen, 17 déc. 1827 : *J. P.* t. 82, *p.* 90. — (*b*) Aix, 10 août 1809 : *Sir.* 1809, *sup. p.* 583. — (*c*) Paris, Riom, 19 avril 1823, 24 avril 1827 : *J. P.* t. 67, *p.* 105; t. 84, *p.* 140. — (*d*) Metz, 10 mars 1821 : *J. P.* t. 64, *p.* 273. — (*e*) Cas. 14 déc. 1818 : *J. P.* t. 55, *p.* 167. — (*f*) Paris, 5 janv. 1820, 2 avril 1821 : *J. P.* t. 57, *p.* 198; t. 61, *p.* 100.

préalablement ce compte n'a été régulièrement (3259—3262) rendu (*a*).

3270. La nullité de ces traités entraîne celle du cautionnement qui les a suivis (*b*).

3271. Cette nullité (3259—3262) n'est relative qu'aux traités intervenus sur le compte de tutelle, et ne s'applique point au cas d'une vente ou de tout autre acte qui n'aurait aucun rapport avec ce compte (*c*).

3272. Le délai pour se faire restituer contre le compte de tutelle est de dix ans (*d*), hors le cas de fraude, de violence, de défaut d'autorisation (*e*).

3273. A compter de la majorité (*f*).

3274. Quoique le traité n'ait été passé que postérieurement à cette époque (*g*).

3275. Les règles ci-dessus (3259—3262) ne s'appliquent pourtant point au cas où, à raison de l'indigence du pupille, le tuteur n'a eu aucune gestion (*h*).

3276. Si le compte donne lieu à des contestations, elles sont poursuivies et jugées comme les autres contestations en matière civile (*i*), et

(*a*) Toulouse, 5 fév. 1822 : *J. P. t.* 67, *p.* 561. — (*b*) *Id.* — (*c*) Cas. 22 mai 1822 : *J. P. t.* 63, *p.* 481. — (*d*) Cas. 26 juil. 1819 : *J. P. t.* 56, *p.* 161. — (*e*) Cas. 10 fév. 1830 : *J. P. t.* 86, *p.* 398. — (*f*) Cas. 26 juil. 1819 : *J. P. t.* 56, *p.* 161. — (*g*) *Id.* — (*h*) Paris, 16 mars 1814 : *J. P. t.* 59 . *p.* 499. — (*i*) Art. 473 c. c.

conformément aux dispositions du Code de procédure sur les redditions de comptes.

3277. Le conseil de famille n'est pas compétent pour statuer sur des contestations élevées entre le tuteur et le subrogé tuteur, à l'occasion d'un compte rendu par le premier (*a*).

3278. La somme à laquelle s'élève le reliquat dû par le tuteur, porte intérêt (*b*), parce qu'il est constitué en demeure.

3279. Sans demande (*c*) et de plein droit.

3280. A compter de la clôture du compte (*d*). *Sciendum est tutorem, et post officium finitum, usuras debere in diem quo tutelam restituit.* Les deniers pupillaires doivent toujours fructifier, soit que le tuteur les ait colloqués, soit qu'il les ait gardés (3126—3131).

3281. Ou à partir du jour de la demande en reddition de compte, si le tuteur ne l'a pas fourni spontanément (*e*).

3282. Un compte de tutelle déclaré nul ne fait pas courir les intérêts (*f*).

3283. Les intérêts de ce qui est dû au tuteur par le mineur, ne courent que du jour de la sommation de payer qui a suivi la clôture du compte (*g*). La dette du mineur suit la règle gé-

---

(*a*) Turin, 5 mai 1810 : *Den.* 1811, *sup. p.* 55. — (*b*) Art. 474 c. c. — (*c*) *Id.* — (*d*) *Id.* — (*e*) Pau, 5 mars 1818 : *J. P. t.* 51. *p.* 540. — (*f*) Amiens. 17 déc. 1824 : *J. P. t.* 75, *p.* 269. — (*g*) Art. 474 c. c.

nérale, suivant laquelle les intérêts ne sont exigibles qu'à partir de la demande.

3284. Toute action du mineur contre son tuteur, relativement aux faits de la tutelle, se prescrit par dix ans (a), c'est-à-dire quand il s'agit d'actes faits par le tuteur pendant qu'il avait le mineur sous sa puissance.

3285. Cette prescription ne s'applique point aux erreurs ou omissions glissées dans le compte (b).

3286. La prescription de dix ans (3284), court à compter de la majorité (c).

3287. Et non du jour où le compte de tutelle a été rendu et apuré (d).

3288. Ni du jour où le tuteur a cessé son administration, et a été remplacé par un nouveau tuteur (e).

3289. Jusqu'au Code, cette action n'avait, en général, reçu pour limites que celles de la plus longue prescription immobilière, prescription dont la mesure était différente selon les pays, mais qui, dans le plus grand nombre, s'étendait jusqu'à trente ans. Quelle que soit maintenant la plus longue prescription, il a paru, dans le cas particulier, convenable de s'arrêter à celle de dix ans : car, si le pupille est très-fa-

---

(a) Art. 475 c. c. — (b) Metz, 10 juil. 1821 : *J. P. t.* 67, p. 534. — (c) Art. 475 c. c. — (d) Cas. 10 janv. 1821 : *J. P. t.* 63, p. 275. — (e) Metz. 10 mars 1821 : *J. P. t.* 64, p. 275.

vorable, il faut prendre aussi en considération la situation du tuteur. La tutelle fut pour lui, tant qu'elle dura, un acte onéreux, dont les embarras ne doivent pas se prolonger immodérément. En accordant au pupille dix ans après sa majorité, on fait assez : tout excès en cette matière serait un mal réel pour la société.

3290. L'action du mineur contre un traité avec son tuteur, depuis sa majorité, sans avoir été précédé d'un compte détaillé, se prescrit par dix ans, non par trente (*a*).

3291. La prescription de dix ans, établie en faveur des tuteurs, n'est prorogée jusqu'à trente ans que lorsqu'il y a eu de leur part dol ou fraude (*b*).

3292. C'est aussi dans les dix ans de sa majorité que doit se pourvoir le mineur dont les biens ont été vendus par son tuteur sans formalités (*c*).

3293. Le privilège de minorité peut, après les dix ans, être opposé par forme d'exception (*d*). *Quæ temporalia sunt ad agendum, perpetua sunt ad excipiendum.*

3294. La loi garde le silence sur la responsabilité des parens nominateurs, en cas d'insolvabilité du tuteur. Cette responsabilité, établie

(*a*) Cas. 14 nov. 1820 : *J. P. t.* 61, *p.* 157. — (*b*) Cas. 10 janv. 1821 : *J. P. t.* 65. *p.* 275. — (*c*) Cas. 14 nov. 1826 : *J. P. t.* 78, *p.* 171. — (*d*) Colmar. 16 mai 1812 : *J. P. t.* 40, *p.* 550.

par les lois romaines, était admise par quelques coutumes, notamment par celle de Bretagne ; mais, en général, elle était étrangère aux pays coutumiers. A-t-on remarqué que, dans ces pays, les intérêts des orphelins fussent plus compromis qu'ailleurs ? Cette réflexion, qui seule eût pu faire écarter la responsabilité dont il s'agit, n'est cependant pas la plus concluante. Il est reconnu et avoué que, dans les lieux même où la loi avait établi la responsabilité, elle était tombée en désuétude, et n'était appliquée par les tribunaux que dans le cas d'un dol évident. Tant il est vrai que la règle était odieuse à l'égard de parens qui avaient de bonne foi rempli cette charge de famille. Comment, pour l'intérêt d'un seul, tenir en suspens la fortune d'une famille entière, et d'une famille qui n'a rien à se reprocher ? N'y aura-t-il pas aussi quelquefois recours contre le subrogé tuteur, s'il a mal rempli son mandat ? Toutes ces considérations ont fait rejeter un vain épouvantail. La famille a rempli son devoir quand elle a fait son choix avec toutes les précautions de la prudence, avec tous les soins de la tendresse.

—

3295. L'ÉMANCIPATION tient le milieu entre
la minorité et la majorité. La distinction établie entre ces deux états repose sur la considération que l'homme n'est, en général, capable
de diriger ses affaires qu'à un certain âge. Mais
le développement des facultés est plus précoce
chez quelques-uns : n'est-il pas conséquent de
rendre proportionnellement plus précoces aussi
les résultats devant la loi? Si cette condescen-
dance du législateur n'est jamais aveugle; si
l'exercice qu'il en fait devient un aiguillon
pour les vertus à naître, une récompense
pour le mérite déjà manifesté; si la loi tient
toujours en réserve un moyen de réparer la
méprise, de punir l'hypocrisie, ou d'intimi-
der les penchans vicieux, on sera forcé de
convenir que le vœu de la société ne sera
pas moins rempli que celui de la raison. Or,
la réunion de tous ces avantages est renfermée
dans ce qui suit.

3296. Le mineur est émancipé de plein droit
par le mariage (*a*). Comment ne pas reconnaître capable du soin de ses biens, celui que l'on
a cru capable des soins d'époux et de père?

(*a*) Art. 476 c. c.

3297. La mineure mariée est également émancipée ; mais elle ne jouit de ce bénéfice que par le veuvage, puisque, pendant le mariage, elle est sous la puissance de son époux.

3298. Une jeune personne émancipée par mariage, puis devenue veuve avant l'âge de quinze ans, ne retombe pas en tutelle (a).

3299. Le mari est de plein droit le curateur de sa femme mineure (b).

3300. Le mineur, même non marié, peut être émancipé par son père (c).

3301. Ou, à défaut de père, par sa mère (d).

3302. Le droit d'émanciper appartient aux père et mère naturels (e).

3303. Cette émancipation (3300. 3301) est permise lorsque le mineur a atteint l'âge de quinze ans révolus (f.).

3304. Les affections de la nature sont ici garans que l'émancipation est dans l'intérêt de l'enfant. Qui pourrait apprécier le mineur mieux que ceux qui l'ont sans cesse sous les yeux ? Qui pourrait promettre plus de circonspection dans l'exercice de leur bienveillance, que ceux à qui la nature a rendu si cher le bonheur de celui qui en est l'objet ?

(a) Cas. 21 fév. 1821 : *J. P. t.* 60, *p.* 88. — (b) Pau, 11 mars 1811 : *J. C. C. t.* 19, *p.* 486. — (c) Art. 477 c. c. — (d) *Id.* — (e) Limoges, 2 janv. 1821 : *J. P. t.* 60, *p.* 513. — (f) Art. 477 c. c.

3305. La mère remariée ne perd pas le droit d'émanciper *(a)*.

3306. L'émancipation s'opère par la seule déclaration du père ou de la mère *(b)*.

3307. Cette déclaration est reçue par le juge de paix *(c)*.

3308. Assisté de son greffier *(d)*.

3309. L'émancipation doit être expresse et formelle, et ne résulterait pas de ce que le père aurait fait nommer un curateur à l'un de ses enfans en âge d'être émancipé *(e)*.

3310. Le mineur resté sans père ni mère peut aussi être émancipé, si le conseil de famille l'en juge capable *(f)*.

3311. Mais seulement à l'âge de dix-huit ans accomplis *(g)*. Sans cette limitation d'âge, il y aurait à craindre qu'un simple tuteur, pour se décharger du poids de la tutelle, ne supposât à son pupille une capacité précoce, qu'il ne le persuadât au conseil de famille, et que l'émancipation ne devînt ainsi une espèce d'abandon. La différence d'âge pour l'une et l'autre émancipation est une suite de la confiance du législateur en l'amour paternel.

3312. Dans le cas présent (3310. 3311), l'é-

(a) Colmar, Bruxelles, 17 juin 1807, 6 mai 1808 : *J. C. C. t.* 12, *p.* 18; *Sir.* 1809, *déc. div. p.* 56. — *(b)* Art. 477 c. c. — *(c)* Id. — *(d)* Id. — *(e)* Riom, 22 mars 1823 : *J. P. t.* 69, *p.* 261. — *(f)* Art. 478 c. c. — *(g)* Id.

mancipation résulte de la délibération qui l'a autorisée (*a*).

3313. Et de la déclaration que le juge de paix, comme président du conseil de famille, a faite, dans le même acte, que le mineur est émancipé (*b*).

3314. Autre différence. S'il s'agit d'un mineur qui soit sous la tutelle d'un simple parent ou d'un étranger, et que le tuteur, soit pour se maintenir dans une grande gestion, soit par tout autre motif, n'ait fait aucune diligence pour l'émancipation du mineur âgé de dix-huit ans, émancipation que l'on suppose méritée par une bonne conduite et une capacité suffisante; et qu'un ou plusieurs parens ou alliés de ce mineur, au degré de cousin germain ou à des degrés plus proches, le jugent capable d'être émancipé, ils peuvent requérir le juge de paix de convoquer le conseil de famille pour délibérer à ce sujet (*c*).

3315. Le juge de paix doit déférer à cette réquisition (*d*).

3316. La faculté dont il est question n'a jamais lieu contre un père administrateur ou tuteur, ni contre une mère tutrice, parce qu'ils sont juges suprêmes en cette partie, et que leur autorité ne doit, jusqu'à la majorité de leurs

______

(*a*) Art. 478 c. c. — (*b*) *Id.* — (*c*) Art. 479. — (*d*) *Id.*

enfans, recevoir d'autres limites que celles qu'y met leur propre volonté.

3317. Le compte de tutelle est rendu au mineur émancipé (*a*), puisque cette circonstance fait cesser les fonctions de tuteur (3253. 3254).

3318. L'émancipé y est assisté d'un curateur (*b*), de peur que le tuteur n'abuse de son ascendant, surtout si c'était lui qui eût provoqué l'émancipation.

3319. Le compte doit être rendu en justice (*c*).

3320. Ce curateur est nommé au mineur par le conseil de famille (*d*).

3321. La règle s'applique à l'émancipation de l'enfant naturel (*e*).

3322. Le père qui émancipe n'a pas le droit de nommer le curateur (*f*).

3323. Si le compte n'est point rendu en présence du subrogé tuteur, c'est que ses fonctions ont cessé (2949).

3324. Le mineur émancipé passe les baux dont la durée n'excède point neuf ans (*g*), et qui, ainsi bornés, sont des actes de simple administration (3228).

3325. Sous les restrictions imposées aux

___

(*a*) Art. 480 c. c. — (*b*) *Id.* — (*c*) Agen, 19 fév. 1824 : *J. P. t.* 72, *p.* 333. — (*d*) Art. 480 c. c. — (*e*) Limoges. 2 janv. 1821 : *J. P. t.* 60, *p.* 513. — (*f*) Caen, 27 juin 1814 : *J. P. t.* 41, *p.* 157. — (*g*) Art. 481 c. c.

usufruitiers et aux maris (*a*), et qu'on lira aux titres de l'usufruit et du contrat de mariage.

3326. Il reçoit ses revenus (*b*).

3327. Il en donne décharge (*c*), par voie de conséquence.

3328. Il fait tous les actes qui ne sont que de pure administration (*d*).

3329. Sans être restituable contre ces actes (*e*) : règle qui se reproduira quand nous examinerons les obligations en général.

3330. Dans tous les cas où le majeur ne l'est pas lui-même (*f*). En fait d'administration l'émancipé est aussi capable que lui.

3331. Quant à ses droits immobiliers, il est toujours considéré comme un mineur, et n'a pas plus de pouvoir. Il ne peut intenter une action immobilière (*g*).

3332. Ni y défendre (*h*).

3333. Même recevoir décharge d'un capital mobilier (*i*).

3334. Ou la donner (*j*), à cause de la nécessité d'emploi (3336).

3335. Sans l'assistance de son curateur (*k*). *Adultus, curatore consentiente, litem et intendere et excipere debet.*

3336. Ce curateur, au dernier cas (3334), surveille l'emploi du capital reçu (*l*).

(*a*) Nismes, 12 juin 1821 : *J. P. t.* 62, *p.* 67. — (*b*) Art. 481. c. c. — (*c*) *Id.* — (*d*) *Id.* — (*e*) *Id.* — (*f*) *Id.* — (*g*) Art. 482. — (*h*) *Id.* — (*i*) *Id.* — (*j*) *Id.* — (*k*) *Id.* — (*l*) *Id.*

3337. Le terme de capital (3333. 3334. 3336) ne doit pas seulement s'entendre des capitaux de rente, mais aussi des sommes dues par obligation et portant intérêt.

3338. Une femme mineure peut intenter et poursuivre une demande en séparation de corps, sans l'assistance d'un curateur (*a*).

3339. La femme mineure est valablement autorisée par son mari, et n'a pas besoin de l'assistance d'un curateur, pour intenter une action immobilière (*b*).

3340. Le mineur émancipé ne peut, sous aucun prétexte, faire d'emprunts (*c*). Ils sont le fléau de l'inexpérience.

3341. Sans une délibération du conseil de famille (*d*).

3342. La délibération doit être homologuée par le tribunal civil (*e*).

3343. Après avoir entendu le procureur du roi (*f*).

3344. Il s'agit ici d'emprunts énormes, faits par acte emportant hypothèque. Le mineur émancipé est maître de faire des emprunts modiques, pour ses besoins ordinaires. Nous disons des emprunts modiques; car, s'il souscrivait des promesses ou billets pour des sommes

(*a*) Bordeaux, 1er juil. 1806 : *Den.* 1806, *déc. div. p.* 238. — (*b*) Pau, 11 mai 1811 : *J. C. C. t.* 17. *p.* 27. — (*c*) Art. 483 c. c — (*d*) *Id.* — (*e*) *Id.* — (*f*) *Id.*

considérables, les prêteurs courraient risque de les voir déclarer nuls, et seraient tenus de prouver que les sommes ont tourné au profit du mineur. Ceci est conforme au principe suivant lequel le mineur est restituable contre ses engagemens, non en sa seule qualité de mineur, mais uniquement quand il est lésé, et jusqu'à concurrence de la lésion qu'il éprouve. *Minor restituendus, non ut minor, sed ut læsus.*

3345. Ce n'est pas le conseil de famille, mais le tribunal, que la loi appelle à prononcer sur la réduction des engagemens contractés par l'émancipé. Il ne s'agit plus alors d'un simple acte d'administration de tutelle : il est question de prononcer sur les intérêts de tiers ; et les conseils de famille n'ont à cet égard ni qualité, ni juridiction.

3346. Le mineur émancipé ne peut non plus vendre ni aliéner ses immeubles *(a)*.

3347. Ni faire aucun acte autre que ceux de pure administration *(b)*, les seuls que la loi lui permette (3328—3330).

3348. Sans observer les formes prescrites au mineur non émancipé *(c)*.

3349. A l'égard des obligations qu'il contracterait par voie d'achats ou autrement, elles sont reductibles en cas d'excès *(d)*. Il a la faculté d'acheter les choses utiles à son entretien

---

(a) Art. 484 c. c. — (b) *Id.* — (c) *Id.* — (d) *Id.*

et à l'exploitation de ses biens ; mais, jusques dans l'exercice de cette faculté, il est placé sous une législation spéciale.

3350. Les tribunaux prennent, à ce sujet, en considération la fortune du mineur (a).

3351. La bonne ou mauvaise foi des personnes qui ont contracté avec lui (b).

3352. L'utilité ou l'inutilité des dépenses (c) que l'émancipé s'est permises.

3353. Si on annulait légèrement les actes faits par l'émancipé, on détruirait l'effet de l'émancipation, on isolerait les émancipés du reste de la société. Personne ne voudrait traiter avec eux. Voilà pourquoi on se contente de rétablir l'équité blessée (3349—3352).

3354. Ainsi le mineur émancipé n'est pas restituable contre une acquisition par lui faite, et peut seulement faire réduire son obligation, si elle est excessive (d).

3355. Dans le cas d'excès dont il vient d'être parlé, il y a preuve d'inconduite, ou, tout au moins, de mauvaise administration ; et ceci a suggéré l'idée de faire rentrer en tutelle l'émancipé qui s'est rendu indigne ou montré incapable de gérer ses biens. Tout mineur émancipé dont les engagemens seraient réduits en vertu des règles précédentes (3349—3352),

____

(a) Art. 484 c. c. — (b) Id. — (c) Id. — (d) Toulouse. 24 janv. 1825 : J. P. t. 73, p. 548.

peut être privé du bénéfice de l'émancipation (*a*).

3356. Elle lui est retirée en suivant les mêmes formes que celles qui ont eu lieu pour la lui conférer (*b*). L'émancipation devient ainsi un stage pour la jeunesse. L'émancipé craint d'en perdre le bénéfice; et, averti que son sort dépend de sa conduite, il contracte, dès le commencement de sa carrière civile, de bonnes habitudes, qui exercent une heureuse influence sur le reste de sa vie.

3357. Dès le jour où l'émancipation a été révoquée, le mineur rentre en tutelle. (*c*).

3358. Il y reste jusqu'à sa majorité accomplie (*d*). A-t-il encore père et mère, il rentre sous leur administration, et même en leur puissance, s'il est à l'âge où elle a lieu ; et les père et mère reprennent la jouissance des biens.

3359. Le mineur émancipé qui fait un commerce, est réputé majeur pour les faits relatifs à ce commerce (*e*). La société doit cette faveur au négoce, dont tous les moyens sont paralysés, si ses transactions ne sont pas irrévocables. Le mineur négociant peut donc faire tous les achats et ventes de marchandises qui constituent sa profession, contracter tous les engagemens qui en dépendent, souscrire tous billets;

_____

(*a*) Art. 485 c. c. — (*b*) *Id.* — (*c*) Art. 486 c. c. — (*d*) *Id.*
— (*e*) Art. 487.

tirer, accepter ou endosser toutes lettres de change, qui en sont les suites et les actes ordinaires; et, dans tous ces cas, il s'oblige comme pour fait de commerce, c'est-à-dire même par corps: tout cela, sans espoir de restitution.

3360. Le mineur négociant n'est réputé majeur que pour les affaires relatives à son commerce. Pour toutes les autres, il reste dans la classe ordinaire des mineurs, soumis aux mêmes règles, jouissant des mêmes avantages.

3361. Les conditions à remplir par le mineur qui veut profiter de la faculté à lui accordée de faire le commerce, sont tracées au Code de ce nom, en ses articles 2. 3. 6.

TUTELLE

3362. Il est dans la société une classe d'individus, enfans du malheur ou de la pauvreté, de la faiblesse ou du vice, délaissés dès leur naissance, abandonnés dans leurs premiers ans, repoussés du sein de leurs parens, ou orphelins dans un âge encore tendre, et qui n'ont de ressource que dans la pitié des âmes généreuses ou dans la bienfaisance publique. Ces êtres faibles et misérables, recueillis d'abord dans les hôpitaux, où ils reçoivent les premiers secours, sont, suivant l'usage, les lieux et les circonstances, confiés à des nourrices, placés en sevrage chez des habitans de la campagne, élevés dans les maisons publiques, formés dans leur enceinte à des travaux utiles, mis comme serviteurs chez des citoyens, ou engagés comme apprentis chez des artisans. On a dû s'occuper d'assurer leur sort, de créer pour eux, à la place des parens qu'ils ne connaîtront jamais ou qu'ils ont perdus, une paternité sociale, qui conserve tous les droits, toute la puissance de la paternité naturelle, et qui en supplée les soins, la vigilance et la protection.

3363. Les enfans admis dans les hospices, à quelque titre et sous quelque dénomination que ce soit, sont sous la tutelle des commissions administratives de ces maisons (*a*).

3364. Ces commissions désignent un de leurs membres pour exercer, le cas advenant, les fonctions de tuteur (*b*).

3365. Les autres forment le conseil de tutelle (*c*), destiné à remplacer le conseil de famille.

3366. Quand l'enfant sort de l'hospice pour être placé comme ouvrier, serviteur ou apprenti, dans un lieu éloigné de l'hospice où il avait été placé d'abord, la commission de cet hospice peut déférer la tutelle à la commission administrative de l'hospice du lieu le plus voisin de la résidence actuelle de l'enfant (*d*). C'est un moyen de veiller plus aisément et plus utilement sur sa personne.

3367. Cette déclaration se fait par un simple acte administratif (*e*).

3368. Visé du préfet ou du sous-préfet (*f*).

3369. La tutelle des enfans admis dans les hospices dure jusqu'à leur majorité (*g*).

3370. Ou jusqu'à leur émancipation par mariage ou autrement (*h*).

3371. Les commissions administratives des

(*a*) Art. 1er, loi 15 pluv. an XIII : B. 31, n° 526, 4e séric. — (*b*) *Id.* — (*c*) *Id.* — (*d*) Art. 2. — (*e*) *Id.* — (*f*) *Id.* — (*g*) Art. 3. — (*h*) *Id.*

hospices jouissent, relativement à l'émancipation des mineurs qui sont sous leur tutelle, des droits attribués aux père et mère par le Code civil (a).

3372. L'émancipation se fait sur l'avis des membres de la commission administrative (b).

3373. Par celui d'entre eux qui a été désigné tuteur (c).

3374. Il est seul tenu de comparaître à cet effet devant le juge de paix (d).

3375. L'acte d'émancipation est délivré sans autres frais que ceux d'enregistrement et de papier timbré (e).

3376. Si les enfans admis dans les hospices ont des biens, le receveur de l'hospice remplit, à cet égard, les mêmes fonctions que pour les biens des hospices (f), et est tenu de rendre compte, comme représentant un tuteur onéraire.

3377. Toutefois les biens des administrateurs ne peuvent, à raison de leurs fonctions, être passibles d'aucune hypothèque (g).

3378. La garantie de la tutelle réside dans le cautionnement du receveur chargé de la manutention des deniers et de la gestion des biens (h).

(a) Art. 4, loi 15 pluv. an XIII : B. 31, n° 526, 4ᵉ série. — (b) Id. — (c) Id. — (d) Id. — (e) Id. — (f) Art. 5. — (g) Id. —(h) Id.

3379. En cas d'émancipation, ce receveur remplit les fonctions de curateur (*a*).

3380. Les capitaux qui appartiennent ou échoient aux enfans admis dans les hospices, sont placés dans les monts-de-piété (*b*).

3381. Dans les communes où il n'y a pas de mont-de-piété, ces capitaux sont placés à la caisse d'amortissement (*c*).

3382. Pourvu que chaque somme ne soit pas au-dessous de cent cinquante francs (*d*).

3383. Auquel cas, il en est disposé selon ce que règle la commission administrative (*e*).

3384. Les revenus des biens et capitaux appartenant aux enfans admis dans les hospices, sont perçus à titre d'indemnité des frais de leur nourriture et entretien (*f*).

3385. Jusqu'à leur sortie desdits hospices (*g*), qui ne doivent à l'indigence que le supplément de l'humanité.

3386. Si l'enfant décède avant sa sortie de l'hospice, son émancipation ou sa majorité, et qu'aucun héritier ne se présente, ses biens appartiennent en propriété à l'hospice (*h*). Ce modique héritage est une sorte de dédommagement que recueille l'hospice au lieu du fisc, par substitution au droit de déshérence.

(*a*) Art. 5, loi 15 pluv. au xiii : B. 31, n° 526, 4° *série.* — (*b*) Art. 6. — (*c*) *Id.* — (*d*) *Id.* — (*e*) *Id.* — (*f*) Art. 7. — (*g*) *Id.* — (*h*) Art. 8.

3387. L'hospice peut être envoyé en possession de ces biens (*a*).

3388. A la diligence du receveur (*b*) de l'établissement.

3389. Sur les conclusions du ministère public (*c*).

3390. S'il se présente ensuite des héritiers, ils ne peuvent répéter les fruits que du jour de la demande (*d*) en justice.

3391. Les héritiers qui se présentent pour recueillir la succession d'un enfant décédé avant sa sortie de l'hospice, son émancipation ou sa majorité, sont tenus d'indemniser l'hospice des alimens fournis et dépenses faites pour l'enfant décédé, pendant le temps qu'il est resté à la charge de l'administration (*e*). On veut que le patrimoine des pauvres ne soit pas diminué, et que les parens qui délaissèrent leur parent malheureux, ne puissent jouir du bien qu'ils refusèrent d'administrer, ni succéder, sans charges, à celui qu'ils ont méconnu aux jours de son abandon.

3392. Sauf à faire entrer en compensation, jusqu'à due concurrence, les revenus perçus par l'hospice (*f*).

3393. Consultez le décret du 19 janvier 1811 (*g*) concernant les enfans trouvés ou abandonnés et les orphelins pauvres.

(*a*) Art. 8, loi 15 pluv. an XIII : B. 31, n° 526, 4ᵉ *série.* — (*b*) *Id.* — (*c*) *Id.* — (*d*) *Id.* — (*e*) Art. 9. — (*f*) *Id.* — (*g*) B. 346, n° 6478, 4ᵉ *série.*

LÉGISLATION TRANSITOIRE.

3394. Le mineur qui, d'après l'ancien droit, était sorti de tutelle, y est retombé, depuis le Code civil, jusqu'à sa majorité (*a*).

3395. Mais l'ancien tuteur ne doit pas continuer ses fonctions, si sa tutelle n'était qu'élective, et non légale (*b*).

3396. Sur ce qui vient d'être dit, et la différence entre le mineur émancipé et le simple pupille, voir un arrêt de la cour de cassation (*c*) du 6 avril 1808.

3397. Une veuve peut, depuis le Code, réclamer la tutelle de son enfant mineur, déjà pourvu d'un tuteur testamentaire lors de sa promulgation (*d*).

3398. L'obligation pour la tutrice qui se remarie, de convoquer préalablement le conseil de famille, s'applique à la mère dont le convol est antérieur à la publication du Code et à l'ouverture de la tutelle (*e*).

3399. Les dispositions du Code règlent la durée de la prescription (3284. 3286), quoique le pupille ne soit devenu majeur que depuis sa publication (*f*).

(*a*) Nismes, Montpellier, 24 brum. et 5 fruct. an xiii : *J. C. C t. 3, p.* 417; *Den.* 1806, *déc. div. p.* 86. — (*b*) *Id.* — (*c*) Sir. 1808, p. 241. — (*d*) Turin, 6 mess. an xiii : *J. C. C. t. 5, p.* 53. — (*e*) Paris, 4 déc. 1807 : *J. P. t.* 20, *p.* 8. — (*f*) Cas. 26 juin 1819 : *J. P. t.* 56, *p.* 161.

MAJORITÉ,

INTERDICTION ET CONSEIL JUDICIAIRE.

—

Majorité.

3400. La majorité est fixée à vingt-un ans accomplis (*a*), règle déjà posée en d'autres termes (2729).

3401. A cet âge on est capable de tous les actes de la vie civile (*b*).

3402. Sauf la restriction portée au titre du mariage (*c*), parmi les qualités et conditions requises pour le contracter (1097. 1117—1120. 1123).

3403. Au titre du divorce (1941—1943).

3404. Et à celui de l'adoption (2484. 2485).

3405. L'âge, chez toutes les nations, est la mesure d'après laquelle on détermine l'époque de la majorité. Cet expédient est simple, uniforme, commun à tous. Il apprend au mineur et à ceux qui ont des intérêts à démêler avec lui, le moment précis où il entre dans le plein exercice de ses droits.

(*a*) Art. 488 c. c. — (*b*) *Id.* — (*c*) *Id.*

3406. Le majeur qui est dans un état habituel d'imbécillité, de démence ou de fureur, doit être interdit (*a*). Ce n'est pas sur quelques actes isolés qu'on s'avisera jamais de décider qu'un homme a perdu le sens et la raison. Mais lorsque cette raison n'est plus qu'un accident, lorsqu'elle ne se laisse apercevoir que de loin en loin, tandis que les paroles et les actions de tous les jours sont les paroles et les actions d'un insensé, on peut dire qu'il existe un état habituel de démence : c'est alors le cas de l'interdiction. *Furiosus nullum negotium contrahere potest.*

3407. Un mineur peut être interdit pour cause de fureur (*b*).

3408. On procède, en ce cas, contre lui seul, sans appeler son tuteur (*c*).

3409. La règle (3406) subsiste même lorsque l'état du majeur présente des intervalles lucides (*d*). *Semel furiosus, semper præsumitur furiosus.*

3410. L'imbécillité (3406) est une faiblesse d'esprit, causée par l'absence ou l'oblitération des idées.

(*a*) Art. 489 c. c. — (*b*) Metz, 30 août 1825 : *J. P. t.* 71, p. 320. — (*c*) *Id.* — (*d*) Art. 489 c. c.

3411. La démence (3406) est une aliénation qui ôte à celui qui en est atteint l'usage de sa raison.

3412. La fureur (3406) n'est qu'une démence portée à un plus haut degré, qui pousse à des mouvemens dangereux pour soi-même et pour les autres.

3413. L'interdiction ne détruit pas l'état civil, mais en suspend l'exercice relativement aux actes qui exigent le concours de la volonté ou du consentement de celui qui en est frappé. *Furiosi voluntas nulla est.*

3414. Tout parent est recevable à provoquer l'interdiction de son parent (*a*). Il est juste de donner aux membres d'une famille les moyens de conserver la fortune et la vie à celui qui, par sa désorganisation morale et physique, est menacé de perdre l'une et l'autre. Ils ont un intérêt direct et personnel à cette conservation, et de plus une solidarité d'honneur et d'affection qui doit leur mériter toute confiance.

3415. Il en est de même de l'un des époux à l'égard de l'autre (*b*).

3416. Si c'est la femme qui use de cette faculté, elle n'a pas besoin, pour cela, d'autorisation (*c*).

3417. Un mari ne peut provoquer l'inter-

(*a*) Art. 490 c. c. — (*b*) *Id.* — (*c*) Toulouse, 8 fév. 1823 : *J. P. t.* 68, *p.* 181.

diction du père de sa femme (*a*), parce qu'il n'est que son allié, non son parent (3414).

3418. Un tuteur non parent peut provoquer l'interdiction du parent de son pupille (*b*), parce que ce tuteur n'agit pas en son nom personnel, mais au nom d'un parent de celui qu'il s'agit d'interdire.

3419. La loi distingue le cas de l'imbécillité ou de la démence, et celui de la fureur. On a pensé que la famille devait rester arbitre du sort de l'individu dont l'état n'intéressait, strictement parlant, que la famille. Lorsque la sûreté publique n'est pas compromise, forcerez-vous le fils, le frère, l'épouse à proclamer l'humiliation d'un père, d'un frère, d'un époux? Si les intéressés à la conservation des biens ne se plaignent pas, personne n'a droit de le faire.

3420. Mais dans le cas de fureur, si l'interdiction n'est provoquée ni par l'époux, ni par les parens, elle doit l'être par le procureur du roi (*c*). C'est alors pour ce fonctionnaire une obligation rigoureuse de provoquer l'interdiction de l'être dangereux et nuisible. L'intérêt de tous prévaut sur les égards et les ménagemens particuliers.

3421. Dans les cas d'imbécillité et de démence, le procureur du roi peut aussi provoquer l'interdiction contre un individu qui

(*a*) Metz, 14 déc. 1824 : *J. P. t.* 74, *p.* 307. — (*b*) Brux. 3 août 1808 : *J. P. t.* 25, *p.* 107. — (*c*) Art. 491 c. c.

n'a ni époux, ni épouse, ni parens connus (*a*). Sans imposer à la partie publique le devoir d'agir, on lui en donne le pouvoir. Elle en use, si l'intérêt du malade l'exige. Cependant elle n'est point astreinte à faire sans nécessité un éclat fâcheux. Voir un arrêt de Paris (*b*) du 7 août 1826.

3422. Hors ces deux circonstances (3420. 3421), le ministère public n'est pas recevable (*c*).

3423. Il peut se rencontrer des parens peu dignes de ce titre, dont la négligence appelle hautement l'intervention du ministère public. Il peut se faire aussi qu'un homme se trouve atteint de folie dans un pays éloigné, sans connaissances et sans amis. Enfin, les enfans naturels, qui n'ont d'autre protection que celle de la loi, d'autres parens que les agens de la loi, ne peuvent être abandonnés à eux-mêmes, et livrés à tous les dangereux hasards d'un délire habituel. Les mesures énoncées ci-dessus obvient à ces graves inconvéniens (3420. 3421).

3424. Quelques personnes ont pensé que la restriction de l'action du ministère public au seul cas de fureur n'était pas sans danger. Elles ont appréhendé l'insouciance trop ordinaire de parens peu fortunés, laissant dans la misère et la divagation leur parent imbécile. Elles ont craint qu'il ne demeurât à la charge de la so-

(*a*) Art. 491 c. c. — (*b*) J. P. t. 77, p. 268. — (*c*) Bordeaux, 19 janv. 1829 : *J. P. t. 84. p.* 386.

ciété, qui se verrait forcée de le recueillir pour le déposer dans un de ces asyles, dernière ressource de l'homme souffrant et malheureux. Elles en concluaient qu'il fallait investir le ministère public d'un pouvoir discrétionnel pour agir d'office lorsqu'il aurait inutilement stimulé l'affection et le zèle engourdi d'une famille. Mais il faut avouer aussi qu'il n'était pas sans inconvénient de laisser sur ce point trop de latitude au procureur du roi. Les familles sont ordinairement jalouses de cacher des infirmités de ce genre; elles s'en affligent, redoutent l'inutile caquetage des amis, les malignes observations des ennemis; elles tremblent surtout qu'une partie de l'humiliation du père ne rejaillisse sur ses enfans. Soit intérêt, amour propre, bienséance, affection, elles s'enveloppent du mystère, et déguisent la nature du mal, sans cependant négliger aucun des soins ou des remèdes nécessaires pour rendre au malade la santé, la raison. Le zèle indiscret d'un procureur du roi romprait infailliblement cette harmonie, dérangerait ces combinaisons salutaires. Son ministère serait au moins désobligeant, s'il n'était pas nuisible; et l'homme en démence perdrait beaucoup aux froissemens et aux disgrâces que ferait éprouver à ses parens l'éclat d'une procédure intempestive et irréfléchie.

3425. L'obligation imposée au ministère

public (3420) ne s'applique pas au cas où un individu, follement épris de lui-même, dénigre hautement l'autorité, sans menaces ni provocations (*a*).

3426. Une interdiction volontaire ne peut être sanctionnée en justice (*b*).

3427. Toute demande en interdiction est portée devant le tribunal de première instance (*c*) directement.

3428. Point d'essai de conciliation : il serait impossible avec le véritable insensé; il serait outrageant à l'égard de celui qui aurait conservé l'intégrité de sa raison.

3429. Les faits d'imbécillité, de démence ou de fureur sont articulés par écrit (*d*), afin de provoquer l'examen de leur pertinence.

3430. Ceux qui poursuivent l'interdiction, présentent les témoins et les pièces (*e*), comme moyens justificatifs de la demande.

3431. Le tribunal ordonne que le conseil de famille donne son avis sur l'état de la personne dont l'interdiction est demandée (*f*).

3432. Ce conseil est formé selon le mode déterminé pour la tutelle (*g*) et que nous avons fait connaître (2807—2919).

3433. Il peut se réunir en la chambre du

(*a*) Nismes, 27 janv. 1808 : *Sir.* 1808, *déc. div. p.* 558. — (*b*) Cas. 7 sept. 1808 : *Den.* 1808, *p.* 436. — (*c*) Art. 492 c. c. — (*d*) Art. 493. — (*e*) *Id.* — (*f*) Art. 494. — (*g*) *Id.*

conseil, en présence du président du tribunal (*a*).

3434. C'est assez que chaque membre émette son opinion sur l'état du malade, sans exprimer s'il estime bien ou mal fondée la demande en interdiction (*b*).

3435. Ceux qui ont provoqué l'interdiction, ne peuvent faire partie du conseil de famille (*c*). Ils se sont rendus plaignans, ils ne doivent pas rester parmi les juges. Le défendeur a, par ce moyen, plus d'avantage pour résister avec succès aux efforts injustes et possibles d'une malfaisante cupidité.

3436. Le frère germain, mandataire de celui qu'on veut interdire, ne peut être écarté du conseil de famille (*d*).

3437. A peine de nullité (*e*) de la délibération.

3438. Est nulle aussi la délibération où a figuré le parent provocateur de l'interdiction (*f*).

3439. Cependant l'époux ou l'épouse, et les enfans de la personne dont l'interdiction est provoquée, peuvent être admis au conseil (*g*). Ces individus sont, en général, les plus en état de donner, sur les faits et habitudes du malade, les éclaircissemens nécessaires. Si l'inter-

---

(*a*) Paris, 15 mai, 1813 : *J. P. t.* 37, *p.* 340. — (*b*) Paris, 28 fév. 1814 : *J. P. t.* 39, *p.* 514. — (*c*) Art. 495 c. c. — (*d*) Caen, 15 janv. 1811 : *J. C. C. t.* 18, *p.* 442. — (*e*) *Id.* — (*f*) Montp. 13 mess. an XIII : *J. C. C. t.* 5, *p.* 262. — (*g*) Art. 495 c. c.

diction est provoquée par d'autres parens plus éloignés, l'époux ou les enfans sont intéressés personnellement à contredire une démarche qui réfléchit désagréablement sur eux. Lors même que, cédant à une impérieuse nécessité, ils ont primitivement formé la demande à fin d'interdiction, ils ne veulent pas toujours associer le public aux révélations qu'ils sont disposés à faire à la famille, dont l'avis, donné en pleine connaissance de cause, devient ensuite d'un grand poids.

3440. La délibération n'est pas nulle, faute d'y avoir appelé l'épouse (a).

3441. L'époux, l'épouse et les enfans n'ont pas voix délibérative au conseil de famille (b). Il serait en effet inconvenant et peu moral de les mettre dans la cruelle obligation de prononcer contre un père ou un époux malheureux et humilié, qu'ils doivent uniquement et constamment entourer de soins, de respects et de tendresse. C'est de plus prendre une précaution sage contre l'intérêt, qui trop souvent est le mobile des demandes en interdiction.

3442. Le tribunal interroge le défendeur à la chambre du conseil (c). Il est le principal intéressé à la demande.

____

(a) Paris, 28 fév. 1814 : *J. P. t.* 39, *p.* 514. — (b) Art. 495
s. c. — (c) Art. 496.

3443. Cet interrogatoire a lieu après avoir reçu l'avis du conseil de famille (*a*).

3444. Si le défendeur ne peut se présenter, il est interrogé dans sa demeure (*b*).

3445. Par l'un des juges, à ce commis (*c*).

3446. Assisté du greffier (*d*).

3447. Dans tous les cas, le procureur du roi est présent à l'interrogatoire (*e*).

3448. Ces fonctionnaires (3345—3347), quand ils se transportent à plus de cinq kilomètres de leur résidence, ont droit à une indemnité (*f*).

3449. Cet interrogatoire est secret, d'abord afin de ne pas affecter trop vivement, par la présence du peuple, la timidité présumable d'un individu alarmé de se voir soumis à une épreuve aussi pénible et aussi délicate ; en second lieu, par ménagement pour sa réputation, et même par égard pour son amour propre, si l'allégation ne se trouvait pas suffisamment justifiée. Cette prévoyance était d'autant plus désirable, qu'elle fournit également aux juges le moyen de considérer plus attentivement les traits, les mouvemens, l'attitude du défendeur, et de fixer par suite leur opinion sur la faiblesse ou l'énergie de ses facultés intellectuelles. C'est dans ces communications familières,

(*a*) Art. 496 c. c. — (*b*) *Id.* — (*c*) *Id.* — (*d*) *Id.* — (*e*) *Id.* —
(*f*) Ord. 4 août 1824 : B. 686, n° 17444, 7ᵉ série.

dégagées d'un imposant appareil et de l'aspect gênant de la multitude, que l'esprit de l'interrogé conserve toute sa liberté. C'est dans la concordance des réponses avec les questions, dans la chaîne et la liaison des idées, que se manifeste l'état de la raison. Lorsque cet interrogatoire ne peut avoir lieu en présence de tout le tribunal, ce n'est pas trop que deux magistrats y assistent, et forment leur opinion sur d'autres et moins fugitives impressions que celles que laisse après elle la lecture d'un procès-verbal. Le maintien, l'air, le ton, le geste du répondant déterminent, autant et quelquefois plus que ses paroles, le véritable sens de sa réponse, qui est mieux saisie, plus sainement interprétée par ceux qui l'ont vu et entendu faire. Au surplus, cet interrogatoire par l'un des juges, en présence du procureur du roi, est tout ce qu'on peut entreprendre pour parvenir à connaître le moral d'un homme, dont l'esprit, déjà trop affaibli par la maladie, serait sans doute effrayé d'une plus grande pompe.

3450. Une demande en interdiction peut, par sa nature, entraîner des délais préjudiciables. La loi éloigne à cet égard toutes les craintes, en statuant qu'après le premier interrogatoire, le tribunal commet, s'il y a lieu, un administrateur provisoire, pour prendre soin de la personne et des biens du défendeur (a).

_____

(a) Art. 497 c. c.

3451. Ce jugement est susceptible d'appel (a).

3452. L'administrateur provisoire n'a pas le droit de vendre le mobilier (b).

3453. S'il cherche à le faire, c'est un motif suffisant de révocation (c).

3454. Le jugement sur une demande en interdiction ne peut être rendu qu'à l'audience publique (d) : il statue sur le plus grand des intérêts, et la publicité est une garantie.

3455. Les parties entendues ou appelées (e). Reprendre plus haut (1502. 1503).

3456. Il est possible qu'une personne dont l'interdiction a été demandée pour cause d'imbécillité ou de démence, ne paraisse pas être en cet état, mais qu'il soit bien prouvé qu'à raison de la faiblesse de son esprit, ou de l'ascendant de quelque passion dominante, elle est peu capable de la direction de ses affaires. Alors le juge serait embarrassé, si la loi ne lui permettait pas d'employer un autre remède que celui de l'interdiction. Aussi, en rejetant cette demande, parce que l'aliénation, par exemple, n'est qu'instantanée, d'une nature peu alarmante, et qui affaiblit la raison sans la détruire entièrement, le tribunal peut néanmoins,

(a) Cas. 10 août 1825 : *J. P. t.* 74, *p.* 435. — (b) Brux. 30 août 1806 : *J. C. C. t.* 8, *p.* 155. — (c) *Id.* — (d) Art. 498 c. c. — (e) *Id.*

si les circonstances l'exigent, ordonner que le défendeur ne pourra désormais plaider (*a*), de peur que son état ne lui fasse intenter des actions téméraires.

3457. Transiger (*b*) : c'est une disposition trop absolue pour un esprit réputé faible.

3458. Emprunter (*c*) : un mineur, même émancipé, ne le peut pas (3340).

3459. Recevoir un capital mobilier (*d*), à cause de son importance.

3460. Ni en donner décharge (*e*), encore comme l'émancipé (3334.—3337).

3461. Aliéner ses biens (*f*), parce que c'est une fréquente occasion de surprise et de ruine.

3462. Ni les grever d'hypothèques (*g*), ce qui conduit à l'expropriation (3461).

3463. Sans l'assistance d'un conseil (*h*), qui, pour cette raison, est qualifié de judiciaire.

3464. Ce conseil lui est nommé par le même jugement (*i*).

3465. Heureuse et sage institution, qui ménage à la justice la faculté de n'employer la rigueur de l'interdiction que dans les cas les plus pressans et les moins équivoques, et qui, en conservant à l'homme faible la disposition de ses revenus, le met en même temps dans l'impossibilité légale de devenir le jouet de ces

(*a*) Art. 499 c. c. — (*b*) *Id.* — (*c*) *Id.* — (*d*) *Id.* — (*e*) *Id.* — (*f*) *Id.* — (*g*) *Id.* — (*h*) *Id.* — (*i*) *Id.*

êtres vils qui ne rougissent pas de tendre des piéges à sa facilité, pour engloutir sa fortune et le précipiter dans le malheur.

3466. Celui qui n'a perdu qu'en partie l'usage de ses facultés morales, ne peut être interdit pour cause d'imbécillité (a).

3467. On doit se contenter de lui nommer un conseil judiciaire (b).

3468. Celui dont l'interdiction est poursuivie pour cause de fureur, par le ministère public, ne peut être placé d'office sous l'assistance d'un conseil (c).

3469. Ceux à qui l'on donne un conseil ne sont pas incapables des actes de la vie civile. Ils ne peuvent s'obliger, dans les cas prévus, sans l'assistance du conseil; mais en général ils sont habiles à contracter, peuvent se marier, faire un testament, ce que ne peuvent les interdits. Tout l'objet de la nomination étant de prévenir le préjudice qu'éprouveraient ceux en faveur de qui elle est faite, on irait contre le but, s'ils étaient forcés de renoncer aux avantages certains qu'ils se seraient procurés sans l'intervention du conseil.

3470. L'individu pourvu d'un conseil judiciaire peut, sans son assistance, faire les som-

(a) Lyon, Angers, 2 prair. an xii, 23 avril 1806 : *J. C. C. t.* 2. 7, *p.* 279, 342. — (b) *Id.* — (c) Besançon, 25 août 1810 : *Dcn.* 1811, *sup. p.* 55.

mations respectueuses à l'effet d'obtenir consentement à son mariage (*a*).

3471. En cas d'appel du jugement réndu en première instance, la cour royale peut, si elle le juge nécessaire, interroger de nouveau la personne dont l'interdiction est demandée (*b*). On ne saurait prendre trop de précautions pour préparer un arrêt en dernier ressort sur une question d'état.

3472. La cour peut aussi faire interroger par un commissaire (*c*).

3473. Tout arrêt ou jugement portant interdiction, ou nomination d'un conseil, est levé (*d*), parce qu'il produit immédiatement effet (3485).

3474. Signifié à partie (*c*), pour le lui faire légalement connaître.

3475. Inscrit sur les tableaux qui doivent être affichés dans la salle de l'auditoire (*f*).

3476. Et dans les études des notaires de l'arrondissement (*g*).

3477. Dans les dix jours (*h*) de sa prononciation.

3478. A la diligence des demandeurs (*i*).

3479. Ces mesures (3473—3478) sont prises pour l'intérêt des tiers, et deviennent des aver-

***

(*a*) Toulouse, 29 janv. 1821 : *J. P. t.* 6o, *p.* 562. — (*b*) Art. 500 c, c. — (*c*) *Id.* — (*d*) Art. 5o1. — (*c*) *Id.* — (*f*) *Id.* — (*g*) *Id.* — (*h*) *Id.* — (*i*) *Id.*

tissemens publics, propres à éclairer sur l'incapacité de l'individu.

3480. Elles n'ont pas besoin d'être renouvelées dans tous les arrondissemens où l'interdit pourrait contracter (a).

3481. Chaque notaire tient exposé dans son étude un tableau sur lequel il inscrit les noms, prénoms, qualités et demeures des personnes qui, dans l'étendue du ressort où il peut exercer, sont interdites ou assistées d'un conseil judiciaire, ainsi que la mention des jugemens y relatifs (b).

3482. Le tout immédiatement après la notification qui lui en a été faite (c).

3483. A peine des dommages-intérêts des parties (d).

3484. Il n'est pas nécessaire que le jugement portant nomination de conseil soit inséré dans un journal (e).

3485. L'interdiction, ou la nomination d'un conseil, a son effet du jour du jugement (f), non de sa signification (3474).

3486. Tous actes passés postérieurement par l'interdit, ou sans l'assistance du conseil, sont nuls de droit (g).

(a) Cas. 29 juin 1819 : *J. P. t.* 56, *p.* 144. — (b) Art. 18, loi 25 vent. an xi : *B.* 358, *n°* 2440, 3ᵉ *s.* — (c) *Id.* — (d) *Id.* — (e) Angers, 8 oct. 1815 : *J. C. C. t.* 22, *p.* 98. — (f) Art. 502 c. c. — (g) *Id.*

3487. Les billets ou reconnaissances qui n'ont pas de date certaine avant le jugement de nomination de conseil, sont nuls (*a*).

3488. Ils ne peuvent même servir de commencement de preuve par écrit (*b*).

3489. Ce qui précède (3486) ne doit pas s'entendre d'une manière absolue à l'égard de celui qui n'a reçu qu'un conseil. La nullité, relativement à lui, ne frappe que sur les actes dont il est déclaré incapable (3456—3464). Les autres sont valables, puisqu'il n'a pas besoin pour eux de l'assistance de son conseil.

3490. Le contrat passé sans assistance du conseil, est valable, si le jugement qui le nomme n'a pas été inscrit aux tableaux (*c*).

3491. Sur ce que les actes antérieurs à la défense de contracter sans conseil sont en général inattaquables, il faut recourir à l'arrêt de la cour de cassation (*d*) du 18 novembre 1806.

3492. Mais ces actes antérieurs à l'interdiction peuvent être annullés, si la cause de l'interdiction existait notoirement à l'époque où ces actes ont été faits (*e*). Celui qui contracte avec une personne notoirement imbécile, notoirement en démence, est lui-même notoirement

(*a*) Angers, Rouen, 8 oct. 1813, 22 juil. 1828 : *J. C. C. t.* 22, p. 98 ; *J. P. t.* 85 , p. 374. — (*b*) *Id.* — (*c*) Cas. Turin, 20 janv et 16 juil. 1810 : *Den.* 1810 , p. 539 ; *sup. p.* 143. — (*d*) J. C. C. t. 7, p. 475. — (*e*) Art. 503 c. c.

de mauvaise foi. On suppose que la notoriété de la cause de l'interdiction existait par rapport à lui, et ne lui laissait aucun prétexte pour affecter une ignorance tout-à-fait invraisemblable.

3493. Une vente peut être annullée par le seul motif que la démence du vendeur était notoire: et qu'il a éprouvé un dommage considérable: sans qu'il soit besoin de vérifier s'il y a eu dol par l'acquéreur, ou lésion des sept douzièmes (a).

3494. L'enquête qui a précédé le jugement d'interdiction, ne fait pas foi de l'époque à laquelle la démence a commencé, pour les personnes qui ont contracté antérieurement avec l'interdit, et avec qui l'enquête n'a pas été faite. Le sort de ces actes antérieurs est subordonné au résultat d'une nouvelle enquête (b).

3495. L'homme pendant la vie duquel et contre lequel on n'a pas cru devoir intenter l'action en interdiction, est censé avoir joui, jusqu'au dernier moment, de la plénitude de ses facultés. Il n'est pas permis de troubler ses cendres, d'injurier sa mémoire par des recherches flétrissantes. Il a contracté, parce qu'il en avait le droit, le pouvoir, la volonté, qui ne lui ont jamais été contestés. Il serait trop dange-

____

(a) Cas. 15 nov. 1826 : *J. P. t.* 77, *p.* 485. — (b) Nismes, 22 mai 1818 et 10 mars 1819 : *J. P. t.* 56. *p.* 233.

reux de livrer à la cupidité des héritiers et à l'incertitude de quelques preuves équivoques la mémoire d'un homme qui ne peut plus la défendre, et le sort des engagemens qu'il a pris. Après la mort d'un individu, les actes par lui faits ne peuvent être attaqués pour cause de démence (*a*).

3496. Qu'autant que son interdiction a été prononcée ou provoquée avant son décès (*b*).

3497. A moins que la preuve de la démence ne résulte de l'acte même qui est attaqué (*c*). Dans ce dernier cas, la preuve de l'incapacité du contractant jaillit de son propre fait. Elle est claire, précise, irréfragable, indépendante du témoignage incertain des hommes ; et il est impossible que la justice consacre des dispositions qui appartiennent à la folie, au lieu d'être le fruit de la raison, de la réflexion et d'une saine liberté d'esprit.

3498. Il faut prendre garde qu'au cas où l'interdiction ait été non prononcée, mais seulement provoquée avant le décès, on ne prescrit point impérieusement aux juges de rejeter ou d'admettre des actions qui peuvent être légitimes et fondées, et néanmoins paraître suspectes par cela même qu'elles sont tardives. On laisse aux tribunaux le pouvoir de peser les circonstances, qui se présentent sous tant de

______

(*a*) Art. 504 c. c. — (*b*) *Id.* — (*c*) *Id.*

combinaisons différentes, qu'elles mettent en défaut la sagacité du plus habile législateur.

3499. La disposition (3495—3497) s'applique à l'individu qui, pour cause de faiblesse d'esprit, a été pourvu d'un conseil judiciaire (*a*).

3500. Les actes faits par un individu dont l'interdiction, provoquée avant son décès, a été volontairement abandonnée, peuvent être attaqués par ses héritiers, pour cause de démence (*b*).

3501. On est admissible à prouver par témoins que la cause de la démence existait à l'époque de l'acte attaqué, quoiqu'il se soit écoulé un long intervalle entre cet acte et la demande en interdiction, et que, pendant cet intervalle, l'interdit ait fait divers autres actes de famille valables (*c*).

3502. Le jugement qui prononce l'interdiction ou nomme un conseil, est exécutoire par provision. Cet ancien usage est implicitement conservé, puisque la loi ne distingue point entre le jugement de première instance et celui d'appel (3485).

3503. S'il n'y a pas d'appel du jugement d'interdiction rendu en première instance, ou

(*a*) Cas. 19 déc. 1814 : *J. P. t.* 42, *p.* 161. — (*b*) Paris, 15 juil. 1808 : *J. P. t.* 23, *p.* 73. — (*c*) Riom, 9 janv. 1808 : *J. C. C. t.* 12, *p.* 515.

s'il est confirmé sur l'appel, il est pourvu à la nomination d'un tuteur et d'un subrogé tuteur à l'interdit (*a*). *Furiosi in curatione sunt.*

3504. Suivant les règles prescrites pour les mineurs (*b*). Il s'agit d'exercer les mêmes fonctions.

3505. L'administrateur provisoire cesse les siennes (*c*), qui n'ont plus d'objet depuis qu'il est remplacé.

3506. Il rend compte au tuteur, s'il ne l'est pas lui-même (*d*). La réception de ce compte devient le premier acte du tuteur, qui seul a le droit de stipuler en définitif les intérêts de l'interdit.

3507. Celui qui a provoqué l'interdiction d'un parent, ne peut, sur ce motif seul, être exclu de la tutelle (*e*).

3508. Il peut arriver que l'interdit soit en tutelle lors de son interdiction (3407). Alors la tutelle continue, sans élection nouvelle.

3509. Ce qui regarde la poursuite d'interdiction se trouve encore expliqué au Code de procédure, titre onze, livre 1er, deuxième partie.

3510. Le mari est, de droit, le tuteur de sa femme interdite (*f*).

3511. Si la tutelle est déférée à un autre, ce

_____

(*a*) Art. 505 c. c. — (*b*) *Id.* — (*c*) *Id.* — (*d*) *Id.* — (*e*) Metz, 24 brum. an XIII : *J. C. C. t. 3, p. 574.* — (*f*) Art. 506 c. c.

tuteur n'a besoin, dans les cas de droit, que de l'autorisation du conseil de famille, et non de celle du mari (*a*).

3512. La femme peut être nommée tutrice de son mari (*b*), comme elle peut l'être de ses enfans (2740. 2767).

3513. Mais le conseil de famille peut conférer cette tutelle à tout autre que la femme de l'interdit, sans être obligé d'exprimer les motifs de sa prédilection (*c*).

3514. En général, hors le cas prévu (3510) tout à l'heure, la tutelle d'un interdit est dative, non légale (*d*).

3515. En cas que la femme soit tutrice de son mari, le conseil de famille règle la forme et les conditions de l'administration (*e*), à laquelle ne peut plus veiller l'interdit.

3516. Sauf le recours devant les tribunaux de la part de la femme qui se croit lésée par l'arrêté de la famille (*f*), comme elle le pourrait contre le refus d'autorisation du mari (1552. 1557—1559. 1579—1583).

3517. Les restrictions relatives à la femme (3515. 3516) sont un préservatif contre l'inex-

(*a*) Amiens, 29 déc. 1825 : *J. P. t.* 78, *p.* 61. — (*b*) Art. 507 c. c. — (*c*) Cas. 27 nov. 1816; Orléans, 9 août 1817 : *J. P. t.* 47, *p.* 392 ; *t.* 49, *p.* 414. — (*d*) Cas. 11 mars 1812; Poitiers, 23 fév. 1825 : *Den.* 1812, *p.* 516; *J. G.* 1825, 2ᵉ *part. p.* 140. — (*e*) Art. 507 c. c. — (*f*) *Id.*

périence des personnes du sexe dans la régie des biens et dans les affaires qui en sont la suite. On a senti qu'en retirant ainsi la femme du cercle resserré des occupations domestiques, pour l'élever au gouvernement de la famille, il serait prudent de l'environner des sages avis de la parenté, qui demeurent néanmoins subordonnés eux-mêmes à la sagesse supérieure des tribunaux.

3518. Quand le mari est interdit, l'administration de la communauté appartient de droit à la femme (*a*).

3519. Toutes les fois que la femme, tutrice de son mari, a besoin de l'autorisation de ce dernier, elle doit recourir au juge (1579-1582); et à l'égard des propres intérêts de son mari, se faire autoriser par la famille dans les cas où la loi requiert son intervention pour le mineur (3527. 3528).

3520. On a voulu rendre hommage à la puissance du mari et à la tendresse de l'épouse (3510. 3512). Combien seront efficaces ces soins empressés et touchans, dictés par le cœur et le sentiment! Aussi le législateur a tellement présumé de leur douce et salutaire influence, qu'il n'a pas voulu que des époux, des pères, des enfans pussent s'abstenir de conserver la tutelle d'un interdit (3522—3525). Il augure assez bien

______

(*a*) Brux. 11 flor. an xiii : *J. C. C. t. 4. p.* 352.

de l'amour conjugal pour croire qu'il ne s'éteint pas avec la vie morale de son objet. Il présume que la femme conserve pour la personne révérée de son époux ce tendre empressement, ces précautions attentives, que son état rend doublement nécessaires, et que nul autre ne saurait imiter.

3521. Si le tuteur d'un interdit était obligé de remplir sa charge tant que durerait l'interdiction, il serait de pire condition que celui d'un mineur. La minorité a son terme certain, marqué par la loi; l'interdiction n'en a guères d'autres que la vie, dont la durée est incertaine, et peut se prolonger une très-longue suite d'années. On a posé en principe que nul n'est tenu de conserver la tutelle d'un interdit au-delà de dix ans (a).

3522. A l'expiration de ce délai, le tuteur peut demander et doit obtenir son remplacement (b).

3523. A l'exception des époux (c).

3524. Des ascendans (d).

3525. Et des descendans (e).

3526. Ces exceptions (3523—3525) n'imposent point un devoir nouveau à un mari, à une épouse, à des père et mère, à des enfans. L'obligation de protéger, de défendre l'être infortuné qui les touche de si près, vient de la

---

(a) Art. 508 c. c. — (b) Id. — (c) Id. — (d) Id. — (e) Id.

nature; et ils ne voudront pas enfreindre ses préceptes, tant qu'ils auront la possibilité de les accomplir.

3527. L'interdit est assimilé au mineur, pour sa personne et pour ses biens (*a*). Les mêmes motifs lui donnent droit à la même protection. *Is cui bonis interdictum est, testamentum facere non potest ; et si fecerit, ipso jure non valet.*

3528. Les lois sur la tutelle des mineurs s'appliquent à la tutelle des interdits (*b*).

3529. Quand il doit être nommé un nouveau tuteur, le conseil de famille est convoqué, non devant le juge de paix du domicile légal du mineur ou de l'interdit, mais devant celui du domicile qu'avait le mineur ou l'interdit lors de la première nomination (*c*).

3530. Les revenus d'un interdit doivent être essentiellement employés à adoucir son sort et à accélérer sa guérison (*d*). L'injonction n'aurait point le même degré d'utilité, si, en pareil cas, le cri de l'humanité n'était pas étouffé trop souvent, et si l'intérêt ne parlait pas beaucoup plus haut qu'elle. Il est bon que les magistrats soient avertis que la loi condamne la sordide économie qu'on voudrait exercer sur l'infortune la plus touchante et la plus digne de pitié.

(*a*) Art. 509 c. c. — (*b*) *Id.* — (*c*) Cas. 29 nov. 1809 : *Den.* 1809. *p.* 486. — (*d*) Art. 510 c. c.

Cette même injonction a le double avantage d'assurer à l'interdit l'espèce et la continuité des soins dont il a besoin ; et de prévenir les chicanes que quelques héritiers, inquiets et intéressés, susciteraient à un tuteur attentif, humain et complaisant. Une sage économie est toujours désirable, mais la parcimonie fatigue les malades : ils languissent au milieu des privations et des contrariétés de tout genre. Cet état ne hâte pas le rétablissement de la santé, surtout à l'égard d'un homme en démence ou en fureur, qui a, plus que tout autre, besoin de tranquillité. On a donc dû laisser sur ce point au tuteur une large étendue de pouvoir. *Consilio et operâ curatoris tueri debet non solùm patrimonium, sed et corpus ac salus furiosi.*

3531. Le conseil de famille peut arrêter que l'interdit sera traité dans son domicile (*a*).

3532. Ou qu'il sera placé dans une maison de santé (*b*).

3533. Et même dans un hospice (*c*).

3534. Selon les caractères de la maladie (*d*).

3535. Et l'état de la fortune de l'interdit (*e*).

3536. Les soins que le malade reçoit dans son domicile sont en général plus appropriés à son état, par l'affection et la patience qui les administrent. En second lieu, la translation dans une maison de santé, et particulièrement

____

(*a*) Art. 510 c. c. — (*b*) *Id.* — (*c*) *Id.* — (*d*) *Id.* — (*e*) *Id.*

dans un hospice, peut déplaire à la famille. Tout cela porte à croire que, si cette famille est consultée, le déplacement ne sera effectué que lorsque la nature du mal ou la modicité de la fortune de l'interdit en imposeront l'absolue nécessité.

3537. C'est déjà trop pour les enfans, du fardeau que supportent leur tendresse et leur sensibilité : il ne faut pas qu'ils restent victimes de l'humiliant et pénible état de leur père ; il faut leur faciliter les moyens de s'établir, et remplacer, autant que possible, par une autorité bienveillante et légale, l'affection et la générosité d'un père qui ne peut plus être consulté, puisqu'il n'a plus de volonté. Lors donc qu'il est question du mariage de l'enfant d'un interdit, la dot, ou l'avancement d'hoirie, et les autres conventions matrimoniales, sont réglés par un avis du conseil de famille (*a*).

3538. Cet avis est homologué par le tribunal (*b*).

3539. Sur les conclusions du procureur du roi (*c*).

3540. Ces règles s'appliquent à l'enfant d'un sourd et muet (*d*).

3541. Dans l'intention de la loi, l'homologation (3538) ne doit pas être une vaine for-

---

(*a*) Art. 511 c. c. — (*b*) *Id.* — (*c*) *Id.* — (*d*) Nismes, 5 janv. 1811 : *Den.* 1811, *sup. p.* 108.

malité. Le tribunal et le procureur du roi sont étroitement assujettis à s'assurer que les intérêts de l'enfant et ceux de l'interdit ne sont pas sacrifiés à des intérêts opposés qui peuvent exister au sein même de leur famille. Avant d'homologuer, vérification doit se faire si les sacrifices exigés du père sont basés sur sa fortune, ne sont pas exorbitans, et tels qu'ils absorbent les dépenses nécessaires qu'entraîne la tenacité de la maladie sous laquelle il gémit.

3542. L'intervention de la famille ne saurait avoir lieu quand c'est la mère qui est interdite, et qu'elle a son mari pour tuteur. Celui-ci, jouissant de la plénitude de la puissance paternelle (2638), n'a pas besoin du conseil de famille, à moins qu'il ne veuille faire contribuer sa femme à la dot.

3543. Sur la marche que suit la femme de l'interdit, pour se faire autoriser à la poursuite de ses droits, consultez les articles 863 et 864 du Code de procédure.

3544. La maladie peut céder aux efforts de l'art et de la nature. Alors l'interdit qui a recouvré la santé et la raison, est admis à reprendre l'exercice de ses droits. Mais il convient d'apporter à la distribution de cet acte de justice la même circonspection, la même prudence que lorsqu'il s'est agi de les lui ravir. Il faut s'assurer de la nouvelle capacité de l'interdit. Il ne faut pas se préparer des regrets par une démarche précipitée et uniquement fondée sur des apparences mensongères. De là les règles suivantes.

3545. L'interdiction cesse avec les causes qui l'ont déterminée (a). *Omnia quæ jure contrahuntur, contrario jure pereunt.*

3546. Néanmoins, par respect pour le jugement qui l'a ordonnée, et encore pour la sûreté publique, la main-levée n'est prononcée qu'en observant les formalités prescrites pour parvenir à l'interdiction (b). Par ce moyen on est à l'abri de toute inconsidération, et on a de plus, pour garantie particulière et spéciale de l'équité du jugement, la connaissance personnelle que les magistrats ont acquise de l'état de l'interdit, lorsqu'ils ont été contraints de lui appliquer toute la sévérité de la loi. Le conseil de famille sera donc consulté, l'interdit sera interrogé, des témoins seront entendus, etc.

3547. L'interdit ne peut reprendre l'exercice de ses droits qu'après le jugement de main-levée (c), qui seul fait cesser l'empêchement.

3548. Il peut la provoquer sans l'assistance de son tuteur (d).

(a) Art. 512 c. c. — (b) *Id.* — (c) *Id.* — (d) Bordeaux, 8 mars 1822 : *J. A.* t. 24, p. 78.

—

3549. Le prodigue, suivant l'acception de tous les temps, est celui qui n'a ni fin ni mesure dans ses dépenses, et qui dissipe tout son patrimoine en de vaines profusions.

3550. On a douté long-temps s'il y avait des mesures à prendre contre la prodigalité. Elle est sans doute l'abus de la propriété, mais la propriété elle-même ne se compose-t-elle pas du droit d'user et d'abuser? Comment, dit-on, punir un homme parce qu'il a joui de son droit, parce qu'il a fait de sa chose, non pas le meilleur, non pas même un bon usage, mais enfin un usage qui n'était pas défendu, et qui convenait à lui propriétaire, maître, à ce titre, de disposer selon son bon plaisir? Cependant les Romains, par qui la propriété avait été définie droit d'user et d'abuser, admirent eux-mêmes l'interdiction des prodigues. C'est que l'objet d'une sage législation est d'établir ce qui convient le mieux à la société pour qui les lois sont faites, sans s'attacher avec une minutieuse précision à toutes les conséquences que le raisonnement peut faire sortir d'un principe abstrait. L'État, intéressé à la conservation des familles, ne saurait admettre que le droit de propriété soit pour un citoyen celui de ruiner sa maison, en contentant de misérables fantaisies ou de honteux caprices. Sans doute le propriétaire peut impunément abuser de sa chose; et ce droit est respecté, puisque l'acte fait par le propriétaire libre est toujours valable.

3551. La preuve de la prodigalité ne résulte pas d'un seul abus, ni même de plusieurs en choses de peu d'importance. Mais si l'abus tourne en habitude, il n'y a plus moyen de se dissimuler que le dissipateur est une espèce de fou, qui manque de discernement pour se conduire, et à qui il serait dangereux de laisser l'entier et libre exercice d'un droit dont il n'use pas, dont il ne sait pas même user.

3552. La prodigalité est presque toujours la suite d'autres passions pernicieuses, d'autres penchans très-condamnables. Ce sont ces vices qu'on attaque, en ôtant au prodigue les moyens d'anéantir sa fortune. On n'a cependant pas voulu déployer contre lui l'arme de l'interdiction. Les mesures suivantes ont paru suffire.

3553. Il peut être défendu aux prodigues de plaider (*a*), par la raison déjà déduite (3456).

3554. De transiger (*b*). On a vu ailleurs pourquoi (3457).

3555. D'emprunter (*c*). Répétition identique avec deux espèces précédentes (3340. 3458).

____

(*a*) Art. 513 e. e. — (*b*) *Id.* — (*c*) *Id.*

3556. De recevoir un capital mobilier (*a*), à l'instar d'autres incapables (3333—3337. 3459).

3557. D'en donner décharge (*b*), de crainte qu'ils ne fassent pas utile emploi des sommes ainsi recouvrées.

3558. D'aliéner (*c*) pour leur ruine.

3559. Ni de grever leurs biens d'hypothèques (*d*) : ce qui, dans ses suites, équivaut le plus souvent à l'aliénation.

3560. Sans l'assistance d'un conseil (*e*) judiciaire.

3561. Ce conseil leur est nommé par le tribunal (*f*), comme dans un cas analogue (3464).

3562. Si le pourvu d'un conseil vend, sans l'assistance de celui-ci, sa rente sur l'État, ce n'est pas le trésor royal qui répond de cette vente (*g*).

3563. Ce n'est pas non plus le notaire auteur du certificat nécessaire pour opérer la mutation de propriété (*h*).

3564. Ni l'agent de change par le ministère de qui la rente a été vendue (*i*).

3565. Pour donner lieu à la nomination d'un conseil judiciaire, il ne suffit pas qu'il se rencontre une diminution considérable dans la fortune de celui qui est accusé de prodigalité. Il faut que cette diminution soit la suite de

(*a*) Art. 513 c. c. — (*b*) Id. — (*c*) Id. — (*d*) Id. — (*e*) Id. — (*f*) Id. — (*g*) Cas. 8 août 1827 : J. P. t. 79: p. 138. — (*h*) Id. — (*i*) Id.

l'irréflexion ou d'une faiblesse d'entendement qui expose l'individu à se laisser facilement circonvenir et tromper (*a*).

3566. La défense de procéder sans l'autorisation d'un conseil peut être provoquée par ceux qui ont droit de demander l'interdiction (*b*).

3567. La nomination d'un conseil judiciaire à une aïeule prodigue, peut être provoquée par le tuteur de ses petits-fils(*c*).

3568. La demande doit être instruite et jugée de la même manière que celle en interdiction (*d*), pour mettre l'homme accusé de prodigalité, à portée de justifier que le dérangement de sa fortune provient, non de l'abus qu'il en fait, mais de fausses combinaisons, de spéculations malheureuses, ou d'autres causes indépendantes de sa volonté. A la faveur de semblables formalités, la justice est éclairée sur les vrais motifs qui ont déterminé la demande, et n'est point exposée à seconder les avides prétentions de quelques héritiers présomptifs, ou de quelques collatéraux trop empressés.

3569. La défense de procéder sans l'assistance d'un conseil ne peut être levée qu'en observant les mêmes formalités (*e*) que pour faire lever l'interdiction.

(*a*) Paris, 17 mars 1809 : *J. P. t.* 23, *p.* 556. — (*b*) Art. 514 c. c. — (*c*) Brux. 15 mai 1807 : *J. P. t.* 19, *p.* 476. — (*d*) Art. 514 c. c. — (*e*) *Id.*

3570. Aucun jugement en matière d'interdiction, ou de nomination de conseil, ne peut
être rendu, soit en première instance, soit en
cause d'appel, que sur les conclusions du ministère public (*a*).

3571. Toute l'économie de la loi relative à
la majorité, à l'interdiction et au conseil judiciaire, repose sur la double similitude qu'elle
établit entre l'interdit et le mineur non émancipé (3527. 3528); entre l'individu placé sous
l'empire du conseil judiciaire, et le mineur parvenu à l'émancipation (3331—3336. 3340. 3346.
3349—3352. 3456—3464. 3553—3561).

3572. Les Romains avaient rangé dans la
même classe les prodigues et les insensés. Ils
avaient considéré les uns et les autres comme
ne sachant ni acquérir ni conserver, abusant
de tout, dissipant tout, consumant tout. Ils les
voyaient également sans règle dans leurs dépenses, sans but dans leurs projets, ne connais-
sant que la profusion et le désordre. Aussi les
lois de ce peuple, calculant uniquement sur
l'identité des résultats, avaient enlevé indis-
tinctement aux uns et aux autres la disposition,
l'administration et la jouissance de leurs biens,
pour les confier à un tuteur dont elles avaient
ordonné qu'ils fussent pourvus, comme s'ils fussent restés en pleine minorité. Le Code ne traite

(*a*) Art. 515 c. c.

pas les prodigues avec la même sévérité que les insensés. Ceux-ci, totalement privés de leur raison, ne sont susceptibles d'aucune réflexion, d'aucun sentiment qui fasse espérer leur retour à des principes d'ordre et à des idées d'écono-mie ; tandis que les prodigues, quoiqu'entraî-nés par des habitudes et des mouvemens désor-donnés, sont néanmoins par fois accessibles aux représentations de l'amitié, aux combinaisons de l'intérêt personnel, et qu'ainsi le flambeau de l'expérience peut encore luire pour eux, et leur faire sentir le besoin d'une conduite plus réservée. D'ailleurs, si le prodigue excède toute proportion dans ses dépenses, on peut dire au moins qu'il en agit ainsi, parce qu'il en a le droit, et surtout la volonté bien constante ; au lieu que l'insensé ne sent rien par lui-même : car la volonté suppose une pensée qui la précède et la détermine. Or, l'insensé n'a point de pen-sée proprement dite ; il n'a que les jeux fugitifs d'une imagination incandescente et déréglée. Si donc il existe une différence aussi prononcée dans les facultés de l'un et de l'autre, la loi doit nécessairement en introduire une dans la ma-nière de les traiter.

LÉGISLATION TRANSITOIRE.

3573. Les tribunaux peuvent nommer un conseil judiciaire, quoique la demande en interdiction ait été formée, la procédure instruite, et un premier jugement prononcé avant le Code (*a*).

3574. Le juge supérieur n'est point tenu d'infirmer ou de confirmer purement et simplement la décision qui prononce l'interdiction (*b*).

3575. Avant le Code, on pouvait, après la mort d'un individu non interdit, attaquer, pour démence, les actes par lui faits, quoique la preuve de cette démence ne résultât pas de l'acte même, mais de l'état habituel de l'individu (*c*).

3576. Un homme interdit précédemment pour cause de prodigalité, est devenu *sui juris* par la publication du Code (*d*).

3577. Cependant, en abolissant l'interdiction pour cause de prodigalité, et en accordant

---

(*a*) Bruxelles, Rouen, Paris : *J. C. C. t.* 2 , *p.* 440. — (*b*) *Id.* — (*c*) Paris, 24 juin 1808 : *J. P. t.* 21 , *p.* 216. — (*d*) Cas. 20 mars 1806 : *J. C. C. t.* 6. *p.* 465.

aux interdits de cette espèce le droit de demander à sortir de leur état d'interdiction, le Code ne déroge point à la règle générale suivant laquelle ce n'est que par un jugement contraire qu'il est permis de faire cesser des effets dont la cause avait son origine dans un jugement (a).

(a) Cas. 6 juin 1810 : *Den.* 1810, *p.* 337.

FIN DU SECOND VOLUME.

TABLE DU TOME SECOND.

www.ingramcontent.com/pod-product-compliance
Ingram Content Group UK Ltd.
Pitfield, Milton Keynes, MK11 3LW, UK
UKHW020118130726
13696UKWH00001B/103